뉴런하우스

뉴런하우스 ─────── 너에게 말하기

심리치료 소설

김정규 지음

RHK
알에이치코리아

지난 30년간 심리치료자로서 참 많은 사람들을 만났다. 어른도 만나고, 아이도 만났다. 남자도 만나고, 여자도 만났다. 시간이 갈수록 점점 분명해지는 것이 있었다. 사람들이 호소하는 문제들은 겉으로는 서로 달라보여도 깊이 들어가 보면 결국 하나로 귀결됐다. 모든 문제의 원인은 단절이라는 것이다.

심리치료는 참으로 복잡하고 어려운 과정이지만, 서로 마음이 통하고 연결되는 경험을 하면 종종 기적처럼 치유가 일어난다. 하지만 사람이 하나의 수단으로 전락해버린 지 오래인 오늘날 이는 참으로 어려운 일이 되어버렸다.

나는 소설을 통해 물질주의와 경쟁사회의 어두운 이면인 인간 소외 문제를 다루고, 나아가 대안적인 삶을 제시해보고 싶었다. 구체적으로 N포 세대로 불리는 요즘 젊은이들, 절망과 무력감, 고뇌와 투쟁, 애환과 그리움에 고통스러워하면서도 왜 아픈지 모르는 이들, 자신이 아픈지조차 모르는 이들이 너무도 많다는 것을 떠올렸다. 소설 형태라면 차분히 읽으면서 등장인물들에 감정을 이입해 상담에 참여하여, 자신의 깊은 상처를 발견하고, 진정으로 치유받는 아름다운 과정을 간접적으로라도 경험할 수 있을 것 같았다. 사람들이 '뉴런하우스 Neuron House'라는 셰어하우스에서 사는 사람들의 삶으로 들어와 함께 아파하고, 함께 울면서, 그리고 함께 어깨동무하면서 아픔을 해결하기를 바랐다.

이 소설의 등장인물들은 우리 주변 어디에서나 만날 수 있는 평범한 사람들이다. 그들은 저렴한 비용에 이끌려 셰어하우스에 입주하게 된 이들로서 특별히 심리적 문제가 있는 건 아니었다. 하지만 소설이 전개되면서 겉으로는 아무 문제없는 것처럼 보여도, 모두들 내면에 해결되지 않은 깊은 상처들을 안고 있으며, 그로 인해 타인들과 연결되지 못한 채 각자 섬처럼 고립되어 외롭게 살아가는 전형적인 현대인의 자화상임이 드러난다.

입주자들은 처음에는 서로에 대해 특별한 관심이 없을 뿐 아니라, 오히려 경계하고 적대시하는 태도를 보였지만 차츰 신뢰가 형성되면서 자신의 이야기를 개방하고, 서로의 존재에 대한 따뜻한 관심이 생겨나면서 진실한 만남을 경험하게 된다. 그러면서 가슴 깊은 곳에 묻혀 있던 근원(고향)에 대한 그리움과 갈망이 더 이상 헛된 꿈이 아니라 현실이 될 수 있음을 체험한다. 뉴런하우스 공동체를 통해 각자 잃어버렸던 마음의 고향을 되찾는 과정을 묘사하면서 소설 쓰는 내

내 가슴 뛰는 행복을 경험했다.

또한 소설에 나오는 장면들은 허구적 상상이 아니라 대부분 내가 이끌었던 집단상담 장면에서 실제로 일어났거나 일어남 직한 일들이다. 이런 아름다운 경험들이 집단상담 안에서만 이루어지고 마는 것이 항상 안타까웠는데, 상상의 공동체 안에서 치유적인 만남이 만들어내는 달콤하고 감동적인 장면들을 문학 작품으로 그려볼 수 있어 참 좋았다. 이 소설을 계기로 여기저기서 수많은 뉴런하우스들이 생겨나서 우리 사회가 좀 더 밝고 아름다워지기를 기원해본다.

글 쓰는 데 도움주신 분들이 셀 수 없이 많지만 몇 분만이라도 적어두고자 한다. 맨 먼저 항상 곁에서 따뜻한 격려와 세심한 피드백을 해준 아내, 글쓰기에 많은 조언을 주신 김길웅 교수, 작품 해설을 써주신 강학순 교수, 여러모로 도움을 주신 김금운, 김영기, 진철, 김서규, 김현희, 조희경, 백보람, 고하나, 이민아 님, 표지 그림을 그려준 김채린 님, 책 속 그림을 그려주신 방현일 님, 그리고 함께했던 수많은 내담자들과 집단상담 참여자들, 그리고 출판을 허락해주신 알에이치코리아 양원석 대표, 편집을 도와주신 김순미 본부장, 황지영 과장께 깊은 감사를 드린다. 이 분들이 아니었으면 이 책은 결코 세상의 빛을 보지 못했을 것이다.

김정규

일러두기

- 소설 속 표기는 기본적으로 국립국어원 맞춤법 규정에 따르되, 등장인물의 대사는 어감을 살려 표기하였습니다.
- 소설 각 장에 내포된 심리치료에 관한 내용을 좀 더 깊이 알고 싶은 분들을 위해 책 뒤의 '부록: 마음 들여다보기'에 관련 글을 수록하였습니다.

뉴런하우스 사람들

나, 나그네 김영민 __ 남자 65세, 전문 심리치료자, 따뜻하고 다정한 성격

새벽 이현호 __ 남자 62세, 자영업, 과묵하지만 편안한 성격

평화 정영석 __ 남자 32세, 의류업체 직원, 외향적이고 주도적인 성격

바위 최대헌 __ 남자 32세, 회사원, 과묵하고 무뚝뚝한 성격

오아시스 안현민 __ 남자 26세, 중소기업 직원, 상냥하고 쾌활한 성격

봄비 오혜수 __ 여자 40세, 초등교사, 상냥하고 친절한 성격

수선화 이가영 __ 여자 30세, 프리랜서 방송작가, 냉정하고 예민한 성격

햇살 임미진 __ 여자 27세, 미용사, 얌전하고 수줍은 성격

바람 손예지 __ 여자 22세, 여대생, 예민하고 불안정한 성격

뉴런하우스

내가 이한빈 대표로부터 최종확답을 받은 것은 이메일을 주고받은 지 불과 3주 만이었다. 거처할 숙소와 사례비 그리고 활동에 관한 협의가 물 흐르듯이 순조롭게 끝났다. 어릴 적 고향에서 밤새 닭서리를 모의하던 해찰궂은 동네 아이들처럼, 이한빈 대표와 나는 들떠서 함께 계획을 짰다. 어떤 때는 서울과 베를린 사이에 일곱 시간의 시차가 존재하지 않는 양 하루에도 몇 차례씩 메일이 오갔다.

낯선 땅 독일에 유학을 온 지 벌써 40년이 다 되어간다. 그동안 이곳에서 박사학위를 받고 하빌리타치온(교수 임용 자격시험)을 마친 후, 하이델베르그 대학에서 프리바트도젠트(전임강사)자리를 얻어 교수의 꿈을 키워나갔다. 그러던 어느 날 어렵사리 얻은 자리를 3년도 못 채운 채, 갑자기 사직서를 던지고 이곳 베를린으로 훌쩍 떠나 와버렸다.

나 자신도 나의 이런 행동을 설명하기 어려웠다. 바람처럼 내게 다가와 사랑이 되어준 한나와의 운명적인 만남도, 갑작스럽게 이루어진 독일 통일 후 유럽의 새로운 중심지로 부상한 베를린에 대한 기대감도 진정한 이유가 될 수 없었다. 평생 열망했던 탄탄한 앞날이 보장되는 교수직을 눈앞에 두고 낯선 세계로 풍덩 뛰어든 나의 행동을 주변에서는 모두 의아한 눈으로 쳐다봤다.

생각해보면 휴가 한 번 제대로 못 가고 도서관과 기숙사만을 오가며 하루 종일 연구과제에 파묻혀, 젊음을 다 바쳐 힘겹게 얻어낸 자리가 아니었던가? 지도교수 마이어 박사는 물론 주변 친구들도 모두 이해할 수 없다며 말리지 않았던가? 그게 벌써 17년 전의 일이다.

베를린에서의 생활도 의미가 있었다. 한나와 함께 베를린 부부가족치료 연구소를 열어, 본격적으로 심리치료를 실시하고 치료사를 양성했다. 비록 대학에서 했던 순수한 학문 연구는 아니지만, 이를 현실에 적용하는 일에서 나름대로 보람을 느끼며 삶의 만족을 얻고 있었다. 연구소는 이제 자리를 잡아, 정규직만 해도 여섯 명이나 되고, 시간제 치료사와 임상수련생들까지 합치면 모두 열두 명이 활동하는 기관으로 성장하여 베를린 자유대학이 위치한 슈테글리츠 지역에서 꽤 명성을 얻고 있었다. 그러던 내가 내 삶의 전부라고 여겨왔던 연구소와 한나를 떠나, 고국으로 가기로 불과 3주 만에 결정을 내리고 만 것이다.

모든 것이 안정되어 자리를 잘 잡아가는 이 시점에 또다시 알 수 없는 감정들이 매복병처럼 수시로 불쑥불쑥 고개를 내밀었다. 몇 달

전부터 밤잠을 설치는 현상이 나타났고, 나는 기시감 같은 불안을 느꼈다. 책상 앞에 앉으면 수시로 안절부절못하였고, 갑자기 기분이 푹 가라앉으며 무기력해지기도 했다. 함께 사는 여자 친구 한나가 이런 나의 모습을 금세 눈치챘다.

"영민, 내게 말 못하는 고민이라도 있어? 요즘 너 좀 이상해."

"나도 느껴. 그런데 뭐가 문제인지 잘 모르겠어. 향수병인가 봐. 자꾸 어릴 적 고향 생각이 나거든."

"이해가 돼. 나라도 네 입장이라면, 똑같이 느낄 것 같아. 한국 다녀온 지도 벌써 3년이 넘었잖아."

함께 오랫동안 심리치료전문가 수련을 받았었고, 함께 산 지도 17년이나 되었으니, 내 마음을 어떤 때는 나보다 더 정확히 읽고 이해해주는 그녀의 말이지만, 이번엔 특별히 위로가 되지 않는다.

내가 이한빈 대표를 알게 된 것은 바로 이 즈음이었다. 그날도 나는 밤늦은 시각에 쓸데없이 여기저기 인터넷 서핑을 하다가 우연히 한국심리학회 구인광고란을 보게 되었고, 마침 게시된 홍보글 하나를 발견한 것이었다.

꿈꾸는 셰어하우스 '뉴런하우스' 전문심리치료사 구함.
입주가능자 환영.
㈜셰어하우스 다함께 대표 이한빈

나는 즉시 이메일을 보내어 어떤 일자리인지, 근무 조건은 무엇이며 보수를 비롯한 기타 처우에 대해 자세히 물었다. 그는 놀랍게도

30분이 채 안 되어 답신을 보내왔다. 그 시각 서울은 이른 새벽이었는데, 아마 그는 눈뜨자마자 메일을 확인하고 답을 했던 것 같다. 나는 잠들기 전에 답 메일을 보냈고, 다음 날 아침에 그의 답장을 받아볼 수 있었다. 그는 자신을 제조업 분야에서 꽤 성공한 사업가로 소개하면서 그동안 자신이 사회로부터 받은 혜택의 일부나마 사회에 환원하고 싶은 마음에서 뉴런하우스 아이디어를 생각해냈고, 이 사업을 통해 수익을 얻고자 하는 마음은 없으며, 단지 서로 마음과 마음이 통하는 조그만 주거공동체를 만들어보고 싶은 것이 그의 목적이라고 했다.

하필이면 왜 심리치료를 하는 셰어하우스를 구상했는지, 공학도인 그가 심리치료는 어떻게 알게 되었는지, 셰어하우스의 이름을 왜 '뉴런하우스'라고 지었는지 등 나의 이어지는 호기심 어린 질문들에 그는 기다렸다는 듯이 매우 친절하게 답해주었다. 그는 사업에만 몰두한 채 정신없이 살던 어느 날 갑자기 개인적으로 힘든 일이 생겨 심리치료를 받으면서 이 분야에 눈을 뜨게 되었으며, 심리적 어려움이 있는데도 제대로 도움 받지 못하고 사는 사람들이 많다는 사실도 알게 되었다고 했다.

오늘날 뿔뿔이 흩어져 각자도생하며 사는 도시의 삶이 우리를 병들게 하고 있다는 생각에 치료공동체를 구상하게 되었으며, 뉴런하우스란 이름은 신경 세포처럼 각각 독립적이면서도 서로 긴밀하게 연결되어 있는 살아있는 생명체, 살아 있는 공동체를 만들면 좋겠다는 생각에서 지은 것이라고 했다.

나는 그의 메일을 읽으면서 가슴이 쿵쾅거리는 것을 느꼈다. 다시 살아나는 느낌이었다. 그러면서 내가 왜 17년 전 어느 날 갑자기 유망한 교수직을 포기하고 하이델베르그를 떠났었는지, 그리고 왜 최근에 겨우 모든 것이 안정되어가는 이 시점에 또다시 무력증에 빠졌었는지 불현듯 깨달음이 일었다. 맞아! 바로 그것이었어. 문제는 안정감이었어. 더 이상 도전할 목표가 사라졌기에, 알 수 없는 무력감이 찾아왔던 거야! 그토록 바라던 것을 성취하면서 잠시 기쁨을 느꼈지만, 새로운 목표가 없다는 생각에 가슴이 뛰지 않게 됐던 거야. 그러면서 향수병이 났던 거지.

나는 바로 이한빈 대표에게 답신을 썼다.

정말 좋은 아이디어입니다. 계획하시는 뉴런하우스 프로젝트가 꼭 성공했으면 합니다. 제게도 이 사업은 무척 중요하게 생각되는데, 오랫동안 공부하면서 느꼈던 '심리치료의 현실 참여'라는 차원에서 저의 이상과 정확히 일치하기 때문입니다. 제가 요구한 여러 가지 사항들을 들어주셔서 감사드립니다. 한걸음에 달려가고 싶은 마음에 심장이 멎을 것 같은 느낌입니다만, 최종 결심을 말씀드리기 전에 잠시 말미를 주시기 바랍니다. 제 여자 친구 한나와 상의를 해야 하고, 또한 직장에서도 휴가를 얻어야 하니까요.

보내기 버튼을 누르는 순간 온몸에 짜릿한 전율이 느껴졌다. 실로 얼마 만인가? 살아 있다는 느낌을 온몸으로 다시 느껴본 것이! 잘 다니던 직장을 어느 날 갑자기 그만두고, 사방을 둘러봐도 아는 사람 하나 없는 낯선 타국 독일 땅을 향해 혈혈단신으로 무작정 비행기에 올라탔던 그때도 오늘처럼 가슴이 쿵쾅거리며 뛰었었지. 무섭고 떨리면서도 묘한 흥분에 가슴이 뛰었던 그날이 다시 기억 속에 선명히 떠오른다.

1979년 11월 독일의 겨울은 날마다 추적추적 비가 내렸고, 보도에 떨어져 행인들의 구두에 밟혀 짓뭉개진 마로니에 잎들에서는 치즈 썩은 냄새 같은 것이 풍겨져 왔다. 영화에서나 나옴직한 침울한 표정으로 회색 레인 코트를 걸쳐 입은 키 큰 독일인들이 잰걸음으로 보도를 지나는 것을 보노라면 '여기가 정말 독일 땅이 맞구나.'란 생각이 들었었지. '하루에 한 문장씩 독일어를 외우면, 한 달이면 30개, 두 달이면 60개를 암기할 수 있을 거야, 그러면 머잖아 생활의 불편은 없어질 거야.'라고 스스로 위로하며 날마다 독일어 문장을 외웠었지.

몸속 깊은 곳 어딘가로부터 아린 듯, 설레는 듯 형언할 수 없는 감정이 서서히 퍼져 올라오면서 몸이 조금씩 뒤틀리는 느낌이 든다. 울고 싶은 건지, 고함을 지르고 싶은 건지, 미친 듯이 길거리로 뛰쳐나가고 싶은 건지 잘 모르겠다. 도저히 자리에 앉아 있을 수가 없어 벌떡 일어나 서재 문을 확 밀치고 거실로 나온다. 불덩이 같은 기운이 저 뱃속 깊은 곳에서 생겨나더니 서서히 배와 가슴을 따라 올라와서는 갑자기 목구멍을 열어젖히며 노래가 되어 입 밖으로 터져 나온다.

강남달이 밝아서 님이 놀던 곳, 구름 속에 그의 얼굴 가리워졌네. 물망초 핀 언덕에 외로이 서서 물에 뜬 이 한밤을 홀로 새우네. 멀고 먼 님의 나라 차마 그리워. 적막한 가람 가에 물새가 우네. 오늘밤도 쓸쓸히 달은 지나니. 사랑의 그늘 속에 재워나 주오.

노래를 부르다가 도중에 울컥하는 감정이 올라와 당황해서 황급히 도로 서재로 들어온다. 하지만 터져 나오는 울음을 막기는 너무 늦었다. 대성통곡이 나온다. 책상에 엎드려 한참을 울고 나니 가슴이 시원해진다. 인기척이 느껴지더니 오른쪽 어깨 위에 한나의 부드러운 손길이 느껴진다.

"영민, 왜 그래? 무슨 일 있어?"

그녀는 걱정스런 표정으로 내 어깨에 손을 얹은 채 다정하게 묻는다.

"아냐! 별일 없어. 아니, 잘 모르겠어. 갑자기 여러 감정이 북받쳐 올라왔어. 곧 괜찮아질 거야."

"정말 괜찮겠어?"

"응, 걱정 마. 고마워."

나는 잠시 그녀의 손을 잡아주고, 벽에 걸린 시계를 올려다본다. 곧 나가야 할 시간이다. 한나가 챙겨준 샌드위치와 커피가 든 보온병을 가방에 넣고, 나는 서둘러 버스 정류장으로 걸어간다. 오늘은 베를린 대학에 특강을 나가는 날이다. 학교에 도착하여 강의실을 향해 걸어가며 기분이 무척 달라진 것을 느낀다. 모처럼 느끼는 가벼움이 이루 말할 수 없이 홀가분하다. 가슴에 얹혔던 무거운 돌이 치워진 것 같다.

5분 남짓 교정을 가로질러 걸어가는 동안 발걸음이 마치 피아노 건반 위를 걷는 연주자의 손가락 놀림마냥 가볍게 사뿐사뿐 움직이는 느낌이 든다. 세미나실에 들어가면서 나를 기다리고 있는 학생들을 향해 "굿텐 모르겐!"이라고 인사하면서 나는 내 목소리가 마치 하이든의 현악 사중주 '종달새'의 한 소절처럼 가볍게 하늘을 날아오르는 것 같은 연상이 든다.

......

한나와 나는 지금 부엌에서 함께 저녁을 준비하고 있다. 나는 식탁 위에 네덜란드 여행 때 사온 연두색 바탕에 빨간 작은 장미꽃들이 수놓아진 식탁보를 펴고, 그 위에 촛불을 한 개 밝힌다. 각자 자리 앞에는 푸른색으로 채색된 중세 수도원 그림이 있는 예쁜 접시를 한 개씩 가져다 놓고, 나이프와 포크를 차린 다음 옆에는 조그만 바구니에 두껍게 슬라이스한 통밀빵을 담아놓는다. 식탁 가운데는 하얀 둥근 접시 위에 에멘탈 치즈와 얇게 썬 살라미를 올려놓고, 옆에는 토마토와 오이도 썰어서 가지런히 포개놓는다.

아 참, 퇴근길에 마트에 들러 사온 노르웨이산 훈제연어도 있었지? 나는 냉장고를 열어 그것들을 꺼내어 정성스럽게 유리그릇에 담아 나무젓가락과 함께 올려놓는다. 이제 따뜻한 홍차를 끓여서 찻잔에 따르면 조촐한 저녁 준비는 끝난다. 오늘은 특별히 이탈리아산 키안티 클라시코 레드와인도 준비했다. 식사가 끝나고 오목하고 길쭉한 와인 잔에 붉은 포도주가 따라지고, 일렁이는 촛불을 사이에 두고 건배를 하면, 우리의 정찬 의식은 자못 신비스런 분위기를 띨 것이다.

한나는 연어를 입안에 넣어 오물오물

씹으면서 오늘 연구소에서 있었던 일들에 대해 재미나게 이야기한다. 나는 그녀와 대화하는 것이 항상 즐겁다. 그녀의 지적인 언어 구사 능력은 자못 감탄스럽다. 뿐만 아니라 유리알처럼 맑고 투명한 그녀의 호흐도이치(표준 독일어) 발음은 종종 음악처럼 들린다. 하루의 일과를 마치고 그녀와 도란도란 나누는 이야기들은 한가로운 느낌을 자아내며 긴장을 풀어준다.

나는 이 시간을 참으로 사랑한다. 그녀는 신중하면서도 명랑한 성격이다. 하루 동안 있었던 이야기, 친구들 이야기, 때로는 어린 시절 이야기를 가리지 않고 내가 흥미를 보이면 언제든지 즐겁게 이야기한다. 나는 이따금씩 질문을 함으로써 내가 잘 듣고 있다는 걸 확인시켜준다. 물론 나도 내 이야기를 즐겨 한다. 그녀가 내 이야기를 잘 들어주고 공감해주기 때문이다.

"한나, 네게 이야기할 게 하나 있어."

가만히 그녀의 이야기를 듣고 있던 내가 불쑥 말을 꺼낸다.

"무슨 이야긴데? 표정이 심각해 보여."

"음, 그래. 좀 심각해. 한나, 내가 너를 사랑하는 것 알고 있지?"

"당연하지. 도대체 무슨 말을 하려고 그래?"

"나, 한국 좀 다녀와야겠어."

"얼마나?"

"1년 정도"

"뭐라고?"

그녀는 소스라치게 놀라며 하마터면 들고 있던 잔을 놓칠 뻔한다.

"좀 더 자세히 말해봐."

그녀는 몸을 탁자 앞으로 기울이며 크고 파란 눈을 껌벅인다.

"너도 알다시피 최근 몇 달 동안 내가 무척 가라앉아 있었잖아?"

"그래, 향수병이 걸린 것 같다고 말했던 기억이 나."

"이곳에 너무 오래 있었나 봐. 겨울에도 파란 잔디가 있는 것이 처음엔 너무 신기하고 좋았어. 그러나 10년, 20년, 30년, 이제 40년이 다 되어가잖아? 바람이 불면 땅바닥에 쓰러질 듯이 드러눕는 가을 들녘의 누런 억새들이 자꾸 눈앞에 어른거려 미치겠어. 한국의 산하가 정말 그리워."

한동안 조용히 내 눈을 바라보고 있던 한나가 마침내 입을 연다.

"영민, 정말 미안해. 네가 그동안 그렇게 힘들었는지 몰랐어."

"아냐, 괜찮아. 실은 나도 잘 몰랐거든……."

나는 와인 잔을 비우며 식탁 위의 음식들을 바라본다.

"언제 갈 건데?"

그녀가 체념한 듯 묻는다.

"네가 괜찮다면 6월 초에는 떠나고 싶어."

"한 달밖에 안 남았네?"

"그래, 맞아."

한동안 무거운 침묵이 흐른다. 식탁 위의 촛불이 깜빡거린다.

"다녀와."

바닥에 깔린 카펫의 무늬를 응시하던 그녀가 힘없이 말한다.

"미안해. 너 혼자 두고 떠나는 것이 걸려."

나는 그녀의 옆자리로 가서 손을 꼭 잡아주며 말한다.

"솔직한 심정은 널 붙들고 싶어. 하지만 그렇게 하면 건강하지 않은 관계니까 기쁜 마음으로 보내주려 노력할게……."

그녀는 이렇게 말하며 시선을 발끝에다 떨군다.

"정말 고마워. 힘들지 않을까?"

나는 그녀를 꼭 껴안아주며 말한다.

"힘들겠지. 하지만 널 사랑하니까 기다릴 수 있어."

애써 태연하려고 하지만 그녀의 눈가엔 눈물이 그렁그렁한다.

"사랑해 한나. 미안해!"

나는 다시 그녀를 꼭 안아준다.

"괜찮아. 사랑해, 영민!"

나는 그녀에게 내가 관여하게 될 '뉴런하우스' 프로젝트에 대해 설명해준다.

그녀는 내 품에 안긴 채 나를 올려다보며 묻는다.

"그런데, 뉴런하우스가 무슨 뜻이야?"

"음, 그건 이한빈 대표가 지은 이름인데, 그가 계획하는 셰어하우스의 이름이야."

"음, 멋진데? 신경망처럼 유기적으로 연결된 공동체를 형상화한 이름 같아."

"맞아. 바로 그거야. 한국은 지난 50년간 눈부신 산업발전을 이뤄 냈잖아? 그런데 전통적인 공동체가 모두 무너져버렸어. 이제 사람이 사람으로 보이지 않는 세상이 되어버렸어. 생각하면 할수록 정말 가슴이 아파. 나의 어린 시절엔 밤하늘을 올려다보면 하얀 별들이 꽃비처럼 쏟아져 내릴 것 같았어. 둥근 달이 뜬 푸른 하늘바다에는 하얀 은하수가 냇물처럼 흐르고, 쑥대를 잘라다 마당에 모깃불 피워놓고 식구들은 평상에 둘러앉아 저녁 먹으며 이야기꽃들을 피웠더랬지. 그땐 없이 살아도 다들 얼굴에 미소를 띠고 있었어. 부처님의 미소 말이야.”

“참으로 아름다운 그림이네?”

“음, 그렇지? 이한빈 대표는 뉴런하우스 프로젝트를 통해 그런 공동체를 다시 복원해보고 싶어 해. 마치 신경 세포들이 서로 독립적이면서도 유기적으로 연결되어, 서로 협력하면서 아름다운 조화를 이루어내는 것처럼 말이야.”

“정말 멋진 실험이 될 것 같아!”

“지지해줘서 정말 고마워!”

첫 만남

그들이 뉴런하우스에 처음 입주한 날은 2017년 6월 첫 토요일이었다. 모처럼 미세먼지가 없는 맑고 화창한 날씨여서 이사하기에 참 좋은 날이었다. 그날 아침 일찍부터 '㈜셰어하우스 다함께'의 뉴런하우스 담당자 백정현 과장은 현장에 출근하여 한 사람씩 도착하는 입주자들이 이삿짐을 방으로 옮기는 것을 안내해주고 있었다.

동대문시장 의류업체의 직원인 영석은 원래 근무를 하는 날이었지만 사장인 매형에게 미리 양해를 구해 오전에는 빠져나올 수 있었다. 콜밴을 불러 옷가지며 이부자리, 가전제품, 취사도구 등을 싣고 그가 오전 10시쯤 도착했을 때는 최대헌이 백 과장의 안내를 받아 입주자 신고를 마치고 방으로 짐을 옮기고 있는 참이었다.

그는 반가운 얼굴로 최대헌에게 성큼성큼 다가가서 "안녕하세요?

지난 번 설명회 때 뵀던 것 같은데, 잘 부탁드립니다. 정영석입니다."
라고 말하며, 손을 내밀어 악수를 청했다. 최대헌은 악수에는 응했으
나, 그다지 달가워하는 것 같지 않아 영석은 뒷맛이 좀 찝찝하다. 때
마침 이가영도 현관문에서 나와 계단을 내려서고 있다. 영석은 다시
밝은 표정으로 그녀에게 꾸벅 인사를 한다.

"안녕하세요? 정영석입니다. 지난번 설명회 때 뵀죠? 잘 부탁드립
니다."

그녀도 영석을 보며 가볍게 목례는 했지만, 어쩐지 서늘한 기분이
느껴져 그는 감히 손을 내밀어 악수를 청하지는 못한다. 엉거주춤하
는 사이에 벌써 그녀는 눈앞에서 총총히 사라져버린다. 최대헌도 그
새 집안으로 들어가버렸다. 영석은 닭 쫓던 개 지붕 쳐다보듯 잠시
허탈한 기분이다.

'야, 이거 쉽지 않겠는데?' 그는 벌써부터 걱정이 좀 된다. '이 사
람들과 함께 일주일에 두 번씩 창문 닦기 대환가 뭔가를 하며 살아야
하는데, 만만치 않겠는걸? 에이, 어떻게 되겠지. 나만 힘든 건 아닐 거
야.'라며 그는 마음을 바꾸어 스스로를 위로한다.

백 과장이 집 뒤켠에서 면장갑을 낀 손으로 파란색 플라스틱 통
을 들고 나타난다.

"아, 이거 죄송합니다. 지하실 배관에 문제가 좀 생겨 손보느라 못
도와드렸네요. 잠시만 기다려주시겠어요? 손 좀 씻고 오겠습니다."

50대 중반으로 보이는 그의 낮고 굵직한 목소리가 마치 베이스
트럼본처럼 가슴을 어루만져주는 느낌이 든다.

"아, 괜찮습니다. 천천히 하셔도 됩니다."

영석은 얼른 허리를 숙여 상냥하게 답한다. 그는 잔디가 깔린 마당에 서서 잠시 뉴런하우스를 올려다본다. 오래된 2층 단독 주택을 리모델링한 집으로, 흰색 벽에 빨간 스페인식 기와가 마당의 초록색 잔디와 대비되어 산뜻하고 단아한 느낌이 든다.

그가 이 집을 처음 알게 된 것은 약 한 달쯤 전이었다. 살고 있던 원룸의 집주인이 갑작스레 집세를 올려달라고 해서 여기저기 인터넷을 검색해보았지만, 최근 들어 집세가 계속 오르는 추세라 같은 가격대의 원룸을 찾기가 쉽지 않았다. 한숨을 푹푹 쉬다가 갑자기 요즘 새로운 주거 형태로 알려지기 시작한 셰어하우스가 생각나서 검색을 해보다 우연히 뉴런하우스를 발견한 것이었다.

사진에서 보는 뉴런하우스의 공간들은 무척 깔끔하고 세련되었으며, 잔디 마당까지 있는 고급 단독 주택이었다. 지하철 4호선 한성대입구역에서 걸어서 5분 거리에 위치해 있어 출퇴근에도 안성맞춤이었다. 셰어하우스는 공동으로 사용하는 공간이 많아 입주자들이 가격 대비 비교적 여유 있고 쾌적한 생활을 할 수 있으며, 함께 살면서 외로움을 덜 수 있는 장점도 있어 최근 젊은이들에게 인기를 모으고 있다고 하던데 뉴런하우스를 보니 과연 그럴 법하다는 생각이 들었다.

그는 광고문에 적혀 있는 가격을 보고 자신의 눈을 의심했다. 1인실은 보증금 80만 원에 월세 40만 원, 2인실은 보증금 60만 원에 월세 30만 원이었다. 옵션으로는 에어컨, 냉장고, 세탁기, 인덕션, 싱크대가 구비되어 있고, 남녀가 따로 사용하는 거실과 주방, 화장실, 다용도실, 사랑방에다, 2층엔 발코니도 있었다. 게다가 넓은 잔디 마당까지 있는 고급 주택이라니, 믿어지지 않았다. 게다가 일주일에 두 번씩 '창문 닦기 대화모임'에 참석하면 월 10만 원씩 장학금도 준다고 되어 있었다.

'도대체 누가 왜 이런 사업을 하는 걸까?' 너무나 궁금하여 더 읽을 것이 없나 싶어 살펴보니 맨 아래 조그만 글씨로 '사업 목적'이란 제목이 붙은 글귀가 있었다.

"뉴런하우스는 ㈜셰어하우스 다함께에서 새롭게 기획해 내놓은 실험 주택으로서 8명을 대상으로 특별 가격에 1년간 한시적으로 운영하는 상품입니다."

그는 바로 ㈜셰어하우스 다함께에 전화를 걸어 계약이 가능한지 물어봤다. 전화를 받은 여직원은 벌써 신청자가 열두 명이나 된다면서, 일단 이메일로 신청서를 보내라고 했다. 그러고 나서 그 주 토요일 오전 10시에 뉴런하우스에서 설명회를 하고, 면접을 진행한 다음 최종 선발되면 개인적으로 입주 통보를 해준다고 친절히 설명해주었다.

영석은 바로 이메일로 신청서를 보내고도 토요일까지 기다릴 수 없어 다음 날 아침 일찍 매형에게 전화를 걸어 양해를 구하고 뉴런하우스로 달려갔다. 대문은 잠겨 있었지만 빨간 덩굴장미가 예쁘게 피어 있는 담장 너머로 잔디밭이며, 지금 그가 올려다보고 있는 뉴런하우스의 전경이 한눈에 들어오며 심장이 마구 뛰었다. 무슨 수를 써서라도 꼭 들어오고 싶다고 생각했다.

"아, 많이 기다리셨죠? 이제 됐습니다. 잠깐 안으로 들어오시죠."

백 과장이 손짓을 하며 그를 사무실로 안내한다. 그는 다른 짐들은 그냥 현관 앞에 두고, 지갑과 서류가 든 손가방만 들고 백 과장을 따라간다. 사무실은 현관을 들어서자 한 5미터쯤 떨어진 정면에 있는 계단을 따라 지하로 내려가서 왼쪽에 있다. 맞은편에는 사랑방이 있고, 사무실과 사랑방 사이로 난 복도를 통해 바로 마당으로 나갈 수 있는 외부 출입문도 보인다.

백 과장은 사무실 테이블 위에 놓여 있는 입주 계약 서류철을 뒤적이다 그의 서류를 찾아내고는 말한다.

"아, 여기 있네요. 정영석 님이시죠? 주민등록증 좀 보여주실래요?"

영석이 지갑에서 주민등록증을 꺼내서 건네주자 그는 꼼꼼히 확인을 한 다음 서류 한 장을 건네며 정중히 말한다.

"고맙습니다. 죄송하지만, 여기 입주서약서를 읽어보시고, 아래에 서명을 좀 해주시겠습니까?"

영석은 입주 서약서를 쭉 훑어본다. 대부분 이미 지난번 설명회 때 들은 내용이지만, 다음 문장에 다시 한 번 시선이 집중된다.

모든 입주자는 반드시 주 2회 '창문 닦기 대화모임'에 성실히 참여해야 한다. 특별한 사유 없이 월 2회 이상 결석을 하면 그달의 장학금 혜택을 받을 수 없으며, 누계 4회 무단결석 시 보증금 반환 없이 즉시 퇴거 조치한다.

그는 갑자기 한기를 느끼며, 몸이 으스스 떨린다. 자신도 모르게 입술을 지그시 깨문다. 지난 번 설명회 때 셰어하우스 기획 담당자라던 김 부장이 했던 말이 생각나서다.

"힘든 일이 생길수록 꼭 '창문 닦기 대화모임'에 나오셔서 속마음을 털어놓으시기 바랍니다."

그는 한 번도 누구에게 자신의 속마음을 털어놓은 적이 없었다는 사실이 떠오르며, 갑자기 알 수 없는 두려움이 엄습해온다. 하지만 이제 와서 물릴 수는 없다. 영석은 수전증 환자처럼 떨리는 손으로 서류에 겨우 자신의 이름을 쓰고 서명한다.

"참, 여기도 서류가 한 장 더 있네요."

백 과장은 또 한 장의 종이를 건네며 말한다.

자살예방서약서

본인은 입주 기간 동안 일체 자살 관련 행동을 하지 않을 것이며, 만일 이를 어겨 사고가 발생할 경우 그로 인한 모든 민 형사 책임은 본인이 질 것을 서약합니다.

영석은 다시 한 번 심호흡을 하고 서류 맨 아래에 날짜와 이름을 쓰고 서명한다.

"네, 좋습니다. 이제 다 되었습니다. 이건 입주자 매뉴얼인데 시설 사용과 관련한 사항들, 공동생활 규칙 등이 수록되어 있습니다. 입주자들에게 한 부씩 다 드립니다. 그리고 이건 103호실 카드킨데, 이제 방에 짐을 들여놓으셔도 됩니다."

백 과장은 너그러운 표정을 지으며 이제 나가도 좋다는 듯이 손을 들어 문을 가리킨다.

"잠깐, 하나 물어볼 것이 있는데요⋯⋯."

영석은 나가려다 말고, 백 과장을 쳐다보며 말한다.

"네, 말씀하세요."

"설명회 때 오신 분이 제 기억으로는 열네 분이었는데, 어떤 기준으로 저희가 선발되었나요?"

"잘 모르겠어요. 김 부장님이 잘 알 거예요. 셰어하우스니까 아무래도 다른 사람들과 잘 지낼 사람을 뽑지 않았을까요?"

"아 그렇겠군요. 잘 알겠습니다."

백 과장의 말을 듣고 나니 다시 걱정이 된다. 밖으로 나오니 눈부신 태양이 초록 잔디 위로 레이저 광선처럼 흰빛을 쏘아대고 있다.

"잘될 거야. 다들 마찬가지겠지. 나만 힘들겠어?"

그는 스스로 위로하며 현관에 있는 짐들을 자기 방으로 하나씩 갖다 나른다. 그의 방은 현관을 들어서면 정면에 보이는 계단 바로 오른쪽에 있다. 짐은 몇 개 안 된다. 쓰던 이불과 요, 베개, 남성용 화장품 몇 개, 헤어드라이어, 세면도구, 커피포트, 누나가 선물해준 조그만 TV, 그리고 주방용품 몇 점이 전부다.

그날 오후 매형네 옷가게는 손님이 뜸했다. 차라리 힘들어도 바쁠 때가 나은데, 요즘 같으면 매형 눈치가 보여 '다른 일자리를 알아볼까⋯' 하는 생각이 든다. 누나가 어정쩡하게 중간에 끼어서 힘들어 보인다.

"오늘은 이사도 하고 그랬는데, 일찍 집에 들어가 봐!"

누나가 매형에게 들리도록 일부러 큰 소리로 외친다.

"응, 알았어. 그렇잖아도 가보려던 참이었어. 매형, 저 퇴근합니다."

그는 애써 밝은 표정을 지으며 유쾌한 목소리를 낸다.

"그래, 수고했어. 월요일 새벽엔 일찍 와. 창신동에 원단 갖다줘야 해."

작업복 차림의 매형이 창고에서 물건을 정리하다 말고, 빠끔히 내다보며 대답한다.

'아직 4시밖에 안 됐는데, 어딜 가지? 요즘 주말엔 다들 눈치 보여 전화도 못 걸겠는데. 그래 가자. 나의 보금자리 뉴런하우스로!'

그는 숨을 한 번 크게 내쉬고는 지하철역으로 발길을 향한다. 잠시 후 동대문역에서 출발하여 두 정거장을 지나 한성대입구역에서 내린다. 지하철에서 나와 한성대 방향으로 큰길을 따라 5분 남짓 오르막길을 오르다가 오른쪽으로 꺾으니 양쪽으로 70년대에 지은 단독 주택들이 병사들처럼 도열해 있다. 50미터쯤 가니 길 왼편에 뉴런하우스의 빨간 기와지붕이 눈에 들어온다.

'아니, 뉴런하우스 앞에 웬 차들이 저렇게 많이 서 있지?'

그는 눈앞에 펼쳐진 광경을 보는 순간 반사적으로 몸을 날려 뉴런하우스 대문 앞까지 쏜살같이 내달린다. 비록 지금은 체중이 불어 좀 둔해지긴 했지만, 한때 운동선수였던 그의 동작은 무척 날쌔다. 가까이 가서 보니 뉴런하우스 앞에 짐을 내리고 있는 포터 트럭 때문에 마주 오던 승용차 두 대가 골목길에서 빠져나오지 못하고 있는 상황이다.

트럭 운전사는 혼자서 트럭에서 짐을 내리느라 애쓰고 있고, 40

대 초반의 한 여성이 길에 서서 어떻게 해야 할지 몰라 쩔쩔매고 있는 모습이 눈에 들어온다. 영석은 얼른 그녀를 알아보고 다가가서 인사를 건넨다.

"안녕하세요? 지금 오셨나 보네요?"

그녀도 영석을 알아보고 반색을 한다.

"어머, 안녕하세요? 언제 오셨어요?"

"아, 저는 오전에 짐 갖다놓고, 잠깐 회사에 들렀다가 지금 퇴근하는 길입니다. 차를 빨리 빼줘야 할 것 같네요. 잠깐 이리 좀 비켜보세요."

그는 팔소매를 걷어붙이고 트럭 운전사가 내리는 짐을 받아 뉴런하우스 마당으로 옮긴다. 성인 남자 둘이서 하니 채 5분도 안 되어 짐은 다 비워졌고, 트럭은 떠났다.

"아유 뭐라고 감사를 드려야 할지 모르겠네요. 고마워요."

"뭘요. 이까짓 걸 가지고. 그런데 성함이 어떻게 되시죠? 저는 정영석입니다."

"아, 네. 전 오혜수예요. 잘 부탁드립니다."

그녀는 두 손을 정성껏 앞으로 모아 허리를 깊숙이 숙여 인사를 하며 밝게 웃는다. 영석은 무척 기분이 좋다. 그는 앞으로 이런 일이 자주 있었으면 좋겠다고 생각한다.

그때 백 과장이 대문을 들어서며 인사를 한다.

"아, 오셨군요? 오혜수씨죠? 늦으셨네요. 얼른 짐부터 들여놓으시죠."

"네. 맞아요. 제가 오혜수예요. 다른 분들은 다 오

셨나요?"

"네, 입주자들은 다 오셨습니다. 김영민 박사님은 월요일에 도착하신다고 하네요."

......

오늘은 그들이 뉴런하우스에 입주한 지 나흘 째 되는 날 화요일이다. 저녁에 사랑방에서 첫 '창문 닦기 대화모임'이 있다. 나는 어제 오후에 도착해서 아직 시차가 완전히 극복되지 않은 모습으로 모임에 나왔다. 그들도 아직은 서로 서먹서먹한 사이인지라 어쩐지 어색하고 긴장한 것 같다. 나는 헐렁한 면바지에 체크무늬 긴 팔 셔츠를 입고 부스스한 얼굴로 사랑방을 들어서면서 "안녕하세요? 반갑습니다. 처음 뵙겠습니다."라고 인사를 건넨다.

"다들 편히 앉으시죠. 방석이 푹신푹신하고 좋네요?"

나는 숯 염색을 한 길고 두툼한 회색 무명 방석을 마치 어린아이들처럼 호기심 어린 눈으로 이리저리 살펴보며 만져보기도 한다. 털썩 방석 위에 앉은 다음 쿠션을 시험해보기 위해 엉덩이를 아래위로 들썩거리며, 잠시 푹신푹신한 감촉을 느껴보기도 한다.

"자, 다들 앉읍시다. 편히 다리를 뻗고 앉으셔도 돼요."

엉거주춤 서 있는 그들을 한 번 빙 둘러보며 나는 미소를 보낸다. 우리는 방바닥에 방석을 펴고 빙 둘러앉아 침묵 속에 앉아 있다. 나는 구성원들을 한 사람씩 천천히 둘러보며 눈을 맞춘다. 남자가 4명이고, 여자도 4명이다. 잠시 침묵이 흐른 다음 내가 말을 꺼낸다.

"제가 이곳에 오게 된 것은 이한빈 대표님의 이상과 열정에 동참하고 싶었기 때문입니다. 독일에서 오랫동안 살면서 언젠가 한국에 돌아가면 꼭 해보고 싶은 것이 하나 있었습니다. 그러던 중 우연히 이 대표님의 뉴런하우스 계획을 듣고 얼마나 반가웠는지 모릅니다. 늘 마음속에 품고 있었던 저의 생각과 똑같은 생각을 이 대표님도 하셨다는 것이 참 신기하기도 했습니다. 그의 꿈이 이루어질 수 있도록 돕고 싶습니다. 뉴런하우스 프로젝트는 이 대표님뿐 아니라 우리 모두에게 큰 도전이 되는 실험이라 생각합니다. 여러분들과 함께 같이 노력한다면 이 실험은 분명히 아름다운 열매를 맺을 것이라 믿습니다."

나는 잠시 말을 멈추고, 다시 천천히 한 사람 한 사람의 눈을 응시한다.

"우리의 이 모임을 '창문 닦기 대화모임'이라 부르자고 제가 이한빈 대표님에게 제안했습니다. 저 자신을 포함해서 우리 모두는 사람이나 사물을 있는 그대로 보기가 참 어렵습니다. 창문에 때가 끼었기 때문입니다. 물론 창문은 우리의 마음을 뜻합니다. 앞으로 뉴런하우스에서 같이 살면서 함께 창문 닦기를 하다 보면 언젠가는 우리 모두 소중한 경험들을 할 수 있을 것이라 믿습니다."

잠시 침묵이 흐른다. 영석이 나서면서 한마디한다.

"그런데, 박사님 창문 닦기를 어떻게 하는 거죠?"

"네, 질문을 해주셔서 고맙습니다. 차차 말씀드릴 기회가 있을 거라 생각합니다. 우선 오늘은 첫날이니까 서로 간단히 자기소개부터 돌아가면서 하면 어떨까요?"

구성원들이 고개를 끄덕인다.

"참, 자기소개를 하기 전에 먼저 각자 자신의 별칭을 하나씩 지어, 명찰에 달도록 합시다. 앞으로는 서로 별칭을 부르도록 하겠습니다."

여덟 명의 구성원들과 나는 일제히 방바닥에 엎드려 그럴싸한 이름을 생각해내느라 끙끙댄다. 잠시 후 돌아가며 각자 이름과 별칭 소개를 한다. 매직펜으로 꾹꾹 눌러 '평화'라고 쓴 명찰을 내보이며 영석이 가장 먼저 자기소개를 한다.

"저는 '평화'입니다. 별 뜻은 없고 우리 모두 평화롭게 살았으면 하는 마음에서 지었습니다."

그는 청바지에 반팔 면티를 입었으며, 짧은 스포츠머리에 어깨가 떡 벌어져 다부져 보인다. 애써 미소를 지어 보이지만 어쩐지 행동이 좀 불안한 듯하다. 서류를 보니 '32세, 의류업체 직원'이라고 써져 있다.

다음으로는 청색 반팔티에 검정색 슬랙스를 입은 좀 살집이 있는 중키의 남자 최대헌이 약간 굳은 표정으로 무게를 잡으며 말한다.

"바위 최대헌입니다. 말없이 성실한 사람을 좋아해서 이렇게 지었습니다. 아직 여러분이 좀 낯설어 친해질 때까지는 시간이 좀 걸릴 것 같습니다. 잘 부탁드립니다."

서류에는 '32세, 삼화물산 인사팀 근무'로 적혀 있다. 잠시 침묵이 흐른다.

이번에는 약간 작은 키의 마른 체격에 청바지 차림을 한 피부가 좀 가무잡잡한 젊은 남자가 주변을 두리번거리고 잠시 머뭇거리다가 말을 꺼낸다.

"아무도 말씀을 안 하시니, 제가 하겠습니다. 안현민입니다. 저는 '오아시스'라고 지었습니다. 갑자기 별칭을 지으라고 해서 좀 당황했는데, 가만있으니까 시원한 야자수 그늘과 모래 언덕이 있는 풍경이 떠올랐습니다. 아마 이곳이 제가 살던 고시원에 비하면 너무나 아름다워 잠시 오아시스로 착각했던 것이 아닌가 생각합니다."

그는 26세, 중소기업 협력업체 직원이다.

오아시스의 자기소개가 끝나자 분홍색 바탕에 모란꽃과 초록색 덩굴식물에 파랑새가 앉아 있는 화려한 그림이 그려진 원피스를 입고 있는 여성이 환한 미소를 지으며 입을 연다.

"저, 오혜수예요. 잘 부탁드려요. 저는 '봄비'라고 지었어요. 만물을 키우는 생명의 기운이 느껴져 봄비를 좋아해요."

그녀의 목소리는 맑고 곱다. 지원서를 보니 직업은 초등학교 교사, 나이는 40세로 되어 있다. 갈색으로 염색한 머리가 시원한 이마를 반으로 가르며 양쪽 어깨 위로 흘러내리고 있고, 새까만 눈썹이 가지런하고 큰 눈과 오뚝한 코가 한눈에 들어오는 미인이다. 푸근한 인상인 데다 말할 때 약간 헤퍼 보이는 웃음이 사람을 편하게 해준다.

"저는 햇살 임미진이에요. 예쁘게 봐주세요."

세련된 웨이브 머리에 흰색 면티와 검정색 치마바지를 받쳐 입은 젊은 여성이 수줍은 미소를 지으며 말한다. 나이는 27세, 직업은 미용사다. 하얀 피부에 웃을 때 얼굴에 보조개가 들어가 귀여운 인상이다. 하지만 그녀는 마치 최소한의 공간만 쓰겠다는 듯이 두 무릎을 세운 채 양다리를 두 팔로 감싸 안고 쪼그리고 앉아 있다. 상대방이 눈을 크게 부릅뜨기라도 한다면 금방이라도 누군가의 등 뒤로 숨어버릴 것 같은 인상이다.

잠시 후 정적을 깨뜨리며 젊은 여성의 톤이 높은 카랑카랑한 목소리가 들려온다.

"제가 할게요, 전 이가영이에요. 별칭은 수선화로 지었는데, 제가 좋아하는 꽃이에요. 저는 혼자 있는 것이 좋아요."

30세 프리랜서 방송 작가다. 큰 키에 호리호리한 몸매가 시원스런 느낌이 든다. 흰색의 둥근 칼라 반팔 블라우스에 긴 생머리가 가슴 앞쪽으로 흘러내리고, 코발트색 치마가 맵시 있어 보인다. 하지만 새침한 표정을 짓고 있어 어딘지 모르게 찬바람이 휙 지나가는 느낌이 든다.

아직 누가 자기소개를 안 했는지 방 안을 둘러보니, 62세 초로의 신사 이현호와 22세 여대생 손예지가 남았다. 사람들의 시선을 느끼자 손예지가 먼저 입을 연다.

"손예지예요. 바람이라고 지었어요. 저는 답답할 때가 많거든요. 여기에서 상처받지 않았으면 좋겠어요."

말하는 그녀의 표정은 어딘가 슬퍼 보인다. 보통 키에 약간 마른 몸매인데 커트머리에 청바지 차림이지만 비교적 단정한 모습이다. 귀에는 은으로 도금한 별 모양의 귀걸이를 하고 있고, 양다리를 앞으로 뻗고 있는데 발목에는 연두색 비즈 발찌를 하고 있다. 그녀는 햇살과 함께 방을 쓰는 방 짝이다.

잠시 침묵이 흘렀고, 사람들의 시선이 자신에게 쏠리는 것을 느끼자 이현호가 말한다.

"어! 제가 마지막인가요? 저는 새벽 이현호입니다. 저녁에 좀 일찍 자고, 새벽에 일찍 일어나는 습관이 있어 이렇게 지어보았습니다. 여러분들과 함께 뉴런하우스에 살게 되어 무척 기쁩니다."

서류를 보니 '자영업'이라고 적혀 있고, 가족은 두 자녀가 있으나 각각 따로 살고 있고 부인은 사별한 것으로 되어 있다. 그의 머리칼은 흰색과 검은색이 반반씩 섞여 보기 좋고, 뒷머리는 짧게 깎아 쳐올려 단정하게 보인다. 상의는 연두색 하의는 갈색의 생활 한복을 입었는데, 편한 인상이지만 좀 과묵한 편이다. 그는 오아시스의 방 짝이다.

나도 내 별칭을 소개한다.

"저는 나그네입니다. 잠시 왔다가 다시 독일로 돌아가야 하는 제 상황이 나그네 같다는 생각이 들어 이렇게 지었습니다. 그리고 어차피 우리 인생길이 잠시 왔다가 가는 나그네가 아닌가 하는 생각도 이 별칭을 짓는 동기가 되었습니다. 아무쪼록 여러분들과 함께 앞으로 1년 동안 뜻있는 시간들을 보냈으면 합니다."

말을 마치고 구성원들을 둘러보니 아직 서로 낯설어하는 분위기가 느껴진다. 앞으로 1년간 매주 두 번씩 만나 서로 속 깊은 이야기를 나누는 관계가 되려면, 우선 상호 간에 친해지는 과정은 필수다. 오늘은 첫날인 만큼 자유롭게 말하면서 서로를 알아가는 시간이 필요하다는 생각에 나는 구성원들에게 서로 격의 없이 자유롭게 이야기해보자고 제안한다.

처음엔 다소 어색해하며 머뭇거리던 구성원들이 각자 방 위치와 화장실, 주방, 거실, 다용도실 등 뉴런하우스의 공간들에 대한 이야기를 나누자 분위기가 좀 편해진다. 모두들 뉴런하우스의 시설이 얼마나 훌륭하고 편리한지, 무엇보다 임대료가 턱없이 싼지 등에 대해 찬사를 늘어놓는다. 각자 뉴런하우스에 대한 정보를 어떻게 알게 되었는지에 대해서도 한참 수다를 떤다.

그러나 '창문 닦기 대화모임'에 대해서는 혹시 이상한 사람으로 보이지나 않을지, 자신의 이야기를 어디까지 해야 될지 등 염려를 표현하기도 한다. 하지만 이야기가 오가면서 다들 비슷한 생각을 하고 있었다는 사실이 밝혀지자 부담을 좀 더는 모습들이다.

다음으로는 이한빈 대표가 도대체 왜 이런 사업을 하려는 것인지, 혹시 어떤 나쁜 의도는 없을지 등에 대한 이야기들도 나온다. 비록 만족스런 답을 구하지는 못했지만, 어쨌건 속에 있는 것들을 다 털어놓을 수 있었다는 사실에 모두 뿌듯해하는 것 같다. 말미에는 화장실이며 거실, 주방 등 공용 공간 관리와 청소에 대한 사항들을 의논한다. 두 시간이 금세 지나가버려 나는 모임의 종료를 선언한다.

······

오늘 저녁은 두 번째 모임이라 서로 제법 낯도 익고, 친숙해진 분위기로 창문 닦기 대화도 한결 부드럽게 시작된다. 토요일 저녁이라는 것도 좀 더 마음에 여유가 생기게 해주는 것 같다. 나는 대화를 시작하기에 앞서 '창문 닦기 대화모임'의 몇 가지 주의사항을 알려준다.

"여러분들의 안전을 위해서는 무엇보다 비밀 유지와 공격 금지 규칙을 잘 지켜주시기 바랍니다. 즉, 여기에서 나오는 모든 개인적인 이야기들은 일체 외부에 누설해서는 안 되며, 다른 사람이 하는 말이나 행동에 대해 비난이나 평가를 해서도 안 됩니다. 또한 뉴런하우스에서 발생하는 모든 개인 문제나 구성원들 사이의 갈등은 반드시 이 대화모임에서 다루어지도록 해주십시오. 끝으로 이 모임의 성공을 위해서는 우리 모두 자신의 진실을 개방하는 용기가 필요합니다."

"그런데요 박사님, 자신의 진실이라는 게 무슨 뜻이죠?"

평화가 나를 쳐다보며 묻는다.

"좋은 질문입니다. 그때그때 자신의 솔직한 마음을 말합니다."

"워매, 겁나부러. 지금의 제 진실은 말하기 싫다는 건데요?"

그는 전라도 사투리를 능청스럽게 구사하며 손사래를 치는 시늉을 한다. 다들 한꺼번에 와 웃는다. 긴장했던 표정들이 풀리면서 모두 평화의 재치에 고마워한다.

"왜, 말씀하기 싫은지 말씀해주실 수 있나요?"

내가 다시 개입한다.

"아니요, 그것도 싫어요."

그는 고개를 좌우로 절레절레 흔든다. 구성원들은 다시 한꺼번에 와 웃는다. 나도 따라서 같이 크게 웃는다. 그러고 나서 한동안 침묵이 흐른다.

"저, 나그네 님 질문 하나 해도 되나요?"

아직 앳된 청년인 오아시스가 조심스럽게 운을 뗀다.

"네, 그럼요. 하세요."

"이런 걸 왜 하는지 좀 알려주세요."

"글쎄요. 설명하기가 좀 어렵네요. 그냥 직접 경험해보시는 것이 나을 것 같습니다."

나는 모임을 이끌 때 자주 이런 질문을 받는데, 그때마다 되도록 설명을 피한다. 왜냐하면 설명을 하다 보면 자칫 토론으로 흘러 머리만 복잡해질 뿐 별로 이득이 없기 때문이다. 사실 이런 질문은 자신의 마음을 감추기 위한 목적인 경우가 많다. 한동안 침묵이 흐른다.

"아따 그러지 마시고, 설명을 좀 해주셔요. 박사니임!"

평화가 어린애처럼 조른다.

"평화 님은 지금 어떤 기분이신가요?"

평화에게 내가 질문을 던진다. 의도가 분명하지 않은 행동을 이해하기 위해서는 때로는 행위자의 감정을 탐색하는 것이 도움이 되기 때문이다.

"답답합니다. 아무도 말을 안 하고 있으니까 답답하지요."

"다른 분들은 지금 어떠실 것 같은가요?"

"다들 저랑 비슷하겠죠."

"그럼 우리 한번 확인해보면 어떨까요?"

나는 구성원들을 쭈욱 둘러보며 말한다. 다들 한동안 말이 없다.

"재미있어요!"

어디선가 가볍고 밝은 목소리가 들려온다. 돌아보니 봄비다. 갈색으로 염색한 머리를 양손으로 쓸어 담아 목 뒤로 넘기며 환한 미소를 짓는다. 평화가 의아한 듯이 묻는다.

"봄비 님은 이게 정말 재미있어요?"

"네, 재미있어요."

그녀는 금방이라도 까르르 웃음이 터져 나올 새라 손으로 입을 막는다.

"저도 재미있어요!"

이번에는 햇살이 수줍은 듯 작은 목소리로 자라처럼 목을 움츠려 양어깨 사이로 구겨 넣으며 말한다.

"아니, 뭐가 재미있으신지 말씀 좀 해봐주세요."

평화가 울상이 되어 햇살을 원망스런 듯 쳐다보며 볼멘소리로 말한다.

"죄송해요. 잘 모르겠어요. 그냥 재미있어요."

햇살이 손으로 입을 가리며 수줍게 말한다. 다시 한동안 침묵이 흐른다.

"누가 아무 거라도 이야기 좀 해보세요."

평화가 다시 참지 못하고 나선다. 평화가 계속 이렇게 나서는 것은 불안해서 하는 행동 같다. 이런 모습을 직면시키는 것은 아직 이르다고 판단하여 나는 좀 더 지켜보기로 한다. 한동안 침묵이 흐르다가 이런 상황이 부담스러웠던지 바위가 불쑥 치고 나온다.

"제가 이야기할게요. 사실, 저는 이 시간을 많이 기다렸거든요. 직장에서 요즘 힘든 일이 있는데, 도움을 좀 받고 싶어요. 요즘 직장 후배들이 말을 잘 안 들어요. 스스로 알아서 일을 하려 들지 않아요. 잔소리를 하면 자꾸 저만 나쁜 사람이 되는 것 같거든요."

남성 화장품 냄새가 짙게 풍기는 각진 그의 얼굴 근육이 잠시 씰룩거리는 것 같다.

"그래도 불러서 따끔하게 야단을 쳐야죠."

넓은 어깨를 쫙 펴면서 평화가 신이 난 듯 말을 받는다.

"힘드시겠어요. 저도 그런 경험이 있어 아는데, 골 때리죠."

나이에 비해 좀 어려 보이지만 턱수염을 짧게 깎아 무척 단정해 보이는 오아시스가 연민의 눈으로 바위를 쳐다보며 약간 흥분된 목소리로 말한다.

"성질 같으면, 한 대 쥐어박고 싶지만, 차마 때릴 수도 없고……."

오아시스의 응원에 힘을 얻은 바위는 방바닥을 응시하며 자신도 모르게 주먹을 불끈 쥔다.

"무서워요! 나그네 님이 공격 금지라고 말씀하셨잖아요?"

갈색 블라우스를 입은 바람이 주위를 두리번거리며 불안한 목소리로 말한다.

"보아하니 한 성질 하시는 것 같은데, 자신을 좀 돌아보셔야죠!"

소리 나는 방향을 쳐다보니 보라색 리본으로 긴 머리를 뒤로 묶은 수선화다. 그녀는 전투태세로 바위를 노려보고 있다. 찬물을 끼얹은 듯 방안 공기가 싸해진다.

"수선화 님 지금 기분이 어떠신가요?"

나는 자칫 대화가 공격적으로 흐를 위험이 있다고 판단해 일단 흐름을 차단한다. 이런 상황에서는 심한 다툼으로 빠져들기 전에 각자 감정을 표현하게 하고, 그 이유를 설명하게 하는 것이 좋다.

"안 좋죠!"

그녀가 잘라 말한다.

"바위 님은 어떠신가요?"

"황당하네요. 내가 뭘 어쨌다고… 기가 막혀."

그는 얼굴 근육을 심하게 씰룩거리며, 뺨 맞은 사람처럼 얼굴이 벌겋게 달아오른다.

"아, 두 분 다 좀 진정하시고… 바위 님의 뜻은 그런 게 아니라, 자기가 좀 힘들다 이런 이야기 아니겠어요?"

평화가 나서 두 사람을 번갈아 쳐다보며 중재하려고 애쓴다. 하지만 두 사람의 표정은 이미 굳어졌고, 방 안의 공기가 무겁다. 나는 이 상황이 한편으론 걱정이 되면서도 다른 한편으론 묘한 호기심이 발동한다. 각자 내면에 부글거리는 에너지가 눌려 있지 않고, 밖으로 표출되고 있기 때문이다. 이는 한 사람 한 사람의 내면을 깊이 들여다볼 수 있는 더 없이 좋은 기회다.

만난 지 얼마 되지도 않았는데 이처럼 강한 감정이 분출되는 것은 분명히 여기서 생긴 일 때문만은 아니다. 살아오면서 받은 수많은 상처들이 자기도 모르게 건드려지며 불쑥 삐져나온 것이다. 나는 바위와 수선화, 그리고 평화의 행동을 유심히 관찰하고 기억해두려고 애쓴다. 나의 스승들은 심리치료는 눈으로 하는 것이란 말을 자주 했다.

잠시 후 나는 차분한 목소리로 각자 지금 이 순간 기분이 어떤지 알아차리고 표현해달라고 제안한다. 화장기 없는 창백한 얼굴의 바람이 무섭다며, 뛰쳐나가고 싶다고 말한다. 봄비와 햇살은 서로 손을 잡은 채 걱정된다고 말한다. 오아시스는 이 모든 것이 자기 때문인 것 같다며 미안하다고 말한다. 평화는 얼굴에 미소를 가득 띠고 구성원들을 둘러보며 곧 괜찮아질 거라고 말한다. 바위와 수선화는 일그러진 표정이고, 60대 초반의 남자 새벽은 무표정한 얼굴이다. 나는 모임 분위기가 너무 달아올라 조금 식히는 것이 좋겠다고 생각한다.

"우리 잠시 좀 쉬었다가 할까요?"

"네!"

모두들 반가운 듯이 합창을 한다. 나는 문을 열고 밖으로 나와 맨발로 잔디를 밟으며 발바닥의 감촉을 느껴본다. 낮에 더웠던 공기가 밤이 되니 좀 식은 것 같다. 이따금 승용차가 골목길을 지나가는 소리가 들린다. 새벽이 내 곁으로 다가와 말을 건넨다.

"박사님, 이제 시차는 좀 극복이 되셨나요?"

"네, 이제 적응이 좀 된 것 같습니다. 컨디션도 많이 회복되었고요. 감사합니다."

"우리나라 사람들의 반응이 독일 사람들과는 좀 다른가요?"

"네, 다릅니다. 한국 사람들이 참 팔팔하고 에너지가 많은 것 같습니다."

"그런가요? 너무 처음부터 세지 않은지. 염려가 좀 되었습니다."

"그러셨군요. 저는 솔직한 반응들이 오히려 좋습니다. 새벽 님도 모임에서 말씀 좀 하세요."

그는 알겠노라고 했지만, 어쩐지 앞으로도 계속 말이 없을 것 같은 예감이 든다. 잠시 후 사랑방에 들어가니 마치 지금까지 아무 일도 없었다는 듯이 크게 웃는 소리들이 복도까지 들린다. 평화가 우스갯소리를 하며 분위기를 띄우고 있는 것 같다.

참으로 한국과 독일은 많이 다르다. 분명히 독일 사람들 같으면 서로 진지하게 토론을 하고 있었을 것이다. 한국 사람들은 깊은 감정을 만나는 것을 회피하는 것일까? 아니면 좀 더 격렬한 전투를 위해 지금 에너지를 비축하고 있는 것일까?

다시 모임이 시작되고, 한동안 침묵이 이어진다.

"다들 오늘은 피곤하신가 보죠. 왜 가만히들 계신가요?"

나는 구성원들을 빙 돌아보며 묻는다. 여전히 아무도 말이 없다. 나는 이런 상황이 좀 답답하다. 하지만 이런 분위기에 얼른 익숙해져야 할 것 같다. 사람마다 개성이 다르듯이 문화마다 행동 방식에 차이가 있기 마련 아닌가?

"제가 아까 평화 님 말끝에 재미있다고 했던 것이 좀 걸려요."

평화의 눈치를 보며 햇살이 조심스럽게 말을 꺼낸다. 그녀의 표정이 마치 야단맞을까 두려워하는 아이 같다.

"아니에요. 신경 쓰지 마세요."

평화가 양손으로 자신의 볼을 쓰다듬으며 마음씨 좋은 아저씨처럼 웃는다.

"네, 고마워요. 안심이 되어요."

햇살이 긴장을 풀며 미소를 짓는다. 다시 침묵이 이어진다.

"아, 진짜 짜증나네!"

그때 젊은 여성의 날카로운 목소리가 들린다. 다들 놀라서 쳐다보니 바람이다.

"왜, 뭐가 짜증나는지 궁금하네요?"

걱정스런 표정으로 봄비가 그녀를 쳐다보며 묻는다.

"그냥 전부 다 짜증나요!"

금세 폭발할 것 같은 기세다.

"아따, 그러지 말고, 이야기 좀 해보더라고 잉."

자신도 모르게 튀어나온 사투리에 당황한 평화가 얼른 입에 손을 갖다 댄다.

"아 씨발, 존나 빡치네!"

그녀가 갑자기 자리에서 벌떡 일어나더니 방문을 확 밀치고 나가 버린다. 다들 당황하여 서로 번갈아 얼굴을 쳐다보며 어찌할 바를 모른다. 이건 돌발적 사건이다. 하지만 돌이켜보면 어느 정도 예측 가능한 행동이었다. 바위가 주먹을 불끈 쥐는 순간부터 그녀는 여러 번 불편하다는 신호를 보냈다. 그런데 나를 포함해 아무도 주의를 기울이지 않았다. 짜증 내고 있는데 뭐가 짜증나는지 물었고, 말하기 싫다는데도 말하기를 강요했던 것이다.

물은 이미 엎질러졌다. 나는 당황스럽지만 불안해하는 구성원들에게 최대한 든든한 버팀목이 되어줘야 한다. 한동안 침묵이 흐른다. 아무도 말이 없자 내가 말을 한다.

"지금 기분이 어떠신지 말씀들 좀 해주세요."

"무서워요. 걱정돼요."

봄비가 염려스런 표정으로 말한다.

"아, 저러코롬 하믄 안 되제… 박사님도 기신디. 젊은 처자가 성질이 겁나 급해부렀네."

어이없다는 듯이 평화가 씩씩거리며 말한다.

그때 갑자기 "저도 빡쳐요!'라며 흥분한 목소리가 들려온다. 쳐다보니 오아시스다. 그도 표정이 안 좋아 보인다.

"잠깐, 미안한데 잘 못 알아들었습니다. '빡쳐'가 무슨 뜻이에요?"

내가 구성원들에게 묻는다. 그 말에 모두 갑자기 와 웃는다.

"화난다는 뜻이에요. 요즘 젊은 사람들이 많이 쓰는 표현이에요."

봄비가 웃으면서 친절하게 설명해준다.

"아, 그렇군요. 몰랐습니다. 혹시 저만 몰랐나요?"

내가 계면쩍어 하며 주위를 둘러본다.

"저도 몰랐습니다. 하하."

새벽이 만면에 웃음을 띠며 말한다. 오늘 그의 첫 발언이다. 그의 한마디가 깜깜한 방을 환히 밝혀주는 등잔불 같다는 생각이 들면서 반갑다.

"아, 다행이네요. 저만 그런 게 아니었네요?"

내가 호쾌히 웃는다. 그도 같이 즐겁게 웃는다.

"자, 오늘은 시간이 많이 되었으니, 이 정도로 하고 다음 화요일 저녁에 뵙겠습니다."

나는 모임의 종료를 선언한다. 다들 방석을 방 한구석에 가져다 차곡차곡 쌓아두곤 각자의 방으로 돌아간다.

......

일요일이라 그런지 뉴런하우스 가족들은 8시가 넘었는데도 아직 별로 인기척이 없다. 나는 이제 몸 상태가 많이 회복되어 오늘은 아침 일찍 일어나 기분 좋게 하루를 시작한다. 신문도 좀 읽고 이메일도 두 통이나 보냈다. 한 통은 독일에 있는 한나에게, 다른 한 통은 미국에 있는 이한빈 대표에게다.

　　사랑하는 한나에게

　　지난 월요일에 이곳에 도착한 후 별로 한 일도 없는 것 같은데, 눈 깜빡할 사이에 벌써 일주일이 후딱 지나가버렸네. 간밤엔 처음으로 푹 잘 자고 오늘은 일찍 일어나 신문도 좀 읽고, 앞으로 여기서의 계획도 생각해보며 한가로운 시간을 보냈어. 아직 베를린은 한밤중이라 전화를 걸 수 없어서 메일을 보내기로 했어.

떠나온 지 얼마 되지도 않았는데, 왜 벌써 너를 보고 싶은 마음이 이렇게 간절한지 모르겠어. 곁에 없으니 네 존재가 더욱 강하게 느껴지면서 오늘 아침에는 잠시 어찌할 바를 몰라 하는 나 자신이 좀 당황스러웠어.

내가 아침에 느낀 감정에 정확한 이름을 붙이는 것은 아마도 불가능하겠지만, 그렇다고 해서 그냥 '이상한 감정'이라고만 성의 없이 말하고 싶지는 않아. 그것을 슬픔이라고 말하거나 우울이라고 말해버리는 것은 너무 단순할 것 같아. 그리움이란 말을 덧붙인다고 해서 크게 달라질 것 같지도 않아. 문득 내가 느낀 감정을 어떤 단어로 표현하려는 것보다는 차라리 예술가들의 지혜를 빌려오는 것이 더 낫지 않을까 하는 생각이 들어.

내가 오늘 아침에 느낀 감정을 가장 유사하게 표현한 사람은 아마도 빈센트 반 고흐가 아닐까 생각해. 그가 그린 농부의 신발을 보면서 나는 그가 어떤 인물의 부재를 묘사함으로써 역설적으로 그의 존재를 가장 극명하게 드러내준다고 생각한 적이 있어. 이러한 기법은 사실 동양화의 전통에서는 낯설지가 않아. 예컨대, 집주인은 그리지 않고 빈집만 그려놓는 식이지.

이상하게 들릴지 모르지만, 오늘 아침에 일어나서 나는 너의 부재를 인식하면서 아리는 듯, 후벼 파고드는 듯, 허허로운 듯, 외로우면서도 감미로운 그 묘한 감정들을 어떤 이름을 붙이지 않은 채 느끼는 것이 참 즐거웠어. 왜냐하면 네 존재에 대한 나의 사랑과 그리움을 어떤 제한된 개념이나 이미지에 가두지 않으면서 자유로운 상상력으로 무한한 우주 공간에 마음껏 펼쳐놓을 수 있었기 때문이었어. 멀리 떨어진 만큼이나 더욱 가까이 너를 느낀 행복한 아침이었어. 사랑해.

너의 영민으로부터

존경하는 이한빈 대표님께

지난번 메일에서도 썼듯이 뉴런하우스에 도착해보니 시설이 참으로 깔끔하고, 예쁘게 잘 꾸며져 있고, 또한 살기에도 무척 편리하게 설계되어 있어 정말 만족스럽습니다. 이 점에 대해서는 뉴런하우스 가족들도 모두 동감하는 것 같습니다.

제 방은 1층 출입구 바로 옆이라 드나들기 용이하며, 남향이라 채광도 잘되고, 분위기 또한 아늑하여 여러 가지로 참 마음에 듭니다. 반지하에 꾸며놓은 사랑방과 사무실도 나무랄 데 없이 훌륭합니다. 사무실을 제 상담실로 사용할 수 있게 허락해주신 것에 대해서도 다시 한 번 감사드립니다.

한국에 도착하면 이 대표님을 한 번쯤은 꼭 뵙고 싶었는데, 갑자기 업무가 그렇게 많아지셨다니 아쉽기도 하고 무엇보다 이 대표님 건강이 염려가 됩니다. 아무쪼록 건강을 잘 보살피면서 일하시기 바랍니다.

이곳 뉴런하우스는 백정현 과장이 사흘이 멀다 하고 오셔서 저

회의 불편 사항들을 해결해주시니 현재로서는 아쉬울 것 하나 없이 너무 든든합니다. 이 모든 것이 대표님의 세심한 배려 덕분이라 생각합니다.

창문 닦기 대화모임에서 구성원들은 아직 자신의 마음을 직접 드러내는 것에 대해서는 익숙하지 않고, 서로 경계를 하며 조심스런 태도를 보이고 있습니다만, 이는 모임 초기에 나타나는 자연스런 과정의 일부이며, 차츰 자신의 마음을 들여다보고 성찰하는 과정을 통해 나중에는 스스로의 감정을 알아차리고, 다른 사람들에게도 표현할 수 있게 될 것입니다.

그렇게 되기까지는 시간이 좀 걸리리라 봅니다. 저는 결코 서둘러 어떤 결과물을 내어놓으려 하지 않겠습니다. 겉모습이 좀 바뀐다고 해서 속이 달라지지 않으면 무슨 소용이 있겠습니까? 모임에서 흔히 초기에 상호 불신으로 인해 갈등과 충돌이 일어나기도 합니다. 하지만 시간이 지나면서 차츰 상호 간에 신뢰가 생겨 친밀감이 형성됩니다.

이번에 입주하신 여덟 분은 모두 개성이 뚜렷하신 분들 같아 보입니다. 저는 이분들과 함께 앞으로 1년 동안 어떤 경험을 할지 전혀 예상하지 못합니다. 하지만 한 가지는 분명히 믿습니다. 우리가 어떤 일을 겪던 상관없이 결국에는 구성원들 모두가 매우 소중한 경험을 할 것이며, 그로 인해 다 함께 성장할 것이라는 점입니다.

앞으로는 자주 메일을 드리지는 못할 것 같습니다. 하지만 만약 모임에 어려운 문제가 발생하면 지체 없이 알리고, 필요하면 도움을 구하도록 하겠습니다. 뉴런하우스라는 만만치 않은, 하지만 참으로 뜻있는 사업을 기획하시어 물심양면으로 아낌없는 후원을 해주시는 이 대표님께 진심 어린 존경을 표하며 이만 줄입니다.

김영민 올림

......

아침이 밝아온다. 봄비는 아직 침대에 누운 채 고개를 왼쪽으로 돌려 화장대 위에 놓여 있는 시계를 쳐다본다. 벌써 8시가 넘었다. 그녀는 출근을 안 해도 되는 일요일 아침이 너무 좋다. 누운 채로 기지개를 한껏 켜고 난 뒤, 일어나 창가로 가서 커튼을 젖히고 밖을 내다본다. 2층이라 동네가 한눈에 싹 들어온다. 골목길 양옆으로 70년대에 지은 2층 양옥집들이 고만고만한 어깨를 맞대고 사이좋게 줄지어 있는 모습들이 정겹게 느껴진다. 아직 이른 시간인지 행인들은 잘 보이지 않고, 배달 오토바이 한 대가 아침의 정적을 깨뜨리며 지나간다.

꿈만 같다. 자신에게 이런 공간이 주어지다니. 원룸을 알아보며 지난 한 달여 동안 여기저기 돌아다니느라 고생한 것은 그렇다손 치더라도 도무지 여기다 싶은 곳이 없어 절망스러웠던 시간들이 주마등처럼 지나간다. 이처럼 깨끗하고 아담한 주택에 살 수 있으리라곤 생각도 못 했다. 그녀는 선 채로 방 안을 찬찬히 둘러본다. 베이지색 실크 벽지가 정갈하게 도배되어 있고, 벽에는 붙박이로 자그마한 선반도 달려 있다. 방 모서리에는 1인용 책상 한 개와 나무 의자가 단정하게 앉아 공간을 지키고 있다. 방바닥은 엷은 갈색 원목마루가 깔려 있어 발바닥에 와 닿는 촉감이 부드럽다.

편한 옷으로 갈아입고 방문을 열고 나온다. 방문 바로 왼쪽으로 샤워실이 딸린 화장실이 눈에 들어온다. 마치 자기 방에 딸린 개인 화장실 같은 느낌이 든다. 가끔 수선화와 마주칠 때를 빼고는 늘 비어 있어 언제든 이용할 수 있다. 복도로 나오면 왼쪽으로는 거실이 있고, 오른쪽으로는 아래층으로 내려가는 계단이 있다. 정면으로 네 발자국을 걸어가면 오른편에 수선화가 쓰는 1인실이 있고, 왼편에는 햇살과 바람이 같이 쓰는 2인실이 있다. 그 옆에는 햇살과 바람이 사용하는 샤워실이 딸린 화장실이 하나 더 있다. 이 화장실은 복도에 있어서 급하면 다른 사람들도 쓸 수 있게 되어 있다. 봄비는 정면으로 몇 걸음 더 가서 간이주방의 냉장고를 열어 오렌지 주스를 꺼내 한 잔 쭉 들이킨다.

갑자기 아래층 남자들이 사용하는 주방 쪽에서 음악 소리가 들려온다. 낮은 볼륨이지만 어딘지 슬프면서도 가슴을 후벼 파는 듯한 애절한 여가수의 성악곡이다. 그녀는 자신도 모르게 계단을 따라 아래층으로 내려간다. 소리가 들리는 곳을 향해 오른쪽으로 방향을 꺾는다. 왼편에는 꽤 큰 거실이 있고, 오른편에는 2층보다 두 배는 더 넓은 주방이 있다. 소리가 들려오는 곳은 바로 거기다. 블루투스 스피커에서 '솔베이지의 노래'가 흘러나오고 있다.

······

"나그네 님 아니세요? 잘 주무셨어요?"

조리대에 서서 아침 준비를 하고 있는 나를 향해 봄비가 환히 웃으며 인사를 한다.

"아, 봄비 님이시군요. 일요일인데도 일찍 일어나셨네요?"

나는 밝은 분홍색 반팔티셔츠에 카키색 린넨 치마바지를 입은 그녀를 보고 반가운 마음이 들어 미소를 지으며 인사를 한다.

"저보다 먼저 일어나신 것 같은데요?"

이렇게 말하는 그녀의 표정은 소풍 가는 아이들처럼 들떠 보인다.

"네, 오늘은 좀 일찍 눈이 떠졌습니다. 토스트 한 쪽 하실래요?"

나는 토스트 기계에서 막 꺼낸 노릇노릇하게 잘 구워진 토스트를 들어 보이며 묻는다.

"네. 감사해요."

그녀는 입맛을 다시면서 토스트가 담긴 접시를 얼른 받아 든다.

"커피도 한 잔 하실래요? 이 동네에 원두를 직접 볶아서 파는 가게가 있더라고요."

"네, 고마워요. 향기가 참 좋네요. 음악이 좀 슬프게 들려요. 이 음악을 좋아하세요?"

그녀는 큰 눈을 껌벅이며 나를 쳐다보며 관심을 표한다.

"가끔 듣습니다. 독일에 있을 땐 한국이 참 그리웠는데, 여기에 오자 다시 독일 생각이 나니 무슨 까닭인지 알 수가 없네요."

"나그네 님, 참 낭만적이세요."

그녀는 꿈꾸는 듯한 표정을 지으며 내게 말한다.

"제가요?"

"네, 제가 아는 어른 남자들과 너무 다르셔요."

"무슨 말씀이신지?"

"아니에요. 그냥 드려본 말씀입니다."

그녀는 알 듯 모를 듯 입가에 미소를 지으며 했던 말을 급히 수습해버린다.

"어떤 남자들을 떠올리셨는지 갑자기 궁금해지네요?"

"정말 예리하시네요. 사실 저희 아버지 생각이 났어요. 목사님이시거든요."

"그래요?"

"네. 굉장히 근엄하셔요. 어릴 때부터 아버지 앞에서는 항상 늘 바른 자세로 앉아야만 했어요. 말을 하기 전에는 마음속에서 몇 번씩이나 되뇌었어요……."

이렇게 말하는 그녀의 표정이 좀 슬퍼 보인다. 뭐라고 말해야 할지 몰라 내가 잠시 망설이는 걸 눈치 챈 그녀가 재빠르게 말을 돌린다.

"커피 향이 너무 좋아요. 나그네 님이 주신 토스트를 먹으며, 이렇게 함께 커피를 마시고 있다는 사실이 꿈만 같아요."

그녀는 어린 아이처럼 웃으며 무척 행복한 표정을 짓는다.

"와, 커피 향이 참 좋네요?"

현관문을 밀어젖히며 들어오는 사람은 새벽이다. 그는 운동화를 벗어 신발장에 넣고는 우리가 앉아 있는 주방으로 뚜벅뚜벅 걸어 들어온다.

"어서 오세요."

"아침 일찍 어딜 다녀오세요?"

봄비와 내가 그를 쳐다보며 거의 동시에 말한다.

"성북천을 따라 달리기를 좀 하고 왔습니다. 아침 공기가 참 맑고 상쾌하네요."

대화모임에서 보이는 모습과는 사뭇 다르게 그는 꽤 사교성이 있어 보인다.

"커피 한 잔 하시겠어요?"

내가 그를 쳐다보며 묻는다.

"주시면 고맙죠."

반갑다는 듯이 그가 고개를 주억거리며 내 왼편에 앉는다.

"토스트도 좀 드세요."

나는 잘 구워진 것들을 골라 그에게 권한다.

"아이고 감사합니다. 잘 먹겠습니다."

그의 표정이 더욱 밝아진다. 우리는 마치 오래 함께 산 가족처럼 서로 편하게 대화를 하며 아침을 먹는다. 봄비는 두 성인 남자들 사이에서 자신이 아무런 긴장 없이 이야기할 수 있다는 사실이 잘 믿어지지가 않는다.

......

뉴런하우스에 와서 두 번째 맞이하는 화요일 저녁이다. 평화는 오늘도 매형에게 양해를 구하고 일찌감치 퇴근해 집으로 온다. 그가 이렇게 착실히 제시간에 집에 들어오는 것은 자기 인생에서 정말 흔한 일이 아니다. 자기가 생각해도 요즘 자신의 모습이 낯설다. 무언지 모르지만 내면 깊숙한 곳으로부터 어떤 변화가 일어나고 있는 것도 같다. 확실히 그는 무언가를 느끼고 있다. 하지만 그것이 무언지 모르기 때문에 불안하다.

저녁을 대충 차려 먹고 그는 지금 거실 소파에 앉아 TV를 보고 있다. 리모컨을 이리저리 눌러보지만 재미가 하나도 없다. TV를 꺼버리고 리모컨을 소파 위에 휙 던진다. 갑자기 자리에서 벌떡 일어나더니 아직 모임이 시작되려면 15분이나 남았는데도 괜히 계단을 후다닥 내려가 사랑방으로 가더니 문을 열어본다. 아직 아무도 와 있지 않다. 그는 도로 문을 닫고 나와 하릴없이 계단을 올라간다. 그러다 갑자기 뒤돌아서더니 계단을 도로 내려간다. 그러고는 왼편에 있는 사무실 문을 노크해본다. 아무 소리도 없다. 그는 사무실 문을 가만히 열어본다. 반지하라 창문이 있어도 그다지 밝지는 않다.

전등 스위치를 눌러 불을 켜서 안을 들여다본다. 4평 정도의 아담한 사무실 공간이다. 나그네가 여기를 상담실로 사용할 거란 말을 백정현 과장이 했었다. 문 오른쪽에는 조그만 싱크대 개수대와 인덕션이 설치되어 있고, 안쪽으로 나그네가 사용하는 책상과 사무용 의자가 하나 있다. 책상 위에는 노트북 한 대가 접히지 않은 채 놓여 있다. 방 가운데는 낮은 사각 테이블이 하나 있고, 양쪽에는 등받이가 있는 의자가 두 개씩 놓여 있다. 왼쪽 벽에는 책이 듬성듬성 꽂힌 책장이 하나 서 있고, 오른쪽 벽에는 밖으로 열리는 조그만 창이 하나 나 있다. 그는 한숨을 푹 내쉬며 불을 끄고 사무실 문을 닫는다. 다시 거실을 향해 계단을 올라온다.

．．．．．．

나는 사랑방으로 향하다가 계단을 올라오는 평화와 마주친다.

"아니, 평화 님 아니세요? 왜 도로 올라오세요?"

내가 궁금해서 그에게 묻는다.

"아직 사랑방에 아무도 없어서요. 다들 오늘 저녁에는 창모에 오기가 싫은가 봐요."

"창모요?"

내가 무슨 소린지 못 알아듣고 눈이 동그래진다.

"나그네 님은 아직 모르세요? 다들 그렇게 부른답니다. '창문 닦기 대화모임, 너무 길잖아요."

"아하하하, 그렇군요. 좋은 아이디어네요. 창모라 창모. 하하하."

우리 둘은 같이 사랑방으로 들어간다. 함께 방석을 둥글게 펴고 있으니 구성원들이 하나둘 들어오기 시작한다. 봄비와 수선화, 새벽, 바위, 햇살, 오아시스가 차례로 들어온다. 맨 마지막으로 부스스한 머리로 자다 깬 듯한 표정으로 바람이 들어온다.

"다들 제시간에 와주셔서 감사드립니다. 오늘이 세 번째 모임이네요. 모임을 시작한 지 일주일밖에 안 돼 아직 우리 모두 분위기에 익숙하지 않은 것 같습니다."

나는 구성원들을 쭉 둘러보며 천천히 입을 연다.

"그래서 오늘은 좀 가벼운 놀이를 하나 하면서 시작하겠습니다. 아주 간단합니다. 지난번과 마찬가지로 무엇이든 자유롭게 말씀하시되, 다만 '지금'이란 단어를 한 번씩 넣어주시면 됩니다."

창모가 시작되고 한동안 침묵이 흐른다.

"나는 지금 여러분들이 무슨 생각을 하시는지 궁금합니다."

오아시스다. 그는 예의 싹싹한 말투로 운을 떼지만 아무도 자신의 말에 반응을 하지 않자, 괜히 멋쩍은지 손가락으로 머리를 긁는다.

"지금 말씀하신 오아시스 님이 고마워요. 사실 저도 좀 궁금했거든요."

봄비가 상냥하게 말한다.

"전 지금 좀 답답합니다."

바위가 헛기침을 하면서 말한다.

"난 졸려요… 지금."

바람이 크게 하품을 하며 말한다. 다들 와 웃는다. 나도 같이 크게 따라 웃는다. 분위기가 다시 가벼워진 것 같다. 다시 한동안 침묵이 흐른다.

"나그네 님, 저 질문 하나 해도 돼요?"

평화다.

"지금을 넣어서 다시 말씀해주시면 고맙겠습니다."

내가 웃으며 말한다.

"아, 죄송합니다. 지금."

그의 말에 다들 동시에 와 웃음이 터진다.

"웃지 마셔요. 저 지금 장난이 아니랑게요."

약간 볼멘소리로 평화가 항의하듯 말한다.

"알아요. 그런데 좀 웃겨요. 지금."

봄비가 입에 손을 갖다 대고 웃음을 겨우 참으며 말한다.

"저도 지금 좀 웃겨요. 죄송합니다, 평화 님. 자꾸만 웃어서."

상체를 흔들며 바위가 웃음을 참지 못한다.

"그런데, 질문이 뭔가요. 평화 님?"

오아시스다.

"오아시스 님, 지금을 빠뜨리셨네요. 지금?"

이렇게 말하며 이번엔 평화가 크게 웃는다.

"평화 님, 말씀해주세요. 지금. 질문이 뭐였어요?"

오아시스가 밀리지 않으려고 버틴다.

"아, 고마워요. 오아시스 님. 그런데 질문이 뭐였더라? 참, 그렇지. 나그네 님, 지금 이런 걸 왜 하나요?"

평화가 나를 쳐다보며 눈을 껌벅인다. 나는 흔히 사람들이 뭔가 새로운 것을 경험하려고 할 때, 그것을 회피하기 위해 질문을 한다는 것을 안다. 우리의 삶은 지금 여기에서만 피어날 수 있는데, 정작 그 순간이 오면 도망치다니! 이것이 인생의 슬픈 역설이 아닐까, 나는 매번 탄식을 한다. 지금 평화는 구성원 모두를 대신해서 이 행동을 하고 있다. 즉, 평화와 다른 구성원들은 공모관계에 있다. 그렇지 않다면 평화가 매번 이 역할을 수행하도록 허용해주지 않을 것이다. 나는 평화의 이러한 시도에 응하지 않기로 한다.

"평화 님의 그 질문은 지금 대답하지 않겠습니다. 저를 가르친 선생님께서는 모임에서는 되도록이면 진행과 관련된 질문은 받지 않는 것이 좋다고 하셨거든요. 미안합니다."

이렇게 말하고 나는 그의 반응을 살핀다.

"알겠습니다. 그러나 지금 그 말씀을 들으니 좀 답답하네요."

평화는 입을 쑥 내밀며 말한다. 다시 침묵이 흐른다.

"짜증나요. 지금."

신경질적인 목소리에 돌아보니 바람이다. 그녀의 표정이 불안정해 보인다. 지난 시간 마지막에 뛰쳐나갔던 모습이 떠오르며 나는 걱정스런 마음이 든다. 아직 모임이 충분히 안정되지 않았는데, 바람의 돌발 행동이 분위기를 요동치게 할 수 있을 것 같아서다. 그녀는 이 모임의 약한 고리 중 하나다. 압력이 가해지면 타이어의 닳은 곳에 펑크가 나듯이 상처가 많은 사람에게서 파열이 일어날 수 있다.

"바람 님이 짜증난다고 하니까 지난번처럼 또 나가버릴까 봐 염려되어요. 지금."

햇살이 근심스런 표정으로 말한다.

"바로 그거예요. 나도 동감이에요. 지금."

오아시스가 외치듯이 내뱉는다.

"다들 왜 그러세요? 잠자는 사자 코털 건드리시는 거예요. 지금?"

평화가 황급히 뛰어든다. 평화는 이 모임의 정서를 정확히 인식하는 바로미터이면서 동시에 중재자다. 그의 센스는 실로 놀랍다. 하지만 이해가 잘 되지 않는 점은 스스로 불안을 잘 견디지 못하는 사람인데, 어디서 저런 순발력과 침착함이 나올까 하는 점이다.

다시 조용한 침묵이 흐른다. 시간이 얼마나 흘렀을까? 갑자기 오아시스가 헛기침을 몇 번 하더니 말을 꺼낸다.

"제가 지금 고민이 하나 있어요. 사실은 제가 요즘 직장 동료들과 자주 부딪히고 고객들과도 불편한 일들이 많아요. 대부분 제 잘못이 아닌데도 자주 이런 문제가 생기다 보니 혹시 저에게 문제가 있는 것이 아닌지 의심이 들기도 해요."

아무도 오아시스의 말에 반응을 하지 않자 어색한 침묵이 흐른다. 다들 뭐라고 말해야 할지 몰라 망설이고 있는 것 같다. 오아시스는 고개를 푹 숙이고 있다. 봄비는 도와달라는 듯이 자꾸 나를 쳐다본다. 그러나 나는 말없이 앉아 있다. 내가 자꾸 나서면 구성원들이 내게 너무 의존할 것이기 때문이다. 아직 모임이 불안정하지만, 분명히 구성원들의 내면에는 스스로 문제를 해결할 수 있는 힘이 있을 거라고 나는 믿는다.

갑자기 한쪽에서 점잖은 형님 같은 목소리가 들려온다.

"오아시스 님, 그다지 걱정할 일이 아닌 것 같은데요? 아마도 오아시스 님만 그런 건 아닐 겁니다. 어딜 가나 파리는 들러붙게 돼 있어요. 그냥 신경 쓰지 말고 쫓아버리세요."

바위다. 항상 바른 자세로 앉아 있는 모습이 언제 봐도 듬직하다. 그를 보면 정말 바위 같다는 생각이 들 때가 있다.

"오만하신 것 아니에요? 사람을 파리에다 비유하다니. 자신을 돌아봐야지 다른 사람 탓하는 것 같아 보여요."

쳐다보니 수선화다. 그녀의 눈에서 냉기가 흘러나오고 있다. 그렇잖아도 아슬아슬하던 분위기가 다시 벼랑 끝에 선 느낌이다. 다들 어쩔 줄 몰라 좌불안석이다.

"지금 저하고 싸우자는 겁니까?"

바위의 얼굴 근육이 심하게 씰룩거린다. 내가 급히 개입한다.

"잠깐, 지금 바위 님 기분이 어떠신가요?"

"화나죠!"

그는 불만이 가득한 표정으로 씩씩거리고 있다.

"왜 화가 나는지 말씀해주실래요?"

내가 다시 묻는다.

"저보고 오만하다고 하니까 열 받죠!"

"혹시 지금 수선화 님이 파리처럼 느껴지세요? 어디서나 들러붙는 파리 말입니다."

나는 바위와 눈을 맞추며 진지하게 묻는다. 이는 내가 가끔 쓰는 전술인데, 아슬아슬한 상황에서 상대방을 누그러뜨리는 말 대신에 오히려 반대로 더욱 벼랑 끝으로 밀어붙이는 것이다. 바위는 나의 갑작스런 질문에 조금 당황한 듯 머뭇거리다가

"글쎄요. 생각해보지 않았는데……."

바위가 한 발 물러선다. 그러자 수선화가 다시 끼어든다.

"나는 파리가 아니에요. 벌이에요. 벌! 그것도 말벌!"

그녀의 눈에서 사나운 기운이 뻗쳐 나온다. 정말 그녀는 최강의 무사처럼 보인다. 하지만 그녀가 진정으로 강한 것은 아니다. 그녀는 지금 뭔가가 건드려져 단지 반사적으로 칼을 휘두르고 있을 뿐, 상대방을 정확히 알고서 반응하는 것은 아니다.

"수선화 님, 지금 기분이 어떠신가요?"

나는 수선화에게 부드럽게 묻는다.

"기가 막히죠. 어이없어요."

분위기가 다시 긴장된다. 이때 갑자기 한쪽에서 너털웃음이 들려온다.

"하하하. 다들 좀 진정하시고… 하하하… 저는 지금 우리 님들이

너무 마음에 듭니다. 각자 개성이 뚜렷하시고, 솔직하십니다. 앞으로 많은 기대가 됩니다. 그런데, 인상들 좀 펴시고 심호흡들 좀 해보세요. 자아 자!"

평화다. 그는 마음씨 좋은 삼촌처럼 바위와 수선화를 번갈아보며 양팔을 좌우로 모았다 벌렸다 하며, 만면에 미소를 띠고 마치 조카아이들 싸움 말리듯 다정한 목소리로 말한다. 그는 운동선수 출신답게 근육질의 어깨와 떡 벌어진 가슴이 믿음직하고 늠름하다. 우리는 갑작스런 그의 출현에 조금 의아해하면서도 한편으론 그의 중재에 고마워한다.

잠시 후 다시 침묵이 흐른다. 나는 벽에 걸린 시계를 힐끗 쳐다본 뒤, "우리 잠시 좀 쉬었다가 할까요?"라고 말한다. 다들 기다렸다는 듯이 "네." 하고 대답한다.

참 이상하다. 쉬는 시간이면 다들 이제까지 아무 일도 없었다는 듯이 모두 유쾌하게 왁자지껄 떠들어댄다. 때로는 삼삼오오로 모여 즐겁게 이야기하는가 하면, 가끔 한쪽 구석에서 와 하고 큰 웃음소리가 들리기도 한다. 독일에서는 좀처럼 보지 못한 풍경이다. '중간 쉬는 시간이야말로 진정한 치유의 시간인가?'란 생각이 들기도 한다.

잠시 후 다시 창모가 시작된다. 조용한 침묵이 흐른다.

"저, 할 말이 있습니다."

오아시스다. 모두의 시선이 그를 향한다.

"바위 님에게 죄송합니다. 괜히 저 때문에 수선화 님에게 안 좋은 소리를 들은 것 같아서……"

그는 마치 죄지은 사람처럼 가슴을 오그리고 양팔을 일자로 모아

바닥을 짚으며 조심스럽게 말을 꺼낸다. 그러고는 다른 구성원들의 자비를 구하려는 듯 주변을 살피다가 그만 고개를 푹 떨군다.

"다, 제 잘못인 것 같아요."

오아시스의 목소리가 더욱 작아지며 이제 금방이라도 울음을 터뜨릴 것 같아 보인다.

"지금 기분이 어떠신가요?"

내가 그를 쳐다보며 조용히 묻는다.

"슬퍼요. 아니 잘 모르겠어요. 무서운 것 같아요……."

그의 눈에서 눈물이 한 방울 뚝 떨어진다. 구성원들은 그의 갑작스런 행동에 놀라 쳐다본다.

"뭐가 무서우신가요?"

다시 내가 묻는다.

"다들 저를 손가락질할 것 같아요."

이렇게 말한 그는 이제 몸을 떨기 시작한다. 점점 그 움직임이 커지더니, 마침내 온몸이 사시나무가 되어 와들와들 떤다. 우리는 모두 안쓰럽게 그의 모습을 지켜보고 있다. 이런 순간엔 우리가 도와줄 수 있는 것이 아무 것도 없다. 그는 혼자 해내야만 한다. 우리는 혼자서 고군분투하며 새끼를 낳는 소를 지켜보는 심정으로 계속 그를 응시하고 있다.

'끄응' 소리를 내며 갑자기 그는 두 손으로 얼굴을 가리고는 울음을 참으려고 애쓴다. 하지만 그것도 잠시, 다시 '허억 허억' 몇 번인가 가슴을 크게 벌렁거리며 숨을 들이 쉬는가 싶더니, 마침내 우렁찬 울음소리가 목구멍을 비집고 터져 나온다. 그는 한참을 엉엉 큰 소리로 서럽게 운다. 먹구름이 잔뜩 낀 하늘에서 폭우가 쏟아지는 것 같은 느낌이다.

"지금 기분이 어떠신가요?"

울음이 잦아들기를 기다렸다가 조심스럽게 내가 묻는다.

"잘 모르겠어요. 좀 창피하기도 하고, 슬프기도 하네요."

"어떤 것이 생각나셨나요?"

다시 내가 묻는다. 오아시스의 이런 감정 반응은 지금 상황만으로는 잘 설명이 되지 않는다. 아마도 과거의 해결되지 않은 감정이 뭔가에 의해 건드려져 나타났을 것이다. 나는 그 배경을 탐색하고자 질문을 던진다.

"초등학교 1학년 때 갑자기 어머니가 많이 아프셨어요. 저희를 돌볼 수가 없어서 큰집에 보내졌는데, 동생과 제가 맨날 큰엄마 눈치를 봤던 기억이 떠올랐어요. 사촌형제들과 다툼이 생기면 항상 저희 잘못이 되었거든요. 늘 욕먹고 빌어야 했죠. 큰엄마가 흘겨보시던 눈이 정말 무서웠어요."

이렇게 말하는 그의 얼굴 표정은 겁에 질린 어린아이 같다.

"존나 짜증나네요! 오아시스 님이 무슨 잘못이 있어요?"

다시 바람이다. 그녀는 화가 잔뜩 난 표정으로 방바닥을 노려보며 씩씩거리고 있다. 나는 바람의 재등장에 순간 가슴이 철렁했지만, 이번엔 나쁜 징조가 아니란 걸 깨닫고 가만히 가슴을 쓸어내린다. 바람이 오아시스를 두둔하고 나선 것은 오아시스에 대한 것이라기보다는 아마도 자신의 어떤 경험을 떠올린 것이 아니었을까 싶다.

"화나요. 오아시스 님이 얼마나 힘들었을지 마음이 아파요."

이번엔 봄비가 오아시스를 안쓰럽게 쳐다보며 말한다. 그녀는 장녀 특유의 넉넉함 같은 것이 있어 항상 창모에서 중심을 잡아주는 역할을 한다. 그때 다시 바람이 외치는 소리가 들려온다.

"왜, 아이들이 어른들 눈치 보며 살아야 하는지 모르겠어요. 정말 짜증나요. 지겨워요!"

그녀는 금방이라도 뛰쳐나갈 듯한 자세를 취하며 주변을 두리번거린다.

"바람 님은 누구 눈치를 봐야 했나요?"

좀처럼 말을 잘 하지 않던 햇살이 조심스럽게 묻는다.

"말하고 싶지 않아요."

퉁명스런 답이 돌아온다.

"미안해요. 괜히 말 시킨 것 같네요."

햇살이 머쓱해서 양어깨를 움츠리며 무안한 표정을 짓는다. 벽에 걸린 시계를 쳐다본 다음 내가 말한다.

"오늘은 참 많은 일들이 있었네요. 여러분들의 진솔한 마음들을 있는 그대로 보여주셔서 진심으로 고맙습니다. 시간이 많이 되었네요. 토요일 저녁에 다시 만나겠습니다. 편안한 밤 되시기 바랍니다."

다들 조용히 일어나 방석을 한 곳에 차곡차곡 쌓아두고 나간다.

고향열차

기차는 서서히 서울역을 벗어나 순식간에 한강을 건너고 있다. 도심이 점점 멀어지면서 어깨를 맞대고 빼곡히 들어서 있는 공장 건물들이 창밖으로 휙휙 지나간다. 나는 상념에 잠긴다. 얼마나 변했을까? 3년 전에 잠시 들르긴 했지만, 그땐 큰형님 내외분만 찾아뵙고 급히 떠나는 바람에 고향에는 다녀오질 못했었다.

내가 고향이라고 말할 때는 두 곳을 의미한다. 하나는 나의 고향, 다른 하나는 아버지의 고향이다. 두 곳은 물리적으로는 서로 떨어져 있지만, 마음으로는 하나로 연결되어 있다. 시작은 나의 고향이다. 하지만 뿌리는 아버지의 고향이다. 나는 그곳을 나중에 알게 되었지만, 차츰 자라면서 그곳도 나의 일부로 느끼게 되었다. 내가 지난 몇 달간 지독한 향수병에 걸려 밤잠을 못 이루면서 늘 떠올렸던 곳도 항상 시작은 나의 고향이었지만, 끝은 늘 그곳 아버지 고향이었다는 사실을 깨닫고는 둘을 서로 떼어놓는 것이 불가능함을 알게 되었다.

나는 지금 고향을 찾아가고 있다. 형들과 함께 소 먹이러 다니던 금정산에는 더 이상 싱그러운 초록의 넓은 바래기 밭도, 억새가 바람에 흔들리던 좁은 산길에 수줍은 듯 빨간 산딸기 열매를 내주던 덤불숲도 없다는 것을 나는 이미 잘 알고 있다. 어디 그뿐이랴. 함께 산야를 뛰어놀던 동네 친구들, 지게에 한짐 가득 나뭇짐을 지고 내려오던 이웃집 아저씨, 마당가에 솥을 걸어놓고 밥을 짓던 친구 어머니들, 오래된 노송처럼 몇 살이나 되셨을까 짐작도 어려운, 지팡이를 짚고 골목길을 지나시던 호호백발의 노인네들도 이젠 더 이상 거기에 없다는 사실을 나는 잘 알고 있다.

무엇보다 우리가 산에서 가재를 잔뜩 잡아 알루미늄 도시락에 넣어 의기양양하게 집으로 돌아오면 된장과 방아를 듬뿍 넣어 빨갛게 찌개를 끓여주시던 어머니도, 술에 취해 즐겁게 노래를 부르시던 아버지도 더 이상 거기에 안 계신다는 사실을 잘 알면서 나는 왜 지금 한사코 거기를 찾아가려는 걸까?

창밖으로 짙은 녹음으로 덮인 산과 계곡들이 휙휙 지나간다. 바람이 불면 산의 나무들이 일제히 좌우로 쓰러질 듯 누웠다 일어나며 팔을 높이 들어 아이들 손바닥 같은 이파리들을 흰색과 초록으로 뒤집어가며 흔들어댄다. 한꺼번에 함성을 지르며 어서 오라고 환호하는 것 같다. 파도처럼 일렁이는 나무들의 군무를 보며 내 가슴도 함께 출렁인다. 나도 모르게 눈물이 볼을 따라 흘러내린다. 가슴이 아려온다. 저 신록의 함성들은 무엇을 향한 외침인가? 어디를 향한 몸부림인가? 시작도 끝도 없이 요동치는 내 가슴의 흔들림은 대체 무엇 때문일까?

부산역에 내렸을 때는 아직 이른 오후였고, 길거리는 비교적 한산하다. 택시를 잡아타고 동래온천장으로 향한다. 길거리 풍경은 많이 바뀌었지만, 기억을 더듬어 어림짐작으로 대략 어디쯤인지는 가늠할 수 있다. 어릴 적 친구 석현과 만나기로 한 약속 장소에 조금 일찍 도착한다. 커피숍에 앉아서 그를 기다리는 동안 가슴이 두방망이질을 한다. 얼마나 변했을까? 석현이도 그때 함께 했던 시간들을 기억하고 있겠지? 나만큼 그 시간들을 그리워했을까?

손님이 없던 터라 석현이가 나타났을 때 나는 금방 그를 알아볼 수 있다. 팔을 높이 들어 반갑게 손짓을 하고 일어서서 그를 맞이한다. 남북 이산가족을 만난 듯 서로 한참이나 악수를 하며 손을 흔들어댄다. 먼저 손을 놓으면 성의 없는 사람이 되기나 할 것처럼 서로 먼저 멈추기를 거부한다.

"니 생각나나? 우리 소 타고 금정산에서 놀던 거 말이다."

"그라모, 기억하제. 장상이가 소 타다가 떨어져서 울었다 아이가."

늙어버린 친구의 얼굴에 신기루처럼 웃음꽃이 활짝 피었다가 사라지기를 반복한다.

"까지 잡던 거도 기억나제?"

"개구리 잡던 거는?"

나는 연신 그의 기억력을 테스트하듯 질문을 해댄다. 만에 하나 기억이 안 난다고 하면 친구의 멱살이라도 잡을 태세다. 나는 그 시절을 기억하고 함께 이야기 나눌 친구와 다시 연락이 닿았다는 사실이 꿈만 같다. 그는 나의 감격스런 반응에 맞장구를 치며 특유의 눈 깜빡임과 함께 침을 튀기며 이야기를 한다. 깊게 패인 입가의 주름과 아직도 웃을 때 드러나는 덧니를 보면서 나는 친구의 어린 시절 모습을 기억해낸다. 말라버린 어머니 젖가슴을 더듬는 아이처럼 나는 석현과 이야기하는 내내 흩어진 유년기 기억들을 주워 모아 퍼즐을 맞춘다.

"니 동생 혜숙이는 잘 살고 있나?"

그의 표정이 갑자기 어두워진다. 말을 할 듯 말 듯 한참을 망설이더니 겨우 한마디를 목구멍으로 밀어 올린다.

"가아는 시집가 살다가 죽었다 아이가. 유방암이 걸려 가꼬……."

"아, 그랬구나……."

괜히 그걸 물어서 친구 가슴을 아프게 한 게 미안하다.

석현이네 집은 가난했다. 아버지는 말 달구지를 끌어 짐을 나르는 일을 하셨고, 어머니는 남의 집 일을 하시면서 시부모를 모시고 시동생들까지 거두셨다. 그분도 오래 못 사셨다는 이야기를 형님을 통해 들었기에 더욱 마음이 아프다. 하지만, 어릴 땐 그런 건 몰랐다. 오히려 부모님 두 분 다 말이 없고 조용하셨기에 친구의 집이 부러울 때가 많았다. 아버지가 술 드시고 고함을 지르고, 작대기를 들고 형들을 잡으러 마당으로, 집 뒤로 쫓아다니실 때, 나는 집 밖으로 도망쳐 나

와 친구네 집 담벼락에 기대서서 봉창으로 흘러나오는 따스한 등잔
불 빛을 바라보곤 했다.

　친구와 나는 자리를 옮겨 술잔을 기울이며 오랫동안 이야기를 나
눈다. 타버린 장작불 재를 헤집어 익은 밤을 찾아내듯 우리는 옛 추
억들을 주워 모은다. 지금은 재개발로 다 없어져버린 피란민촌 골목
길, 등대배기 바래기 밭, 찬물샘, 돌아지기, 참나무 골짜기, 동래산성
십 리길 구석구석을 함께 발견해낸다. 하다못해 동네어귀에 있던 바
위의 모양새가 어땠는지, 비올 때면 길바닥에 물이 솟아나던 조그만
웅덩이 하나까지 우리는 마치 유적 발굴단처럼 서로의 기억을 대조
한다. 나는 헤어지면서 친구를 꼬옥 안아준다. 지나간 시간들처럼 이
순간도 다시 오지 않을 거란 생각에 가슴이 먹먹하다.

　밤길을 걸어 아직 큰형님 내외가 살고 있는 온천장 집으로 향한
다. 조만간 이곳도 모두 헐리고 재개발될 거라고 한다. 바로 집에 들
어가지 않고 나는 공연히 골목길을 한참이나 돌아다니며 유년기 추
억을 더듬는다. 그러다가 문득 생각이 난다. 그때도 그랬지. 함께 놀
던 친구들 다 집에 돌아간 뒤에도 칠흑 같은 밤중까지 나 혼자 남아
골목길을 서성이다가 하릴없이 돌담에 부싯돌을 그어대며 아쉬워하
던 일곱 살 어린 나의 모습이 떠오른다.

　나는 지금 대체 여기서 무얼 하고 있는 걸까? 그때도 스스로에게
같은 질문을 했던 것 같다. 아직도 대답은 할 수 없지만 깊은 곳으로
부터 가슴이 아려오는 것을 느낀다. 맞다, 사춘기 청소년 시절에도 그
랬지. 책상에 앉아 공부하다가 갑자기 미친 사람처럼 벌떡 일어나 방
문을 열고 밖으로 뛰쳐나와 푸른 달빛을 받으며, 밤 깊도록 여기저기

골목길을 돌아다니던 기억이 떠오른다.

한참을 돌아다니다 형님 댁으로 들어간다. 초저녁잠이 많은 형수님은 벌써 주무시고 거실을 지키고 있던 큰형님이 반갑게 맞아주신다. 나보다 열한 살 위인 큰형님 얼굴을 뵈니 많이 늙으셨지만 아직 건강하시다. 두런두런 이야기를 나누며 나는 형님의 목소리를 통해 다시 어린 시절 고향을 만나려고 한다. 형님의 카랑카랑 쇳소리 나는 목소리는 신기하게도 알라딘의 램프처럼 순식간에 어머니와 아버지를 우리 앞에 모셔온다.

밤이 늦어 형님이 먼저 자러 들어가고, 나는 한동안 거실에 앉았다가 형수님이 자리를 펴놓은 방으로 가서 눕는다. 생전에 어머니가 계시던 방이다. 다시 어머니 모습이 어른거린다. 눈물이 왈칵 솟아오른다. 나는 이제 드디어 고향에 도착한 걸까? 이런 생각을 하다 잠이 든다.

다음 날 나는 형님과 함께 택시를 타고 정관면 월평으로 간다. 아버지의 고향이다. 어린 시절 명절이 가까워오면 아버지는 어린아이처럼 손을 꼽아가며 한 보름 전부터 이제 몇 밤 남았다, 하시며 매일 고향 가는 날을 기다리셨다. 덩달아 우리도 설레는 가슴으로 손꼽아 기다렸다. 명절 전날 나는 형들과 함께 정거장에 서서 몇 시간을 기다리다가 멀리서 뽀얗게 먼지를 일으키며 달려오는 버스를 볼 때는 흥분이 절정에 달하곤 했다.

차가 섰을 때는 저 많은 사람들 틈을 과연 비집고 들어갈 수 있을까 걱정이 되었지만, 매번 어떻게든 차를 탔고, 비좁은 버스 속에 이리저리 흔들리며 까마득한 시간이 걸려서 아버지 고향에 갔었다. 월

평에 도착해서 마을길을 지날 때는 마치 꿈속으로 걸어 들어가는 것 같았다. 모든 것이 몽환적으로 느껴졌고 전설 같았다. 왜냐하면 그곳은 고향이었기 때문이다. 아버지가 그곳에서 태어나 자란 이야기, 전라도와 경상도를 오가며 소금을 팔러 다니셨던 증조부가 그곳으로 흘러들었던 옛이야기를 어릴 적부터 수없이 들었던 바로 그 고향이었기 때문이다.

우리는 30분도 채 안 되어 금세 월평에 도착했다. 마을은 많이 변해 있었다. 꼬불꼬불 돌담길은 시멘트로 깔끔하게 포장되었고, 논과 밭들은 기계가 쉽게 드나들 수 있게 잘 정리되어 있었다. 쓰러져가던 초가지붕과 비가 오면 질퍽거리던 흙 마당들도 더 이상 보이지 않는다. 하지만 검정색과 회색의 플라스틱 기와로 덮은 집들은 퇴락한 알루미늄 섀시가 내부를 꽁꽁 감추고 있었고, 깎지 않아 수북이 자란 잔디 마당은 그저 을씨년스러웠다. 무엇보다 마을에는 사람이 보이지 않는데, 한참 만에 겨우 할머니 한 분이 풋고추를 따서 비닐봉지에 담아들고 지나가는 모습이 눈에 띄었다.

나의 친척들은 오래전에 다들 고향을 떠났고 칠촌 조카 한 명만이 살고 있는데, 집에 잠시 들렀으나 일하러 나간 듯 비어 있다. 골목을 한참 거슬러 올라가 큰집이 있던 곳에 다다랐다. 갑자기 환한 낮빛으로 큰아버지와 큰엄마가 삽짝 문 앞에 서시는 환영이 보인다. 하지만 자세히 보니 그 집도 비어 있다. 처마 밑에는 오랜 먼지가 쌓인 부러진 쟁기와 덕석이 아무렇게나 팽개쳐져 있다. 가슴 한켠으로 서늘한 바람이 지나간다.

다들 어디로 가버린 걸까? 고향은 비어 있다. 고향은 우리를 떠나가버렸다. 말로 형언할 수 없는 비애가 몰려오는 걸 느낀다. 형님과 나는 돌아오는 길에 기장 바닷가 횟집에 들러 술잔을 기울이며 이런저런 이야기를 나눈다. 갈매기가 끼룩끼룩 울어대는 소리는 나그네의 회한을 더 깊이 헤집어놓는 것 같다.

저녁 기차를 타고 돌아온다. 뉴런하우스에 도착했을 때는 11시가 넘었고, 골목은 인적이 드물다. 대문을 밀고 마당에 들어서니 새벽과 오아시스가 함께 쓰는 방에서 따스한 불빛이 흘러나온다.

"이제 오세요? 늦으셨네요?"

현관문 여는 소리를 듣자 오아시스가 방문을 열고 나와 내게 인사를 건넨다. 그의 친근한 목소리를 듣자 거짓말처럼 아리던 가슴이 일시에 완화됨을 느낀다. 그에게 고맙다는 말을 하고 내 방으로 들어간다. 침대에 눕자 피로감이 한꺼번에 몰려오며 나는 깊은 잠속으로 빠져든다.

히말라야의 눈 덮인 높은 봉우리들이 즐비하게 솟아 있고, 그 아래 골짜기로 깎아지른 바위 절벽들이 보인다. 나는 구불구불한 좁은 산길을 걸어가다가 문득 위를 올려다본다. 온몸에 갈색 털이 수북한 산양 한 마리가 사지를 큰 대자로 벌려 기괴한 포즈를 취한 채 간신히 절벽에 매달려 곡예사처럼 암벽등반을 하고 있는 것이 보인다. 나는 신기해서 산양을 자세히 본다. 그는 고개를 상하로 움직여 뭔가를 열심히 핥고 있는 것 같다. 빨간 히말라야 암염이다. 나는 너무 불안해서 그에게 소리친다.

"조심해. 위험해!"

그러자 그가 머리를 돌려 나를 내려다보며 말한다.

"아직 멀었어요. 너 가야 해요."

말하는 산양을 보며 나는 너무나 신기해서 눈을 번쩍 뜬다. 이른 새벽이다.

나는 일어나 책상 앞에 앉아 꿈이 주는 메시지가 무엇일지 곰곰이 생각해본다. 고향에 다녀온 다음 날의 꿈이므로 혹시 고향과 관련된 꿈이 아닐까? 하지만 눈 덮인 험준한 산길과 붉은 암염은 무엇이란 말인가? 그리고 산양이 내게 들려준 "아직 멀었어요. 더 가야 해요."란 말은 또 어떤 의미일까?

마음이 좀 답답해온다. 몇 달 전부터 원인 모를 마음의 병이 생겨 모든 걸 정리하고, 한달음에 고향을 찾아 달려왔지 않았던가? 고향에 가서 옛 친구도 만나고, 가족도 만났는데 지금 나는 기분이 왜 이렇게 허전한지 모르겠다. '나의 고향 찾기는 실체가 없는 그림자 같은 것일까?' 이런 생각을 하노라니 형언하기 어려운 외로움이 한꺼번에 몰려온다. '아, 나는 고향을 잃어버린 것일까?' 입에서 나지막한 탄식이 새어 나온다.

껍질

　도요토미 히데요시가 만든 오사카성에 가본 적이 있다. 넓고 깊은 해자와 높고 거대한 석벽으로 겹겹이 둘러쳐진 성은 외부의 침략자들을 한 치도 가까이 다가서지 못하게 막겠다는 강한 의지를 보여주고 있었다. 성은 내게 두껍고 거대한 껍질로 보였다. 그 속에는 아마도 무수히 많은 상처들이 껍질에 싸인 채 여기저기 웅크리고 있을 것이다.

　인간 행동의 얼마나 많은 부분들이 사실 껍질에 불과한 것인지, 우리는 내면의 상처들을 만나고 아파하고 눈물을 흘리고 치유가 되기 전까지는 그것을 온전히 깨닫기 어렵다. 우리는 자신도 모르는 사이에 상처들을 억압하여 내면 깊숙이 가둔다. 그것들을 직면하는 것이 아프고 두렵기 때문이다. 상처들은 껍질 속에 갇힌 채 우리의 존재로부터 소외된다. 하지만 그것들은 결코 그냥 없어지지 않는다. 기회가 있을 때마다 불쑥불쑥 고개를 내밀어 우리를 불안에 빠뜨리거나 공허와 외로움에 허우적거리게 만든다.

오늘은 다섯 번째 모임인데 평화가 안 보인다. 다들 요 며칠 동안 뉴런하우스에서 평화를 자주 못 보았다는 말을 하며, 무슨 일이 생긴 것이 아닌지 궁금해들 한다.

"나그네 님, 저희 결석 두 번 하면 장학금 못 받는 것 아닙니까?"

오아시스가 근심스런 표정으로 내게 묻는다.

"질문하는 마음이 무엇이신지 좀 말씀해주시죠."

나는 그의 질문에 바로 답하기보다는 그의 마음이 무엇인지 드러나게 해주는 것이 낫겠다는 판단을 한다.

"걱정이 돼서 그럽니다. 요즘 형편도 어려운 것 같던데……."

"평화 님이 장학금을 못 받는 것이 오아시스 님에게 어떤 영향을 미칠 것 같습니까?"

이번에도 나는 그의 질문에 바로 답하기보다는 그의 마음이 좀 더 드러나도록 직면시키기로 한다. 흔히 질문은 수면 아래에 심층적 관심사를 감추고 있기 때문이다.

"갑자기 그렇게 물으시니 뭐라고 답해야 할지 모르겠습니다. 그런데 떠오르는 생각이 하나 있는데 말씀드려도 괜찮겠습니까?"

"말씀해보시죠."

"평화 님이 안 계시면, 우리 모임이 어떻게 될지 걱정이 됩니다."

"어떻게 될 것 같습니까?"

"글쎄요. 분위기가 좀 안 좋아질 것 같습니다."

"다른 분들은 어떨 것 같습니까?"

나는 여러 구성원들을 한 번 쭉 둘러본다.

"맞아요. 평화 님이 안 계시면 쓸쓸할 것 같아요. 늘 재미있는 이야기를 해서 분위기를 띄워주시고, 안 좋은 일이 생기면 중재도 잘 해주시잖아요."

봄비다.

"저는 슬플 것 같아요. 아닙니다. 무서울 것 같아요. 누군가가 우리 곁을 떠나는 것이 전 싫어요."

겁먹은 듯한 표정으로 오아시스가 말한다.

그때였다. 사랑방 문이 확 젖혀지며 평화가 비틀비틀 걸어 들어온다. 다들 놀라서 그를 쳐다본다. 그는 제대로 몸을 못 가누면서 갈지자걸음으로 비틀비틀하며 겨우 몇 걸음 걷는가 싶더니 맥없이 방바닥에 픽 쓰러진다. 한동안 엎드린 채 숨을 거칠게 몰아쉬더니 다시 일어나 앉으려고 애쓴다.

"아니, 어쩌다가 이렇게 술을 드셨어요? 술 냄새가 지독하네……."

봄비가 염려와 짜증 섞인 목소리로 말한다. 평소와 달리 그녀의 얼굴이 확 어두워지면서 지겹다는 듯이 평화를 노려본다. 다들 아무 말 없이 그 광경을 지켜보고 있다.

"미안. 미안허요."

그의 목소리는 미안한 사람의 그것이 아니다. 오히려 당당한 태도다. 평소의 싹싹하고 눈치 보는 듯한 모습은 온데간데없고, 배짱이 두둑한 사내가 거기에 있다.

"저는 창모가 싫어요……."

그는 마치 수영을 하듯 팔을 좌우로 저으며 말을 뱉는다.

"왜, 우리가 이렇게 속을 다아 파헤쳐야 합니까? 그냥 묻어두면 안 되나요?"

그는 딸꾹질을 해가며 몇 마디를 더 중얼거리다 방바닥에 그냥 드러누워버린다. 잠시 후 코 고는 소리만 요란하게 들린다. 바위와 오아시스가 그를 부축해서 방에다 데려다주고, 잠시 후 다시 창모가 이어진다. 봄비가 말을 꺼낸다.

"이혼한 남편 생각이 났어요. 월급 받은 것 도박해서 몽땅 다 날리고, 술 먹고 집에 와서 고함지르고, 돈 내놓으라고 주먹 휘두르고… 정말 지겨웠어요. 평화 님을 보니 그때 생각이 나서 화가 났어요."

그녀는 씩씩거리며 아직도 분이 덜 풀린 듯한 모습이다.

"많이 힘드셨겠어요."

바위다.

바위의 이런 행동은 내게 뜻밖이다. 지금까지 둔감하고 타인의 마음을 잘 이해하지 못하는 것처럼 보이던 그가 봄비에게 이런 공감의 말을 건네다니. 그에게서 전혀 기대치 않았던 행동이라 나는 좀 당황스럽다. 앞으로 그를 좀 더 잘 관찰해봐야겠다는 생각을 한다.

"네, 힘들었어요. 하루이틀도 아니고, 게다가 바람까지 피웠어요."

그녀는 입술을 지그시 깨문다. 목구멍에 쓴 음식을 삼킨 것 같은 표정으로 한동안 말이 없다. 다들 침묵 속에 그녀의 다음 말을 기다린다.

"제가 미쳤죠. 제 손가락으로 제 눈을 찔렀으니……. 아무에게도 말 못 하고 참다가 시어머니에게 하소연했더니, '남자가 다 그렇지 않으냐'는 말이 되돌아왔어요."

"친정에는 말 못 하실 사정이 있었나요?"

봄비 옆에 쪼그리고 앉아 있던 햇살이다.

"친정아버지가 목사님인 데다 너무 근엄하고 차가운 분이라서 어릴 적부터 절대 아버지 같은 남자와는 결혼 안 한다고 속으로 맹세했지요. 남편을 만났을 때 한눈에 반했어요. 평화 님처럼 사람 좋고 싹싹하고 남에게 잘하고, 따뜻한 사람이었어요. 가난한 집 홀어머니 밑에 자랐고, 직장도 별로였어요. 친정에서 반대하는 결혼을 했기 때문에 말할 수가……."

말을 채 못다 잇고 그녀가 흐느껴 울기 시작한다. 햇살이 당황한 표정으로 조심스럽게 손을 뻗어 그녀의 등을 만져준다.

"도저히 안 될 것 같아 결국 친정아버지에게 말씀드렸어요. 죄송하다고. 헤어져야겠다고. 그런데 아버지께서 하시는 말씀이 안 된다는 거였어요. 그건 네 운명이니 십자가를 지라고 하셨어요."

그녀는 이번에는 더 큰 소리로 흐느껴 운다. 다들 침묵 속에 그녀를 지켜보고 있다. 햇살은 고개를 숙인 채 눈물을 닦고 있다.

"봄비 님, 울지 마세요. 마음이 너무 아파요."

오아시스다.

"그래서 어떻게 하셨어요?"

다시 바위다.

"다시 참고 살아보려고 했어요. 아이도 있고 그래서……. 그런데 어느 날부터 몸이 아픈 거예요. 갑상선이 붓고, 식욕이 없어지고, 우울해지면서 문득문득 죽고 싶다는 생각이 들면서 19층 아파트 베란다 밑을 자꾸 내려다보는 제 자신을 발견하고 이대로는 안 되겠다고 생각했어요. 무조건 짐 싸서 뛰쳐나왔죠. 급히 구한 집이라 오래 살 수가 없었어요. 6개월 살고 이리로 온 거예요."

"아이는요?"

햇살이 근심 어린 표정으로 묻는다. 봄비는 대답을 못 하고 훌쩍이기만 한다.

"죄송해요. 묻지 말 걸 그랬어요."

햇살이 기어들어가는 목소리로 말한다.

"윤서는 친정에 맡겼어요. 어머니가 예뻐하셔요. 어서 돈 모아서 데리고 와야죠."

그렇게 말하는 봄비의 얼굴이 순간 불이 켜진 듯 환해진다. 마치 꿈꾸는 사람처럼 그녀는 천장을 쳐다보며 혼자 중얼거린다.

"윤서는 참 착해요. 1년만 기다리면 엄마가 데리러 오겠다고 했더니, 고개를 끄덕였어요. 친정아버지 안 계실 때, 몰래 살짝살짝 보고 와요."

여기까지 말한 그녀의 표정이 다시 어두워진다. 모임은 다시 긴 침묵에 빠져든다.

"봄비 님 잘될 거예요. 힘내세요."

오아시스다.

"윤서가 지금 몇 살인가요?"

지금까지 돌부처인 양 미동도 않던 새벽이 관심을 보인다.

"일곱 살이에요. 내년에 학교에 들어가요."

어둠 속에 성냥불을 그은 것처럼 그녀의 표정이 잠시 다시 환해진다.

"봄비 님 지금 기분이 좀 어떠신가요?"

내가 묻는다.

"좋아요. 처음 말씀드릴 땐 좀 창피하고 슬펐는데, 지금 말하고 나니 괜찮아졌어요. 제 이야기 들어주셔서 감사해요."

"들으면서 마음이 많이 아팠습니다. 말하기 어려우셨을 텐데 솔직하게 이야기해주셔서 고마웠습니다."

이렇게 말하며 나는 봄비를 따뜻하게 바라본다.

"나그네 님 눈빛이 참 따뜻하네요."

이 말을 하면서 그녀는 다시 눈물을 주르륵 떨군다.

"몰랐어요. 그런 사정이 계셨다는 걸. 그런데도 어쩜 늘 그렇게 밝으실 수 있었어요? 마음이 너무 아파요, 언니."

햇살은 이 말을 하며 그만 울음을 터뜨린다. 훌쩍훌쩍 우는 햇살을 보며 오히려 봄비가 그녀의 어깨를 토닥여주며 말한다.

"햇살 님, 난 괜찮아요. 울지 마요."

"저 같으면, 그렇게 못 살았을 거 같아요. 언닌 정말 대단해요."

구성원들은 두 여인의 대화를 물끄러미 쳐다보며 말없이 앉아 있다. 방 분위기는 좀 무겁지만 그래도 따뜻한 기운이 감돈다.

나는 조용히 막대기를 들어 백정현 과장에게 부탁하여 구해온 놋쇠로 만든 오목한 밥그릇 모양의 종을 안에서 밖으로 살짝 건드리듯이 친다. '뎅' 맑고 청아한 종소리가 방 안 가득 은은히 울려 퍼져나간다. 구성원들은 종소리를 들으며 잠시 짧은 명상에 잠기는 듯하다. 나는 모임의 종료를 알리고 내 방으로 올라온다.

......

　오늘은 어섯 번째 모임인데, 내가 사랑방에 들어오니 모두들 일찍
와 앉아 있다. 여느 때와는 달리 분위기가 차분한 것 같다. 아마도 평
화가 우스갯소리를 하지 않은 탓이 아닐까 싶다. 나는 창모를 여는
멘트를 한다.

　"다들 지금 이 순간의 마음이 어떠신지 알아차리고, 말씀해주시면
좋겠습니다. 자, 그럼 창모를 시작해볼까요?"

　모두들 조용하다. 분명히 오늘은 하고 싶은 말들이 많을 텐데 왜
말이 없을까? 아마 조심스러워 서로 눈치를 보는 것 같다. 이런 면이
독일 사람들과 차이가 난다. 배려심이 많은 한국인들의 특징이 잘 드
러난다고 할까? 누구도 먼저 나서서 상대방을 곤란에 빠뜨리고 싶지
않은 것이다. 한동안 침묵이 흐른 뒤 오아시스가 더 이상 견디지 못
하고 말을 꺼낸다.

　"평화 님, 지금 기분이 어떠신지 궁금합니다."

　"불안합니다. 무슨 말을 해야 할지 모르겠습니다."

　그는 안절부절못하며 고개를 조금 떨구며 답한다.

　"지난번엔 왜 술을 드시고 오셨는지 궁금해요."

　봄비다. 그녀의 질문에는 분명히 평화를 추궁하는 의도가 들어
있다.

　"기억이 잘 안 납니다."

　수세에 몰린 평화가 가슴을 오그리며 말한다.

　"그날 하셨던 말씀도 기억이 안 나시나요?"

이번엔 수선화가 파고든다.

"네. 죄송해요."

그녀의 눈치를 보며 평화가 안절부절못한다. 나는 이대로 두면 자칫 지금 취약한 상태에 있는 평화가 두 여인으로부터 상처를 받을지 모른다는 생각이 든다. 왜냐하면 봄비는 남편과의 미해결 과제를, 수선화는 남자들에 대한 적개심을 평화에게 투사하여 공격할지 모르기 때문이다. 이런 상황에서는 질문 뒤에 숨기고 있는 자신들의 감정을 개방하도록 돕는 것이 더 낫다. 나는 즉시 개입하기로 한다.

"잠깐, 다들 질문만 하시는데 자신의 마음을 좀 표현해주시기 바랍니다."

"마음이 불편합니다. 평화 님을 너무 몰아세우는 것이 아닌가 싶어서요."

바위가 좀 불만스런 표정을 지으며 나를 힐끔 쳐다본다.

"저도 그렇습니다. 평화 님을 너무 야단치지 말았으면 좋겠어요."

오아시스다. 때마침 바위와 오아시스 두 남자가 평화와 연대해 나섬으로써 남자 대 여자의 대결 상황처럼 되어가는 것 같다. 모임의 역동이 상당히 흥미롭게 발전하고 있다.

"아, 괜찮습니다. 제가 잘못한걸요. 솔직히 말씀드리자면 언제부턴가 전 장모가 부담스러워지기 시작했습니다."

평화가 숨을 길게 내쉬며 말한다. 두 남자와 리더의 개입을 통해 지지를 느끼자 오히려 평화는 마음의 여유가 생겨서, 자신의 속마음을 솔직히 털어놓을 수 있게 된 것 같다.

"어떤 부분이 부담스러우셨어요?"

내가 조용한 목소리로 묻는다.

"잘 모르겠어요. 뭔가 속 이야기를 해야 할 것 같은데, 이런 걸 해본 적이 없었거든요."

"저도 공감해요. 이런 거 싫어요."

바람이다. 그녀는 화난 표정을 짓고 있다. 이건 뜻밖의 반전이다. 남자 대 여자의 갈등처럼 보이던 상황에서 바람이 돌연 남자들 편에 섬으로써 새로운 상황이 벌어지는 것 같다.

방 안에 잠시 침묵이 흐른다. 모임은 바람의 출현으로 인하여 다시 암초에 걸렸다. 앞으로 나아갈 수도 뒤로 돌아갈 수도 없는 난관에 부딪친 것이다. 각자 안에는 많은 에너지가 억눌려 있지만, 아직 분출구를 찾지 못해 우왕좌왕하고 있다. 나는 지표면 아래 뜨거운 마그마가 부글부글 끓는 이미지를 떠올린다. 언제 화산이 폭발하며 마그마를 분출할지 모른다. 지각이 조금씩 꿈틀거리는 모습을 가까이서 보는 것은 매우 긴장되면서도 흥분되는 일이기도 하다.

"지금 이 순간 기분이 어떠신지 말씀들 좀 해주시겠어요?"

내가 조심스럽게 말을 꺼낸다. 흔히 모임에서 나아갈 방향을 잃었을 때는 혼자서 추측하는 것보단 각자 어디에 있는지 직접 물어보는 것이 낫다. 모임은 우리가 미처 알지 못하는 사이에 스스로 그 안에 지혜를 감추고 있는 경우가 많기 때문이다.

"조마조마해요. 겁나요."

오아시스가 대답한다.

"뭐가 겁나요?"

내가 묻는다.

"이러다가 또 크게 한판 붙는 것 아닌가 해서요."

"누가 누구하고 붙을 것 같나요?"

내가 호기심을 갖고서 묻는다.

"글쎄요. 잘 모르겠어요. 그냥 떠오르는 말을 해도 돼요?"

"그럼요. 하셔도 돼요."

"바람 님이 밖으로 뛰쳐나갈 것 같아요."

"안 나가요!"

오아시스의 말에 바람이 크게 저항하며 외친다. 다들 한꺼번에 와 웃어버려 잠시 긴장이 풀렸다. 평화도 함께 덩달아 웃으며 표정이 한결 부드러워진다. 큰 폭발 대신에 작은 분출로 압력이 많이 줄었다.

하지만 잠시의 휴식일 뿐 마그마는 다시 힘을 축적하여 언제든 다시 폭발할지 모른다. 나는 평화의 내면에 갇혀 있는 에너지가 밖으로 표출하도록 도울 계획이다. 그건 분명히 모험이지만 충분히 도전할 만한 가치가 있다고 생각한다.

"평화 님, 만약에 우리 모임에서 자신의 속 이야기를 한다면 어떤 일이 벌어질 수 있을까요?"

"글쎄요. 잘 모르겠습니다. 한 번도 해본 적이 없어서요."

잠시 침묵이 흐른 다음 그는 다시 말을 잇는다.

"허전할 것 같아요. 입고 있던 옷을 벗어버렸을 때처럼… 껍질을 벗은 애벌레가 떠올라요. 보호막이 사라졌을 때 위험하잖아요… 연약하고, 상처받기 쉬울 것 같아요."

그는 생각에 잠긴 듯 한동안 말없이 방바닥을 쳐다보고 있다. 나는 속으로 몹시 놀란다. 얼마나 감수성이 풍부한 사람인가. 이토록 섬

세한 감성을 지닌 사람이 그동안 아무에게도 자신의 속 이야기를 못하고 살았다니. 얼마나 힘들었을까? 나는 갑자기 깨닫는다. 그가 왜 지난 시간 잔뜩 술에 취해 창모에 나타났었는지. 지금까지 그가 버티고 살아온 것은 껍질을 쓰고 자신을 가릴 수 있었기 때문이 아니었을까?

늘 밝고 쾌활한 모습과 중재자 역할로 인정을 받으며 살았을 그가 점차 속 이야기를 하는 분위기로 변해가는 창모를 위협으로 느꼈을 것이다. 아마도 약한 모습을 들키고 싶지 않아 일부러 술을 마시고 객기를 부린 것은 아닐까? 나는 더 이상 그를 추격하지 않기로 한다. 자칫 그가 더 깊은 곳으로 숨어버릴 수도 있기 때문이다. 대신 그가 속 이야기를 털어놓으며 '자기 개방'을 한 것이 다른 사람에게 미친 영향을 탐색해보기로 한다. 나는 구성원들을 둘러보며 말을 한다.

"평화 님 말씀 들으며 어떤 생각들이 드셨는지 궁금합니다."

"이해가 많이 되었습니다. 평화 님이 무척 솔직하시다는 생각이 들었어요."

바위다.

"떨려요. 제 마음을 그대로 표현해주신 것 같아요."

바람이다. 그녀의 목소리가 부드러워졌다.

"얼마나 힘드셨을까 싶어요. 저렇게 여린 분이 그동안 속마음을 털어놓을 곳이 없었다고 생각하니 마음이 아파요. 사실 저도 비슷하거든요. 많이 공감되었어요."

안전한 상황이 아니면 좀처럼 말을 하지 않는 햇살이다. 햇살은 가끔 자신과 비슷한 사람을 보면 지금처럼 상대방의 이야기에 묻어서 조금씩 자기 개방을 하는 편이다. 햇살이 이렇게라도 자기 이야기를 할 수 있게 된 것은 그동안 창모에 대한 신뢰가 많이 생겼기 때문일 것이다. 나는 그녀의 자발적 참여에 대해 반가운 마음이 든다. 나는 그녀가 스스로 자발성을 기를 수 있도록 좀 더 지켜보려고 한다.

"사실 두 가지 마음이 있었어요. 제 이야기를 하는 것이 무섭기도 했지만, 다른 한편으론 정말 하고 싶기도 했어요. 제 이야기를 할 데가 없었거든요. 지난 화요일이 특히 그랬습니다. 요즘 매형 가게가 어렵거든요. 손님이 너무 없어요. 눈치가 보여서 이제 그만둬야 하나 하루에도 몇 번씩 망설여요. 그날따라 평소에 잘해주던 매형이 조그만 실수 하나 한 걸 갖고 제게 짜증을 냈어요. 저도 그냥 넘어가도 될 텐데, 상처가 됐어요. 가게에서 일찍 나와버렸어요. 갈 데도 없고, 순댓국 집에서 혼자 술을 마셨어요." 이렇게 말하는 평화의 목소리는 젖어 있다.

"에이, 저한테 전화주시지 그랬어요? 왜 혼자 술을 마셔요?"

바위가 나선다. 너그러운 목소리다.

"말씀만 들어도 고맙네요. 세상에 나 혼자인 것 같았어요."

평화가 별안간 어깨를 들썩이며 흐느끼기 시작한다. 옆에 앉아 있던 오아시스가 그의 어깨에 손을 얹는다. 그의 상체가 더욱 크게 흔들리며 꺼이꺼이 운다. 점점 큰 소리로 우는 모습이 길에서 엄마를 잃어버린 아이 같아 보인다.

"평화 님 미안하네요. 그런 사정도 모르고 지난번엔 제가 구박한 것 같아서요."

봄비가 슬픈 표정을 지으며 평화에게 말한다.

"괜찮아요. 제 잘못인 걸요. 창모에 술 먹고 오는 건 아니죠."

"다음엔 저도 불러주세요. 창모 없는 날에요."

봄비가 애교 섞인 표정으로 말한다.

"평화 님, 자신의 속마음을 이렇게 드러내주시니 정말 고맙네요. 마음이 많이 아팠습니다."

나는 이렇게 말하고 그의 표정을 살핀다.

"창피할 줄 알았는데, 다들 위로해주시니 참 따뜻하네요. 이제 마음이 많이 편해졌어요. 다들 고맙습니다."

이렇게 말하는 그의 표정은 비온 뒤 맑게 갠 하늘 같다. 화산이 폭발하고 난 다음 아직도 용암이 흘러내리고 있고, 분화구엔 뜨거운 열기가 뿜어져 나오고 있지만, 산은 차츰 안정을 찾아가는 모습이다. 구성원들은 마치 사우나를 하고 나온 사람처럼 모두들 얼굴이 발그스름하게 상기되어 있다. 나는 막대기를 들어 조용히 종을 친다. 뎅, 길게 울려 퍼지는 소리를 따라 마음이 모두 하나로 모아지는 것 같다.

⋯⋯⋯

새벽에 눈이 떠졌다. 기지개를 한껏 켜고 나서 일어나 창문 커튼을 열어젖힌다. 정원에 잔디가 촉촉이 젖어 있고, 물기를 받아 아침 햇빛에 반짝이는 풍경이 참 아름답다. 주황색의 긴 호스가 잔디밭을 가로질러 놓여 있고, 스프링클러가 연신 물을 뿌리며 돌아가고 있다.

마당 오른쪽 끝에는 큰 파라솔이 펼쳐진 테이블과 접이식 천 의자들이 놓여 있고, 옆의 화단에서는 호미를 들고 뭔가 일을 하고 있는 새벽의 모습이 눈에 들어온다. 나는 얼른 세수를 하고 정원으로 나간다.

"새벽 님, 이른 아침인데 뭐 하세요?"

화단의 잡초를 뽑고 있는 그에게 다가가 인사를 한다.

"나그네 님 아니세요? 아침 일찍 일어나셨네요? 이렇게 조그만 밭인데도 잡초가 엄청 무성하게 자라네요. 참으로 생명력이 대단한 것 같습니다."

그는 호미를 든 채 일어나 허리를 펴며 만면에 미소를 짓는다.

"그러네요? 여러 종류의 풀들이 있네요?"

"네, 굉장히 다양합니다. 이건 강아지풀이고, 요건 쇠비름이죠. 여기 질경이도 있네요. 키 큰 애는 달맞이꽃인데, 나중에 노란 꽃이 예쁘게 피죠. 그냥 잡초라고 하기엔 다들 너무 예쁘죠?"

"네, 그러네요. 여기 채송화와 봉숭아도 있네요?"

"네, 그건 제가 좋아하는 거라 일부러 양재동에 가서 사다 심었죠. 여기 보세요. 맨드라미와 접시꽃도 있어요. 좀 촌스럽긴 하지만 저는 이런 것들이 좋아요."

그는 신이 나서 내게 이것저것 꽃 이름들을 설명해준다.

"언제 이런 것들을 다 하셨어요? 전혀 몰랐습니다. 채송화와 봉숭아는 저도 좋아합니다."

나는 어린 시절 온천장 집 화단에 어머니가 심어놓았던 채송화며 봉숭아, 나팔꽃을 떠올리며 잠시 추억에 잠겨 말한다.

"테이블 위에 빈 맥주병들과 술안주 남은 것들이 있네요?"

나는 테이블 위에 뒹굴고 있는 빈병들과 먹다 남은 치킨, 그리고 마른 안주들이 담긴 종이 접시를 가리키며 그에게 묻는다.

"아마 간밤에 몇 분이 늦게까지 술을 마셨나 봐요. 오아시스 님은 새벽 두 시가 넘어 방에 들어왔더라고요. 잠깐 물어봤더니 평화 님과 바위 님, 봄비 님, 햇살 님, 바람 님이 같이 마셨다고 해요. 아마도 모임에서 못다 한 이야기들을 나누고 싶었나 봐요."

"아, 그랬군요. 그런데, 저기 잔디밭에 물도 지금 새벽 님이 주시는 거예요?"

나는 물이 뿜어져 나오는 스프링클러를 손가락으로 가리키며 묻는다.

"네, 올해는 너무 가물잖아요. 잔디가 타들어가는 것 같아서."

"백 과장님이 해주시지 않나요? 부탁 좀 하시지 그러셨어요?"

"에이, 지난번에 백 과장이 왔을 때, 이런 작은 일로 번거롭게 오지 말라고 했어요. 제가 하겠다고 했죠. 노는 입에 염불하듯 이까짓 거야 아무것도 아니죠."

이렇게 말하며 그는 다시 엎드려 하던 일을 계속한다. 나는 그와 이런저런 이야기를 좀 더 나누다가 집 안으로 들어온다. 바위가 부엌에서 아침 식사를 준비하고 있다. 함께 거들고 있는데, 잠이 덜 깬 듯 평화가 어슬렁어슬렁 걸어 나온다. 그의 표정이 사뭇 밝다.

"좋은 아침입니다. 잘들 주무셨어요?"

그는 예전의 싹싹한 모습으로 다시 돌아온 것 같다.

"어제 늦게까지 이야기들 나누셨다면서요?"

내가 그를 쳐다보며 묻자 그는 호방하게 웃으며 너스레를 떤다.

"워매, 나그네 님께서 그걸 어찌 아신다요? 뉴런하우스에선 비밀이 없다니까. 하하하."

"무슨 이야기들이 그렇게 재미있으셨어요?"

나는 궁금해서 그에게 묻는다.

"그건 일급 기밀입니다. 죄송합니다."

그는 또 능청을 떤다.

"네, 말씀 안 하셔도 괜찮습니다."

나도 가볍게 웃어넘긴다.

"오해하고 있었던 부분들에 대해 이야기 나누면서 서로 많이 이해하게 되었습니다."

바위가 진지한 표정으로 설명해준다.

"창문 닦기를 좀 했죠. 저는 처음엔 바위 님을 엄청 까칠한 사람으로 봤걸랑요."

평화가 바위를 장난기 어린 눈으로 쳐다보며 말한다.

"그건 저도 마찬가집니다. 평화가 너무 나선다고 생각했습니다."

바위가 지기 싫은 듯 응수한다.

"이러다가 여기서 아침부터 두 분이 한판 붙는 거 아닌지 염려가 되네요?"

내가 끼어든다.

"나그네 님 걱정 마세요. 이제 괜찮을 겁니다. 그렇죠. 바위 님?"

"아직, 잘 모르겠어요."

우리는 한꺼번에 와 웃는다.

"다들 뭐가 그렇게 즐거우세요? 저도 좀 끼워주세요."

화사한 꽃무늬 원피스를 입고 이층 계단을 내려와 거실로 들어서던 봄비다. 하늘에서 종달새가 막 내려와 날아드는 느낌이다.

"와, 사람 사는 집 같네요. 정말 좋습니다."

새벽이 현관을 들어서면서 외친다. 그는 손바닥에 빨간 생고무가 입혀진 실장갑을 벗어 신발장 위에 놓고는 주방으로 들어온다.

"어서 오세요. 아침 식사는 무엇으로 드릴깝쇼?"

평화가 웨이터처럼 깍듯이 허리를 굽히며 왼팔은 배에 대고, 오른팔을 휙 저어 안으로 모시는 흉내를 낸다. 우리는 토스트와 케이크, 우유, 커피, 과일들을 차례로 식탁 위에 차려놓고, 함께 즐겁게 웃으며 일요일 아침 식사를 한다.

"햇살 님과 바람 님, 수선화 님은 안 보이시네요?"

내가 묻는다.

"햇살 님은 아침 일찍 어딜 나가시던데요?"

새벽이 대답한다.

"오늘은 아침에 예약 손님이 있는가 보더라고요. 미용실은 일요일도 바쁜가 봐요. 수선화 님은 밤늦도록 원고를 쓰는 것 같았고요. 방송작가는 원래 시간과 싸우는 일이잖아요. 그리고 바람 님은 좀 더 자나 봐요."

봄비가 식탁 위에 있는 음식들을 옮겨놓으면서 친절하게 설명해 준다.

"오아시스 님은요?"

평화가 묻는다.

"일요일은 보통 늦게까지 자더라고요. 일이 많아 피곤한가 봐요.

게다가 어제는 늦게까지 안 잤으니…….”

새벽이 걱정스런 표정으로 말한다.

“왜들 이리 시끄러우세요?”

투정부리는 목소리로 눈을 부비며 부스스한 얼굴로 오아시스가 방문을 열고 나온다. 부엌에서 바로 보이는 방이라 오아시스는 화장실을 가려다 말고, 먼저 부엌으로 들어선다.

“와, 양반 되기는 다 틀렸어. 자기 말 하니까 나오네?”

평화가 너스레를 떨며 그를 맞이한다.

“같이 아침 좀 먹어요.”

오아시스를 보며 봄비가 상냥하게 말한다.

“네, 먼저 화장실부터 좀 다녀오겠습니다.”

꾸벅 절을 하며 오아시스는 화장실 쪽으로 간다.

……

일곱 번째 모임이다. 오늘은 시간 여유가 좀 있어 나는 10분쯤 먼저 사랑방으로 들어간다. 뜻밖에도 다들 미리 와 앉아 있다. 떠들썩하니 서로 즐겁게 이야기들을 주고받고 있다. 기다란 명상 방석을 여기저기 펴놓고, 요처럼 깔고 누워 있는 사람, 엎드린 채 턱을 괴고 있는 사람, 벽에 기대앉아 있는 사람의 모습들이 눈에 들어온다. 단연 평화의 우스갯소리가 제일 크게 들리고, 봄비의 한 옥타브 높은 목소리도 분위기를 고조시키고 있다. 새벽도 싱긋이 웃으면서 함께 잘 어울리는 모습이다.

"이제 월말이 다 되어가잖아요? 정말 장학금 10만 원을 줄까 궁금해요."

오아시스가 평화를 쳐다보며 말한다.

"와따 뭣 땀시 고런 걱정을 다 하요? 요렇게 근사한 집을 지어서 훌륭한 일을 하시는 이한빈 대표님께서 겨우 10만 원 갖고 우리헌테 사기를 치것소?"

평화가 오아시스를 흘겨보며 책망한다.

"그건 그렇지만, 너무 이상하지 않습니까? 집세만 하더라도 엄청 싼데, 장학금까지 준다니 도저히 믿기 어려워요. 그러나 저러나 진짜로 주면 언제쯤 입금해주시려나? 빨리 들어와야 신발을 하나 새로 장만할 텐데……."

이렇게 말하는 오아시스는 기대에 찬 눈빛으로 자신의 발을 가슴팍까지 들어 올려본다.

"오아시스 님, 구두 아직 괜찮던데요? 갈색이 잘 어울렸어요."

봄비가 오아시스에게 눈길을 주며 관심을 표한다.

"그거 한 켤레밖에 없거든요. 가벼운 것으로 여름 구두 한 켤레 장만하려고요."

봄비의 질문에 오아시스는 해맑게 웃으며 대답한다.

"평화 님 구두처럼 바람이 잘 통하는 것은 어때요?"

햇살이 수줍은 애교를 감추며 말한다.

"아, 좋지요."

오아시스는 햇살까지 거들고 나서자 더욱 기분이 좋아진다. 그들의 대화를 지켜보다가 나는 시계를 올려다보며 막대기를 들어 종을 뎅, 친다.

"자, 이제 창모를 시작해볼까요? 지금 어떤 마음 상태이신지 말씀들 좀 해주시기 바랍니다."

나는 구성원들을 돌아보며 이야기한다.

"편해요. 미리 와서 이야기 나누고 하니 참 좋아요."

봄비가 웃으며 말한다. 옆에 앉은 햇살도 고개를 끄덕인다.

"한 식구가 된 것 같아서 참 좋아요."

듬직하게 앉아 있는 바위도 얼굴에 미소를 띠며 말한다.

"참 좋습니다."

좀처럼 말이 없던 새벽도 오늘은 일찍 신고를 한다.

"저는 좀 불안해요. 장학금을 못 받을까 봐서요. 이번 달엔 돈을 미리 당겨 써버렸걸랑요."

오아시스가 어두운 표정을 지으며 염려스런 마음을 내비친다.

"와따메… 병이다. 병! 어쩐다고 그런 걱정까지 하까잉?"

답답하다는 듯 오아시스를 흘겨보며 평화가 언성을 높인다.

"평화 님, 죄송해요!"

오아시스가 고개를 맥없이 떨구며 풀이 죽는다.

다들 말없이 방바닥을 내려다보고 있다. 좀 어색한 분위기가 감돈다.

"평화 님이 말씀을 좀 심하게 하신 것 같아요."

오아시스의 눈치를 살피며 봄비가 나지막이 말한다.

"저도 그렇게 생각합니다. 오아시스 님, 제가 좀 과했어요. 미안합니다."

평화가 얼른 사과를 한다.

"아니에요. 제가 잘못한 것 같아요."

이 말을 하면서도 오아시스의 표정은 다시 밝아진다. 잠시 침묵이 흐른다. 이때 별안간 지금껏 말없이 무거운 표정으로 앉아 있던 수선화가 큰 소리로 말한다.

"정말 싫어요. 이런 제 자신이!"

다들 놀라서 그녀를 쳐다본다. 그녀는 비장한 표정을 짓더니 결심한 듯 말을 토해낸다.

"다들 오아시스 님을 따뜻하게 위로해주시는데 저는 아무 것도 못 느끼겠고, 혼자 따로 있는 것 같아 괴로워요. 저는 오아시스 님 신발이 어떻게 생겼는지 관심도 없었어요. 오늘만 이런 걸 느낀 게 아니에요. 세월호 참사 때 수많은 사람들이 마음 아파하고, 팽목항에 가서 유족들을 위로하고 봉사하는 모습을 보며 아무 느낌이 없던 제 자신이 정말 싫었어요."

그녀는 긴 머리를 방바닥에 드리운 채, 주먹을 불끈 쥐고 몸을 부르르 떤다. 다들 놀라서 아무 말도 못 한다. 한동안 침묵이 흐른다.

"너무 괴로워하지 말아요. 저도 한땐 그랬어요. 아무 것도 못 느끼고, 생각만 많았던 것 같아요."

평화가 나서며 수선화를 위로하려고 한다. 하지만 수선화는 그 말을 들었는지 못 들었는지 아무런 반응 없이 계속 바닥만 뚫어져라 응시하고 있다.

"이런 제가 이상해요. 때로는 사람 같지도 않다는 생각이 들어요."

이 말을 하면서 그녀의 얼굴이 더욱 일그러진다. 그녀는 점점 더 깊은 수렁 속으로 빠져들어가는 것 같다. 하지만 지난 시간에 평화에게서 일어났던 마그마의 분출과 비슷한 에너지의 요동이 감지된다. 단단한 껍질 속에 갇혀 있던 생명 에너지가 자책의 형태로 나타나고 있지만, 올바른 방향을 찾을 수만 있다면 창조적으로 쓰일 수 있을 것이다.

나는 잠시 망설인다. 모임의 역동에 내맡기고 가만히 지켜볼 것인가, 아니면 적극적으로 개입할 것인가. 잠시 기다렸으나 침묵이 이어지고 있다. 수선화를 이대로 계속 방치하는 것은 좋은 전략이 아니다.

"수선화 님, 지금 무척 괴로워 보이시네요? 마치 우리에게 자신을 고발하는 것처럼 보여요."

내가 그녀의 자책 행동을 비춰주자 그녀는 기다렸다는 듯이 바로 대답한다.

"네, 맞아요. 벌주고 싶어요."

그녀의 앙칼진 목소리는 무척 단호하다.

"왜요?"

나는 그녀를 쳐다보며 부드럽게 묻는다.

"인간이 아니니까요."

그녀는 냉소적인 목소리로 자신에게 비수를 들이댄다.

"그 말을 하시면서 지금 기분이 어떠세요?"

"…비참하죠."

그녀는 입술을 깨물어 울음을 참으며 말한다.

"네, 그러실 것 같아요."

나는 그녀의 심정을 공감해준다. 나는 자기 자신을 가혹하게 처벌

하고 있는 그녀를 보며 상처받은 한 영혼을 떠올린다. 누군가로부터 상처받아 피 흘리며 아파하는 영혼. 하지만 가해자를 찾지 못해 허공을 향해 휘두르는 칼에 스스로 찔려 단말마의 비명을 지르는 모습이 연상된다. 마음이 아려온다. 그동안 얼마나 많은 내담자들에게서 이런 모습을 봐왔던가!

"무척 화난 표정이신 것 같은데, 누구에게 화가 나셨나요?"

나는 그녀가 자신의 내면에서 일어나고 있는 '과정'을 알아차리도록 질문을 던진다.

"모르겠어요. 그냥 죽여버리고 싶어요."

이렇게 말하는 그녀의 눈은 이미 초점을 잃고서 허공을 방황하고 있다. 그녀의 눈에서 눈물이 한 방울 뚝 떨어진다. 분하고 억울한 듯 숨을 거칠게 몰아쉬며 씩씩거리더니, 갑자기 "에이 씨발!" 하며 울분이 가득한 외마디 소리를 지른다.

"혹시 지금 떠오르는 사람이 있나요?"

나는 짤막하게 그녀에게 질문을 던진다. 이런 질문은 경우에 따라서는 위험할 수도 있다. 마음이 약해진 상태에선 자신에 대한 침입으로 느껴질 수도 있기 때문이다. 하지만 나는 지금 그녀가 도움을 바라는 마음이 간절하기 때문에 괜찮을 거라 생각한다.

"아버지요. 큰 소리로 어머니에게 고함을 지르고 있는 아버지요! 그 앞에서 꼼짝 못하고 쩔쩔매는 비굴한 어머니도요."

다행이다. 그녀는 내가 내민 손을 붙든 것이다. 나는 그녀에게 좀 더 대담한 제안을 해보기로 한다.

"지금 주먹을 불끈 쥐고 계시네요? 그 주먹을 사용하고 싶으신가요?"

"휘두르고 싶어요!"

이렇게 말한 그녀는 방석에다 주먹질을 몇 번 한다.

"더 세게 쳐보세요."

나는 그녀의 폭발을 도와주는 것이 좋겠다고 생각한다. 그녀는 사

나운 짐승의 포효처럼 으르렁거리며 연신 방석에다 주먹질을 해댄다.

"당신이 뭐라고 함부로 여자한테 지랄이야. 지랄! 교수면 다야? 죽어버렸으면 좋겠어!"

그녀는 고함을 지르며 한동안 주먹질을 계속하더니 갑자기 벌떡 일어서서 발로 방석을 세차게 걷어찬다. 평화가 상체를 황급히 왼쪽으로 숙여 날아오는 방석을 겨우 피한다. 그녀는 선 채로 한참 방바닥을 응시하더니 털썩 주저앉아 양팔로 무릎을 감싸고, 거기에 얼굴을 묻고 훌쩍훌쩍 울기 시작한다. 화산이 폭발하고 용암이 분출되기 시작한다. 시뻘건 용암이 산을 타고 골짜기로 흘러내리고 있다.

지구의 깊은 내부에 갇혀 있던 마그마가 드디어 딱딱한 껍질을 뚫고 지표면으로 생명력을 분출하고 있는 것이다. 지구가 살아 있음을 이보다 더 생생하게 보여주는 일이 세상에 또 어디 있으랴. 이러한 폭발은 한편으론 무섭지만, 사실은 생명의 자정능력을 보여주는 불가사의한 활동이다. 온갖 억눌리고 쌓인 미해결 과제들을 용광로에 녹여서 한꺼번에 뿜어내면서 새 생명을 탄생시켜주는 놀랍고 신비스런 현상이다.

"지금 기분이 어떠신가요?"

수선화의 울음이 잦아들 때까지 한동안 기다렸다가 내가 조심스럽게 묻는다.

"좀 편안해졌어요. 그런데 마음이 좀 복잡해졌어요. 어머니가 불쌍해서 보호해주고 싶어 아버지에게 막 대들고 그랬었는데, 가만히 생각해보니까 저도 아버지와 별 다를 바 없구나, 란 생각이 들어요."

"무슨 말씀인지 설명해주실래요?"

"아버지에게 무기력하게 당하던 어머니가 싫었어요. 경멸했어요. 이런 제가 아버지를 꼭 닮았다는 생각이 들어요."

이렇게 말하는 그녀의 표정이 다시 굳어진다. 이런 순간이 위험하다. 자칫 잘못하면 다시 자신을 향해 비수를 휘두를 수 있기 때문이다. 나는 급히 개입한다.

"아버지와 자신이 어떤 점이 닮은 것 같은가요?"

"사납고, 냉정하고, 공격적이고, 무엇보다 다른 사람에게 관심이 없다는 점이죠."

"그건 사실이 아니에요. 수선화 님은 자신의 그런 모습 때문에 괴로워하시잖아요?"

봄비가 뛰어들면서 말한다. 그녀는 마치 큰언니처럼 수선화를 따뜻하게 감싸주려 한다.

"그리고 자신의 그런 모습을 저희 앞에서 용기 있게 개방해주셨잖아요? 저는 수선화 님만큼 솔직하지 못해요."

봄비의 말이 채 끝나기도 전에 바위가 큰 소리로 외친다. 수선화가 고개를 돌려 그를 물끄러미 바라본다. 나는 지금 내 눈앞에서 벌어지고 있는 일을 실로 믿기 어렵다. 바위는 내 예상으로는 가장 늦게까지 변화가 일어나지 않을 사람이었는데, 더구나 수선화와는 여러 번 충돌한 적이 있지 않았는가? 수선화가 언제든 다시 자기에게 독침을 쏠지도 모르는데, 몸을 날려 그녀 편을 들다니. 도대체 그에게 무슨 일이 일어난 것일까?

"맞아요! 수선화 언니는 정말 솔직하신 것 같아요. 자신을 질책하는 모습을 보면서도 저는 수선화 님의 인간에 대한 애정을 봤어요.

만일 그런 것이 없다면 그렇게 힘들어하지도 않을 거 아녜요?"

이번에는 바람이다. 그녀도 여느 때와는 전혀 다른 모습이다. 나는 다시 한 번 어리둥절해진다. 천방지축 어디로 튈지 몰라 불안 불안하던 모습은 온데간데없고 차분하고 사려 깊은 한 숙녀가 거기 앉아 있다. 도대체 이건 뭘까? 오늘 저녁은 온통 놀라움의 연속이구나. 나부터 창문을 다시 닦아야겠다는 생각이 든다. 선입견을 갖고서 한 인간을 대한다는 것이 얼마나 위험한 일인지, 아니 천박한 일인지 새삼 옷깃이 여며지는 느낌이다. '서릿발같이 깨어 있어야만 하겠구나.'란 생각이 든다.

한 사람 한 사람을 놓고 보면 우왕좌왕, 들쭉날쭉, 갈팡질팡하는 모습이 자주 눈에 띄는데, 일단 상호 대화 과정의 흐름에 연결되면 모두의 정신성이 함께 높아지는 현상을 관찰할 때 나는 경외감을 느낀다. 집단지성이 발동하는 걸까? 집단영성이 고양되는 걸까? 정말 모르겠다. 인간은 혼자 있을 때와 깨어 있는 대화 과정에 연결될 때 너무나 다른 차원에서 기능하는 것 같다.

수선화의 표정이 아까보다 훨씬 누그러져 있다. 얼굴엔 화색이 감돌고 있고, 고개도 든 채 구성원들을 부드럽게 바라보고 있다. 나는 지금 개입하는 것이 좋겠다는 생각이 든다.

"수선화 님, 지금 기분이 좀 어떠신가요?"

"따뜻하네요. 저는 님들이 저를 욕하고 비난할 거라 생각했어요. 그런데 이렇게 따뜻하게 받아주셔서 놀랐어요. 감사해요."

수선화가 구성원들을 가리켜 '님들'이란 단어를 쓴 건 참으로 뜻밖이다. 3회차 모임 때 평화가 처음으로 구성원들을 지칭하여 '님들'

이란 용어를 사용했는데, 언어에 무척이나 민감한 방송작가인 그녀가 평화가 썼던 용어를 채택한 것은 창모 구성원들에 대한 자신의 애정을 공개적으로 고백한 의미 있는 사건이다.

"아무도 수선화 님을 비난할 사람 여기 없어요."

평화가 애정 어린 눈으로 수선화를 바라보며 말한다.

"그럼요. 동감이에요."

흐뭇한 표정으로 수선화를 바라보며 새벽도 거든다.

"저, 수선화 언니 좋아해요."

햇살이 수줍은 듯 떨리는 목소리로 말한다.

"저도요!"

이번엔 오아시스다. 수선화의 얼굴이 복사꽃처럼 환히 피어난다.

"오늘 저녁은 정말 감동적이었어요."

내가 짤막하게 멘트를 한다. 그리고 막대기를 들어 종을 친다. 뎅, 하는 소리가 수덕사의 저녁 예불 종소리처럼 방 안을 은은히 퍼져나간다.

트라우마

오늘 오후에 개인 상담을 오기로 한 사람이 갑자기 약속을 취소하는 바람에 모처럼 휴가를 얻은 기분이 든다. 나는 얼굴에 선크림을 듬뿍 바르고 햇볕을 가릴 둥근 천 모자를 꾹 눌러쓴 다음 운동화를 신고 가벼운 옷차림으로 뉴런하우스를 나선다. 아직 볕이 뜨거워 길거리엔 사람들이 별로 나다니지 않는다. 삼선교까지 내려가서는 오른쪽으로 꺾어 성북천변을 따라 무작정 걷는다.

한참을 걸으니 돈암동 재래시장이 나온다. 나도 모르게 어느새 시장 안으로 발길이 향하고 있다. 비린내가 물씬 풍기는 생선가게가 먼저 눈에 들어온다. 좌판에 고등어며 조기, 갈치, 가오리를 진열해놓았고, 물을 채운 플라스틱 통에는 참게와 오징어, 장어가 담겨 있다. 몇 발자국을 더 옮기니 진한 과일향이 훅하고 코를 자극한다. 둘러보니 과일가게에 복숭아며 포도, 참외, 사과, 토마토, 수박이 수북이 쌓여 있다. 평일이고 아직 이른 오후라 사람들이 별로 많지 않다.

옆의 야채가게는 상추, 고추, 대파, 오이, 가지, 무, 호박을 비닐봉지에 싸서 박스에 담아 진열해두고, 한구석에는 빨갛게 잘 말린 고추들을 잔뜩 쌓아두었다. 가게 안으로 선풍기를 틀어놓고 의자에 앉아 TV를 들여다보고 있는 안주인의 구부정한 등이 보인다. 갑자기 가슴 한구석이 울컥하며 목이 멘다. 그녀의 뒷모습에서 나도 모르게 오래전에 돌아가신 어머니를 겹쳐 보고 있었음을 뒤늦게 깨닫는다.

그랬다. 초등학교 다닐 때 나는 학교가 파하면 내리쬐는 뙤약볕을 더운 줄도 모르고 그대로 받으며 터덜터덜 둑길을 따라 온천시장에 들르곤 했다. 시장 한구석 길바닥에다 자리를 깔고 밭에서 농사지은 고추며 가지, 오이, 대파, 호박잎을 널어놓고 파시던 어머니는 나를 보면 반가이 맞아주시며, 허리춤에서 주머니를 꺼내 10원짜리 동전 몇 닢을 찾아 손에 쥐어주시곤 했다. 금방이라도 어느 모퉁이에서 어머니가 나타나실 것 같아 나는 괜히 시장 안을 두리번거리다가 하릴없이 발걸음을 옮긴다.

참기름집과 떡집을 지나서 순댓국, 감자탕 골목을 돌아 시장 밖으로 나온다. 연일 무더운 날씨가 계속되고 있는데, 뜨거운 오후 햇볕이 오늘따라 보도를 더욱 세게 달구고 있다. 나는 성북천을 가로지르는 다리를 건너 왼쪽으로 꺾어 보문동 뒷길을 따라 물고기가 유영하듯 햇볕 속을 한 걸음씩 한 걸음씩 천천히 앞으로 나아간다.

회벽 가운데에 구멍을 뚫어 쇠창살을 두른 창문이 도로변으로 아슬아슬하게 붙어 있고, 낡은 슬레이트 지붕 위에는 군용 텐트가 덧씌

워져 있는 낡은 집들 사이 좁은 골목길에는 맨드라미와 붓꽃, 봉숭아를 심은 재활용 고무용기들이 줄지어 서 있다. 그 모습이 먼지 쌓인 기억의 창고로부터 아스라한 그리움을 불러낸다.

차도 위로는 까마귀처럼 허리가 굽은 노인이 머리에 누런 중절모를 얹고서 녹슨 자전거를 휘이휘이 저어가고 있다. 길가 보도 위에는 반쯤 하늘이 보이는 폴리에스테르 천막 안에서 돋보기안경을 쓴 한 노인이 가스불 위에 뻥튀기 기계를 돌리며 손등으로 이마의 땀을 훔치고 있다.

나는 성북천 산책로로 통하는 계단을 따라 내려가 징검다리를 건너서 맞은편 보도 위로 올라간다. 지하철 공사에서 공급하는 맑은 지하수가 흐르는 성북천은 생각보다 깨끗하다. 갈대와 갯버들이 우거진 개천에는 백로와 왜가리, 청둥오리, 해오라기들이 한가로이 물고기 사냥을 하고 있고, 산책로 위에는 조깅하는 사람, 가족이나 지인들과 함께 즐겁게 이야기하며 걷는 사람들도 보인다.

갑자기 개울 건너편 자전거도로에서 큰 소리로 고함지르는 소리가 들려 고개를 왼쪽으로 돌려 쳐다보니 반팔티를 입고 슬리퍼를 신은 배가 불룩 나온 60대 남자가 목에 핏대를 올리며, 자전거를 타고 지나가던 한 젊은 남자를 세워놓고 삿대질과 쌍욕을 해대고 있다.

"야, 이 새끼야 누구한테 지금 가르치려 드는 거야. 내가 누군 줄 알아? 너 같은 놈은 내 자가용 운전사도 안 시켜줘. 너 같은 놈이 뭘 안다고 아는 척을 해? 내가 어떤 사람인 줄 알아? 내 이름만 대면 알 만 한 사람은 다 알아. 내가 너 같은 놈하고 상대할 사람이 아니야!"

자전거에 한 발을 올리고 반쯤 엎드린 자세로 욕설을 듣고 있던 젊은 남자는 몸을 바로 세우며 항변을 하려고 몇 번 시도를 하다가 남자의 기세에 눌려 어쩌지를 못하고 하늘을 올려다보며 '허', '허', '허' 외마디 비명처럼 몇 번 실소를 한다. 마침내 그는 포기한 듯 헬멧을 눌러쓰고 페달을 밟아 가던 길을 저어 가버린다.

욕을 하던 남자는 젊은 남자가 가버린 뒤에도 그가 사라진 쪽을 향해 몇 번을 더 고함을 지르더니 슬리퍼를 질질 끌며 팔자걸음을 걸어 시야에서 사라진다. 길 이쪽에서 두 사람의 실랑이를 지켜보던 행인들도 각자 길을 떠나고, 그들이 서 있던 공간은 물고기들이 놀고 간 뒤의 웅덩이처럼 다시 고요해진다.

하지만 남자의 거친 언행이 남긴 파동이 시차를 두고 '지금' 나의 몸 구석구석에 부딪치며 수많은 메아리를 만들어내고 있다. 나의 뇌를 구심점으로 해서 수많은 뉴런들의 동시 발화가 동심원처럼 온몸으로 퍼져나가고 있다. 그것들은 '지금' 나의 신체 긴장으로, 심장의 두근거림으로, 시각적 이미지로 재연되고 있다.

남자의 부릅뜬 눈, 핏대 오른 굵은 목, 큰 소리, 위협적인 삿대질은 여러 형태의 파편들과 색깔로 내 몸속에서 군무를 하고 있다. 그의 화난 얼굴이 떠오른다. 그는 왜 그토록 화가 났을까? 자신이 평생 동안 애써 구축해놓은 이미지가 손상되는 위협을 느낀 것일까?

상대를 비하하면서 동시에 자신이 대단한 사람이라는 것을 인정해달라는 것은 명백한 모순이다. 하지만 논리적으로는 양립할 수 없는 상반된 의지가 그의 입에서 아무런 충돌 없이 순차적으로 표출되는 것은 어떻게 정당화될 수 있을까? 자신은 우월한 사람이고, 상대는 열등한 존재라는 것을 비하 대상으로부터 인정받으려는 것은 과연 실현가능한 일일까?

참으로 기묘한 역설이지만 이는 인류 역사 속 무수히 많은 인간 관계에서 무한 반복되어 나타났지 않았던가? 왕과 신하, 주인과 노예, 승자와 패자라는 역학 구도를 통하여 우리의 DNA에 새겨진 영원한 형벌이 되어오지 않았던가?

수많은 나의 왕과 주인, 승자들의 이미지가 하나씩 기억에 떠오른다. 내게 고함을 질렀던 아버지, 친구들 앞에서 창피를 주었던 선생님의 얼굴이 보인다. 대학에 낙방했을 때의 열패감에 이어 군대에서 나의 뺨을 때렸던 장교의 얼굴이 되살아난다. 회사에 다닐 때 내게 야단쳤던 과장, 내게 사납게 굴었던 독일 정신병원의 슈퍼바이저 얼굴이 연이어 하나씩 떠오른다. 나도 모르게 몸서리가 쳐진다. 내 몸이 아직도 그 많은 것들을 다 기억하고 있다는 것이 고통스럽지만 놀랍기도 하다.

나는 다시 산책로를 따라 걷는다. 오후의 태양은 폴리우레탄 포장도로 위로 사정없이 뜨거운 열기를 쏟아 붓고 있다. 개천을 가로지르는 또 다른 다리가 하나 있고, 그 아래에는 성북구청에서 설치한 운동기구와 벤치들이 몇 개 놓여 있다. 할머니들 몇몇이 벤치에 앉아 부채질을 하면서 이야기를 나누고 있다. 잠깐 쉬어갈 양으로 옆 벤치로 가서 앉았는데, 그들은 나를 개의치 않고 계속 이야기를 한다.

"아니, 이번에 친정 조카딸 결혼식에 가서 결혼식 끝나고 양가 가족사진을 찍는데, 시어머니 되는 사람이 웃지를 않으니까 사진사가 '어머니 좀 웃으세요!'라고 말했어. 그런데 그 여자가 '며느리가 마음에 들어야 웃지!'라고 말하지 뭐예요? 사진사가 당황해서 어쩔 줄 모르고, 얼른 조카딸 표정을 보니까 안색이 싹 변하지 뭡니까?"

그 말을 들은 옆에 있던 할머니가 얼른 말을 받는다.

"아유, 그 정도는 아무 것도 아니에요. 돈 있는 사람들은 다 그래요. 내 사촌 여동생 남편이 의사예요. 아들도 의사인데 귀하게 키웠지요. 아들한테 반포에 아파트 40평짜리 사주고, 시도 때도 없이 비밀번호 누르고 신혼집에 드나들고, 며느리가 남편 속옷도 자기와 의논해서 사야 하고, 손자 낳기 위해 부부 관계도 자기가 정해준 날에 시킨다고 해요."

그 말을 듣고 있던 옆의 할머니가 이번엔 자기 차례라는 듯이 무게를 잡으며 말한다.

"시어머니들만 못된 게 아니에요. 며느리들도 만만치 않아요. 우리 형님네 이야긴데, 장손집이어서 제사가 1년에 네 번이에요. '냉수 한 그릇만 올려도 좋으니 며느리한테 제사 때 좀 내려오면 안 되겠니?'라고 말했는데, 며느리가 글쎄 '피 한 방울도 안 섞였는데, 제사를 어떻게 지내요?'라고 말해 기가 막혀 말도 못 하고 혼자 펑펑 울었대요. 아들한테 '며느리를 딸처럼 생각했는데, 어떻게 나한테 이럴 수가 있느냐?'고 하소연했더니, 아들 하는 말이 '엄마, 며느리는 딸이 될 수 없어요. 정신 차리세요.'라고 말했다지 뭐예요?"

나는 자리에서 일어선다. 산책로를 따라 좀 더 걷는다. '상처', '트라우마', '껍질' 이런 단어들이 회오리바람을 일으키며 내 몸속을 이리저리 무질서하게 휘저으며 돌아다닌다. 세상이 온통 피를 흘리며 괴로운 표정으로 신음하는 이미지가 떠오른다. 계단을 올라가 찻길을 따라 걷는다. 문득 돌로 지은 돈암동 성당이 눈앞에 나타난다. 성당 마당에는 소나무 몇 그루가 말없이 더운 오후를 지키고 있다.

·······

우리는 그동안 정말 열심히 창모를 했다. 일주일에 두 번씩 빠지지 않고 꼬박 두 달간 치열하게 만났다. 처음보다 모임에서의 침묵 시간이 많이 줄었고, 좀 더 솔직하게 자신의 마음들을 개방했다. 서로의 마음에 대해 좀 더 관심을 기울였고, 상대편의 행동이 이해가 되지 않을 때는 평가나 판단을 하기보다는 호기심을 갖고서 질문하는 경우도 많아졌다. 하지만 여전히 각자 자신의 예민한 부분에 대해서는 쉽게 마음을 열지 못한다. 그것은 아마도 언제 닥칠지 모르는 외부로부터의 공격에 대비해 자신을 보호해야 한다는 믿음 때문일 것이다.

오아시스는 요즘 괜히 마음이 싱숭생숭하다. 출퇴근길 뉴런하우스 앞 골목에서 가끔씩 마주치는 개 한 마리 때문이다. 아마도 버려진 유기견인 것 같은데 흰털이 새까맣게 때가 묻어 검정개로 보일 정도로 더러워진 잡종 개다. 오아시스는 애원하듯 자신을 쳐다보는 개의 까만 눈동자가 자꾸 마음에 걸린다. 자기를 볼 때마다 꼬리를 흔들며 쫄랑쫄랑 따라오는 것이 부담스러워 언제부턴가 애써 눈길을 주지 않으려고 해보지만 소용이 없다. 그 녀석은 늘 찻길까지 따라오다가 돌아가곤 한다.

사람 마음이 참 이상한 것이 한동안 안 보이면 괜히 걱정이 되고, '어딜 갔나?'하는 생각이 들며 자꾸 궁금해진다. 오늘은 창모가 있는 날이라 서둘러 일을 끝내고 일찍 집으로 돌아오는 길인데, 마침 골목에서 며칠 만에 다시 녀석을 마주친다. 그는 하마터면 반가워 녀석의 머리를 쓰다듬어줄 뻔한다. 그 마음을 눈치라도 챘는지 녀석은 여느 때보다 더 애교를 부리며, 길바닥에 벌렁 누워 배를 보여주기도 한다.

이러다가 안 되겠다 싶어 그는 마음을 다잡아먹고 모른 척하고 얼른 골목길을 꺾어 뉴런하우스 대문 앞까지 도망치듯 빠른 걸음으로 온다. 그런데 녀석은 어느새 뒤쫓아와서 그의 뒤에 떡하니 서는 것이 아닌가? 잠시 망설이다가 그는 대문을 살그머니 열고, 왼발을 안으로 들여놓으려고 한다. 순간 녀석이 잽싸게 다리 사이로 비집고 들어와 집 안으로 쏙 들어가버린다. 녀석은 제 세상을 만난 듯이 마당 안을 이리저리 마구 뛰어 돌아다닌다.

그는 하도 어이가 없어 하늘을 쳐다보며 크게 헛웃음을 웃는다. 공교롭게도 그 순간 현관문을 열고 나오던 수선화와 눈이 딱 마주친다. 개가 마당을 뛰어다니는 광경을 본 수선화의 눈빛이 확 변하는가 싶더니, 다음 순간 그녀는 화난 얼굴로 오아시스에게 뚜벅뚜벅 다가온다.

"어쩌자고 개를 집에다 들이세요? 전 개가 싫어요!"

수선화가 그를 쏘아보며 말한다.

"아니, 그런 게 아니고……."

그는 갑자기 말문이 막혀 뭐라고 말해야 할지 몰라 우물쭈물한다.

그녀는 다시 그를 노려보며 매몰차게 말한다.

"괜히 인정 있는 척하지 마시고, 자기 앞가림이나 잘하세요!"

오아시스는 그녀 앞에서 쩔쩔매면서 "죄송해요. 제가 생각이 짧았던 것 같아요. 얼른 내보낼게요."라고 말하고는 대문을 활짝 열어젖히고, 빗자루로 녀석을 몰아 밖으로 쫓아낸 뒤 대문을 굳게 닫는다.

그는 풀이 죽은 채 자기 방으로 들어간다. 새벽 님은 아직 안 들어오신 것 같다. 막연한 죄책감과 불안에 휩싸여 그는 침대 한구석에 쪼그리고 앉아 생각에 잠긴다. 우울한 것 같기도 하고, 슬픈 것 같기도 하다. 자신도 모르게 눈에서 눈물이 한 방울 뚝 떨어진다. 왜 눈물이 나오는지 알 수가 없다. 갑자기 큰아버지 댁에서 살 때의 기억이 떠오른다.

"여보, 쟤네들 내보내세요. 못 키우겠어요. 허구한 날 우리 애들하고 싸워대니, 어떻게 키우겠어요?"

큰엄마의 짜증난 목소리가 귓가에 들리는 듯하다. 가슴이 오그라들고, 사지가 부들부들 떨린다. '어머니는 병원에 계시고 집에는 아무도 없는데, 여기서 쫓겨나면 어디로 가야 하나?'란 생각에 막막했다. '아버지가 심장마비로 돌아가시지만 않았더라도…….' 아버지가 몹시 그리웠다. 그는 침대에 쪼그린 채 그만 잠이 든다.

"오아시스 님, 창모 안 가실 거예요? 시간이 다 됐는데……."

새벽이 부르는 소리에 그는 화들짝 놀라 자리에서 벌떡 일어나서는 새벽 앞에 무릎을 꿇고 두 손을 모아 싹싹 빌면서 말한다.

"큰엄마 잘못했어요. 다시는 안 그럴게요. 제발 쫓아내지 마세요. 제발요. 현수는 제가 잘 가르칠게요."

오아시스는 새벽의 가랑이를 붙들고 놔주지를 않는다.

"오아시스 님, 정신 좀 차리세요. 여기는 뉴런하우스예요. 나는 큰 엄마가 아니에요. 오아시스 님의 방짝 새벽입니다."

덜덜 떨며 애걸하는 오아시스를 안쓰럽게 바라보며 새벽이 달래 듯 말한다. 그제야 정신이 드는지 오아시스는 좌우를 두리번두리번 살피고는 "아, 새벽 님이시군요. 언제 오셨어요?"라고 말하며 붙들고 있던 손을 놓는다.

새벽은 양팔로 오아시스를 꼭 안아주며 따뜻하게 묻는다.

"악몽을 꾸셨나 보네요?"

"네, 그랬나 봐요."

그는 계면쩍어 머리를 긁는다.

"저녁은 드셨나요?"

새벽이 걱정되는 듯 그를 쳐다본다.

"나중에 끝나고 먹죠 뭐."

오아시스는 침대에서 내려오며 대답한다.

......

새벽과 오아시스가 함께 사랑방으로 들어선다. 이미 사랑방에는 수선화를 제외한 모든 식구들이 다 와 있다. 봄비를 둘러싸고 빙 둘러 앉아 오늘 친정에 가서 윤서를 만나고 온 그녀의 이야기를 듣고 있다. 그녀는 무척 기분이 좋아 보인다.

"윤서를 2주 만에 만났는데, 그새 부쩍 자랐더라고요. 어디 그뿐이에요? 엄마! 하고 저를 보자마자 와락 달려와 안기는데, 너무 사랑스럽지 뭐예요. 할머니가 땋아준 머리가 윤이 반짝반짝 나면서 너무 탐스러웠어요."

"봄비 님, 자꾸 자랑만 하지 마시고 윤서, 뉴런하우스에 한 번 데려오세요."

햇살이 곱게 눈을 흘기며 말한다.

"아유 내 정신 좀 봐. 창모 시작할 시간이 넘었는데. 저 때문에 나그네 님이 아직 시작 종을 못 치고 계시네?"

그녀가 나를 쳐다보며 말을 돌린다.

"계속하시죠. 다들 지금 두 분의 이야기를 듣고 계세요."

나는 빙그레 웃으며 말한다. 그녀가 잠시 난감한 표정을 짓는가 싶더니, 갑자기 안색이 어두워지며 눈시울이 붉어진다. 그러고는 눈에서 눈물이 한 방울 뚝 떨어진다. 그녀는 티슈 한 장을 뽑아 눈물을 닦고는 결심한 듯 말한다.

"전들 왜 안 데리고 오고 싶겠어요? 솔직히 하루에도 열두 번도 더 생각해보지만, 어떻게 해야 할지 모르겠어요."

그녀는 수심이 가득한 얼굴로 말끝을 흐린다.

"뭐가 문젠가요?"

이번엔 평화다.

"걔가 여기에 와서 나하고 살겠다며, 외갓집에 안 가겠다고 떼쓰면 제가 어떡하겠어요? 아이가 저를 너무 좋아해요. 절대 안 떨어지려고 할 거예요."

"아니, 그럼 같이 살면 되지 뭐가 문젠가요?"

평화가 재차 따지듯이 묻는다.

"여기는 셰어하우스잖아요? 아이를 데리고 올 수 없잖아요."

그녀는 의아하다는 듯이 반문한다.

"계약서에 그런 말은 없던데요?"

평화가 다른 님들을 돌아보며 말한다. 다들 고개를 갸웃하며 서로의 얼굴을 쳐다본다.

"맞아요. 제 기억에도 특별히 다른 사람을 데려와서는 안 된다는 말은 없었던 것 같습니다."

바위가 호의적인 말투로 거든다.

"그 부분에 대해선 이한빈 대표님에게 여쭤볼 수 있겠네요."

대화를 지켜보고 있던 내가 말한다. 봄비의 상황이 안쓰러워 돕고 싶은 마음이 일어난다.

"아, 그러면 되겠네요."

햇살이 손뼉을 치며 기뻐한다.

"그렇다 하더라도 여러 님들 중에 한 분이라도 반대하는 분이 계시면 안 되잖아요?"

봄비가 걱정스런 표정으로 말한다.

"아따, 그런 걱정일랑 참말로 밧줄로 딱 붙들어 매어버리소 잉. 워디 되먹지 못한 인간이 무슨 억하심정으로 오매불망 우리 봄비 님 모녀 상봉을 가로막을락 하것소?"

그는 소매를 걷어 부치며, 금방이라도 한판 붙을 양 흥분하며 목소리를 높인다. 다들 잠시 조용하다.

"저는 윤서가 뉴런하우스로 하루빨리 왔으면 좋겠어요. 엄마 곁에 있으면 윤서가 참 행복할 것 같아요."

바위가 눈을 껌뻑이며 어눌한 말투로 말한다.

"저도 윤서를 빨리 보고 싶어요. 지난번에 보여준 사진에 반해버렸어요. 같이 있으면 우리 모두가 더 행복해질 것 같아요."

돌아보니 새벽이다. 그의 목소리는 여느 때와는 달리 생기가 느껴진다.

"저도 괜찮아요."

이번엔 바람이다. 좀 무뚝뚝하지만 차갑지 않은 목소리다. 다들 오아시스를 쳐다본다. 그를 제외한 모든 식구들이 윤서를 데리고 오는 것에 명시적 혹은 묵시적 동의를 한 것 같은데, 유독 그만이 아까부터 아무 말 없이 어두운 표정으로 침묵을 지키고 있기 때문이다.

"오아시스 님 생각은 어떻소?"

평화가 조금 의심스런 눈초리로 그를 보며 말한다.

"저는 잘 모르겠습니다."

그는 주눅이 들어 고개도 잘 못 들고 겨우 입안에서 우물거린다. 그때 수선화가 뒤늦게 방문을 열고 들어온다.

"죄송합니다. 그만 깜빡 잠이 들어버리는 바람에……."

"뭘 모르시겠다는 건지 좀 더 자세히 말해주면 쓰것소!"

평화가 오아시스를 노려보며, 마치 죄인을 문초하듯 따진다. 그 앞에서 오아시스는 더욱 몸이 오그라들면서 벌벌 떤다.

"정말 모르겠습니다. 제가 생각하는 것이 맞는지 확신이 안 들어서요……."

"아니 긍께 오아시스 님 생각이 뭔지 듣고 잡소!"

평화가 또다시 몰아붙인다. 나는 뭔가 잘못되어가고 있다고 느낀다. 이대로 그냥 두면 자칫 서로 상처를 줄 수 있을 것 같은 예감이 든다. 오아시스는 분명히 겁을 먹은 것 같은데, 무엇 때문인지 모르겠다. 평화는 오아시스가 윤서가 오는 것에 대해 반대하는 것이 아닌가 해서 신경이 날카로워져 있다. 이런 순간에는 서로의 마음이 무엇인지 드러나도록 중재하는 것이 필요하다.

"잠깐 좀 진정해주시기 바랍니다. 평화 님은 질문을 멈추시고, 지금 어떤 감정을 느끼고 계신지 알아차려보시겠습니까?"

"글쎄요. 화가 좀 난 것 같습니다. 윤서가 엄마가 얼마나 보고 싶겠어요? 다들 윤서가 여기에 오는 것을 환영하는데, 오아시스 님이 반대를 하는 것 같아서……"

그는 숨을 거칠게 내쉬며 씩씩거린다.

"오아시스 님은 지금 어떤 감정을 느끼시나요?"

나는 차분한 목소리로 묻는다.

"무서워요. 말을 잘못했다가는 야단맞을 것 같아요."

그는 모기 소리만 한 목소리로 말한다.

"오아시스 님 아까 말씀에 '자신의 생각이 맞는지 확신이 안 든다.'고 하셨는데 무슨 뜻인지 좀 설명해주시겠어요?"

나는 다시 한 번 아이에게 말하듯 부드럽게 묻는다.

"저는 윤서가 빨리 여기에 와서 엄마하고 함께 살았으면 좋겠다는 생각이 들었어요."

"그런데요?"

나는 다시 궁금해서 묻는다.

"그런데, 그 생각이 맞는지 잘 몰라서 자신이 없어요."

거의 울먹이며 말하는 그를 보자 나는 걱정스런 마음이 든다. 그는 지금 분명히 혼란 상태에 빠져 있다. 자신의 욕구와 생각을 구분하지 못하고 있는 것이다. 윤서가 빨리 엄마 곁으로 왔으면 좋겠다는 자신의 욕구를 그 자체로 인정하지 못하고, 그것이 정당한지 의심하고 있는 것이다.

그에게 무슨 일이 일어난 것일까? 오늘의 행동은 최근에 보여줬던 그의 행동과 너무 다르다. 뭔가 그에게 좋지 않은 일이 일어난 것 같다. 평소에 밝았던 모습은 온데간데없고 공포에 휩싸여 벌벌 떨면서 판단력이 정지된 아이를 지금 우리는 목격하고 있다.

"최근에 무슨 일이 있었나요?"

나는 조심스럽게 그에게 묻는다.

"모르겠어요. 별일 없었어요."

그는 고개를 좌우로 흔든다.

"아까 제가 방에 들어갔을 때, 살려달라고 비명을 지르는 것을 들었어요. 악몽을 꿨던 것 같아요. 제가 깨우니까 저에게 큰엄마라고 하며 잘못했다고 막 빌었어요."

새벽이 매우 근심스런 표정으로 말하는데, 수선화가 나선다.

"제 잘못이에요. 오늘 오후에 오아시스 님을 현관에서 만났어요. 유기견 한 마리가 마당에 뛰어들었고, 오아시스 님이 웃고 있는 모습을 보고 화가 나서 제가 오아시스 님에게 뭐라고 말했어요. 말하면서도 제가 잘못하고 있다는 걸 느꼈어요. 이런 제 자신이 정말 미워요."

그녀는 입술을 깨물며 비장한 표정을 짓는다.

"아니에요, 수선화 님. 그건 제 잘못이었어요. 저는 얼마 전부터 그 개가 골목에서 저를 따라오는 것을 볼 때마다, 마음이 정말 이상했어요. 개의 눈빛이 너무나 슬퍼 보였거든요. 자기를 버린 주인이 다시 찾아와주기를 간절히 바라는 듯한 그 눈빛이 마치 어린 시절 제 자신을 보는 것 같아서 피해 다녔어요. 제가 그 개를 완전히 멀리하지 못한 것은 바로 그런 제 느낌 때문이었어요."

오아시스는 한껏 자세를 낮춰 모든 걸 자신의 잘못으로 돌리고 있다. 그는 자신의 감정을 돌보기보다는 어떻게 하든 주변 사람들과의 갈등을 피하기 위해 필사의 노력을 다하고 있다. 그러면서 자신의 감정은 묻혀버리고, 판단력에 혼란이 오게 된 것이다. 감정을 무시한 채 생각만으로는 판단에 확신을 갖기 어렵다. 우리의 생각은 감정을 기반으로 할 때 힘이 생기며, 방향성이 생긴다.

수선화가 심호흡을 하더니 결심한 듯 말을 한다.

"저에게 일어난 일을 말씀드리고 싶습니다. 저도 그 개를 골목에서 여러 번 만났습니다. 오아시스 님이 말씀하신 것처럼 저도 그 개의 눈에서 깊은 슬픔을 봤습니다. 그래서 피하고 싶었습니다. 마치 제 속에 꽁꽁 숨겨둔 방치된 아이를 보는 것 같아서 두려웠습니다. 그 개를 볼 때마다 제 안에서 치열한 싸움이 일어났습니다. 외면하고 싶은 마음과 다가가서 안아주고 싶은 마음이 서로 무섭게 싸웠습니다. 제가 오늘 오후에 오아시스 님에게 했던 '인정 있는 척하지 마!'란 막말은 제 자신에게 하는 말이었어요. 오아시스 님에게 그 말을 하자마자 제 가슴에 날카로운 비수가 꽂히는 느낌이 들었습니다."

말을 마친 수선화는 오아시스 앞으로 뚜벅뚜벅 걸어가더니 그 앞에 털썩 무릎을 꿇는다.

"오아시스 님, 진정으로 사죄드립니다. 오늘 너무 큰 상처를 드렸습니다. 제 문제 때문에 일어난 일이었어요. 용서해주세요."

오아시스는 눈물이 글썽글썽해져서 "수선화 님, 감사해요. 그렇게 말씀해주시니 감사해요."라고 말하며 수선화의 손을 잡는다. 둘은 서로 따뜻하게 포옹하며 화해를 한다.

창문 닦기

그 사이 뉴런하우스 식구가 셋 늘었다. 윤서가 온 것은 그날 창모 이후 2주일 뒤였고, 공교롭게도 유기견 구름이도 같은 날 들어왔다. 그러고 나서 일주일쯤 지난 어느 날 구름이가 슬그머니 숨겨놓았던 친구 송이를 데리고 왔다. 두 녀석 다 처음엔 때가 꼬질꼬질했는데, 새벽과 오아시스가 번갈아가며 씻겨주고 잘 먹여줘서 이제 어엿한 반려견이 되었다.

윤서가 구름이와 송이를 무척 좋아해서 윤서가 나타날 때마다 둘은 서로 알아달라고 난리가 난다. 새벽은 구름이와 송이를 위해 건축 재료를 사다가 솜씨 좋게 예쁜 개집을 만들어 마당 한구석에 설치했다. 지붕은 각각 빨간색과 초록색으로 페인트칠을 하여 멀리서 봐도 한눈에 들어온다.

"새벽 아저씨, 이게 뭐예요?"

윤서가 잔디밭에 엎드려 있는 곤충 한 마리를 발견하고는 풀을 매고 있던 새벽에게 손가락으로 가리키며 묻는다.

"응, 윤서 일찍 일어났구나? 그건 방아깨비란다."

새벽은 하던 일을 멈추고, 손으로 녀석의 뒷다리를 잡아 방아 찧는 동작을 하도록 한다.

"아, 재미있다. 신난다. 방아깨비가 뜀뛰기를 잘해요!"

윤서는 까르르 웃으며 신기하다는 듯이 자신도 앉았다 섰다 하며 방아깨비 흉내를 낸다.

"윤서 여기 있었구나?"

봄비가 웃으며 잔디 마당을 가로질러 꽃밭 쪽으로 온다.

"안녕히 주무셨어요? 새벽 님. 윤서가 귀찮게 굴지 않았어요?"

그녀는 환히 웃으며 앞치마에 손을 닦으며 새벽에게 인사를 한다.

"아뇨. 귀찮다니요. 윤서가 온 뒤로 집안에 활기가 생겼습니다. 정말 사람 사는 집 같아요. 진작 윤서를 데려오지 그러셨어요?"

"그렇게 말씀해주시니 정말 고마워요. 저도 참 좋아요. 윤서도 뉴런하우스를 얼마나 좋아하는지 몰라요. 그리고 매일 새벽 님 얘기를 해요. 누가 예뻐해주는 걸 너무 잘 알아요."

"윤서는 정말 사랑스런 아이예요."

새벽은 봄비를 바라보며 미소 짓는다.

"오늘은 제가 아침 준비를 좀 했어요. 윤서하고 얼른 식사하러 오세요."

봄비는 새벽에게 이렇게 말하고 돌아서서 집 안으로 들어간다.

......

평화와 내가 앉아 있던 주방으로, 새벽과 윤서가 함께 들어온다.

"윤서 벌써 일어났어? 아이고 예쁘다."

내가 반가워서 말한다.

"안녕하세요? 잘들 주무셨어요?"

그때 오아시스도 주방으로 들어오며 아침 인사를 한다.

"윤서야, 수선화 님과 바람 님 방에 가서 식사하러 내려오시라고 말해줄래?"

봄비가 준비한 음식들을 식탁 위에 차리면서 말한다.

"봄비 님 달걀 프라이 솜씨는 역시 대단하세요. 제가 하면 절대 이런 맛이 안 나걸랑요."

평화가 봄비를 추켜세우며 너스레를 떤다.

"차린 건 별로 없어요. 하지만 많이들 드세요."

토스트와 달걀 프라이, 샐러드를 식탁에 올려놓으며 봄비가 종달새처럼 즐겁게 말한다.

"엄마, 바람 님은 아침 안 먹는대요. 수선화 님도 더 잔대요!"

윤서가 계단을 내려오며 또박또박 말하는 모습이 너무 귀엽다.

"음, 그래 알았어. 윤서는 여기에 앉아!"

봄비는 윤서 앞의 접시에 달걀 프라이와 과일 잼을 바른 토스트를 올려주며 말한다.

"봄비 님도 좀 앉으세요!"

새벽이 자리에서 일어나 윤서에게는 우유를, 평화와 나에게는 커피를 따라주며 말한다.

"햇살 님은 오늘도 출근하셨나요? 일요일인데도 바쁘신가 봐요?"

토스트를 입에 넣으면서 내가 묻는다.

"아니에요. 오늘은 아침 일찍 친정아버지 만나고, 오후엔 친구들 만난대요."

봄비가 친절하게 설명한다. 윤서가 온 이후로 뉴런하우스 분위기가 많이 달라졌다. 집안에 웃음소리가 이전보다 많이 들리기 시작했고, 님들의 표정도 훨씬 밝아졌다. 특히 새벽의 행동이 많이 바뀌었다. 이전에는 별로 말이 없던 그가 윤서가 오면서부터 오랫동안 병석에 누웠던 사람이 자리를 털고 일어난 것처럼 보인다. 그는 윤서에게 각별한 애정을 느끼고 있는 것 같다. 자영업을 한다는 그는 최근 들어 오후 시간에 일찍 들어오는 날이 많아졌다.

어느 날은 윤서를 데리고 골목길을 내려가 동네 입구에 있는 편의점에서 아이스크림을 사들고 오는가 하면, 마당에서 구름이와 송이를 데리고 함께 공놀이를 하는 모습이 발견되기도 했다. 여태 그가 창모에서 적극적으로 자기를 드러낸 적이 없었기에 내게는 그의 이러한 행동이 상당히 새롭게 느껴진다.

……

햇살은 오늘 새벽 일찍 일어나 사과 한 개와 우유 한 컵으로 간단히 아침을 때우고 집을 나선다. 한성대입구역에서 지하철을 타고 동대문역에서 1호선으로 갈아타고 구로역까지 가는 내내 여러 가지 걱정에 마음이 심란하다.

아버지를 마지막으로 본 것이 벌써 8개월 전인데, 그동안 통 연락이 없었다. 무소식이 희소식이라 나 살기 바빠서 모른 척하고 살았지만, 내심 언제 터질지 모르는 시한폭탄처럼 아버지를 떠올리면 항상 마음이 조마조마했다. 어머니와 헤어진 후에도 1년에 한두 번씩 잊어버릴 만하면 연락을 해오는 아버지를 외면하기도 그렇고 반길 수도 없는 자신의 처지가 참 슬펐다.

"아빠, 언제 오셨어요?"

약속 장소에 먼저 와 있는 아버지를 본 순간 햇살은 반가운 마음에 활짝 웃으며 인사를 한다. 그러나 그것도 잠시, 아버지의 얼굴과 행색을 살피는 그녀의 표정이 점점 어두워진다. 구깃구깃 주름이 잡힌 반팔 티셔츠는 세탁을 안 한 지 열흘은 족히 되어 보이고, 작업복 바지도 땟국에 절어 있다. 무엇보다 안색이 너무 안 좋아 보인다.

"그동안 잘 지내셨어요?"

그녀는 아버지 얼굴을 들여다보며 측은한 표정으로 묻는다.

"응, 항상 그렇지 뭐."

그는 오랜만에 만난 딸로부터 따뜻한 관심을 느끼면서도 애써 외면한다.

"아빠 맛있는 거 사드릴게요. 뭐 드실래요?"

테이블 위에 있는 메뉴판을 가져다 펼치며 그녀가 묻는다.

"됐어. 난 이거면 돼."

그는 씩 웃으며 벌써 반이나 줄어든 소주병을 들어 보인다.

"아니, 아빠! 아직 이를 안 해 넣으셨네요? 지난번에 드린 돈은 어떻게 하셨어요?"

그녀는 속상해서 울컥 눈물이 나올 뻔하는 걸 겨우 참으며 말한다. 앞니를 포함해 이가 세 개씩이나 빠져 음식도 제대로 못 씹는 모습이 너무 마음이 아파 임플란트 하시라고 적금까지 깨서 마련해 드린 돈이었는데, 말이 나오지 않을 지경이다.

"아, 그게. 좀 바빠가지고……."

그는 얼버무리면서 술잔을 입에 털어 넣는다.

"또 도박하신 거죠?"

그녀는 더 이상 참지 못하고 눈물을 쏟으며 말한다.

"아냐. 요즘 좀 바빴어. 그건 그렇고 넌 잘 지내지?"

그는 말을 돌리며 얼버무린다.

"네, 전 잘 있어요. 아빠 제발 몸 좀 보살피세요. 이러시면 오래 못 사세요."

그녀는 손수건을 꺼내 눈물을 닦으며 애원한다. 해장국을 겨우 반이나 먹었을까. 그는 그만 숟가락을 내려놓으며 소주 한 병을 더 시킨다. 햇살은 흙빛으로 변해버린 아버지 얼굴을 보면서, 마치 물속으로 가라앉는 배를 보며 발만 동동 구르는 사람의 심정이 된 듯하다.

생각해보면 살면서 아버지와의 좋은 기억이 별로 없다. 어렸을 때는 늘 사업차 지방 출장에 다니셔서 얼굴 보기도 힘들었고, 한 번씩 술에 잔뜩 취해 집에 들어올 땐 엄마를 때리고 닥치는 대로 살림살이를 부숴 망나니로 보일 때가 많았다. 햇살은 그럴 때마다 너무 무서웠지만 어머니가 걱정이 되어 도망도 못 가고, 두 살 어린 동생과 함께 장롱 뒤에 숨어서 덜덜 떨었다.

어머니가 결정적으로 이혼을 결심한 것은 아버지가 바람까지 피웠기 때문이었다. 벌써 이혼한 지 5년이나 지났지만 어머니는 아버지에 대한 원망과 분노로 여전히 치를 떨고 있어, 항상 엄마 몰래 아버지를 만났다.

그녀는 연신 술잔을 기울이고 있는 아버지를 슬픈 눈으로 바라보면서 생각에 잠긴다. 나는 왜 이토록 아버지와의 연을 끊지 못하고 계속 이렇게 질질 끌려 다니는 걸까? 내가 어리석어서? 아니면 모질지 못해서 그런 걸까?

이런 생각을 하는 중에 문득 아버지가 자기를 번쩍 들어 어깨 위에 올려 목말을 태워주시던 어린 시절 장면이 떠오른다. 아마 유치원 다닐 때였을 것이다. 그때만 해도 아버지는 가끔 우리들과 함께 놀아줬고, 온 가족이 밖에 나가 외식을 할 때도 있었다. 그녀는 절로 한숨이 나온다.

"아빠, 저 볼일이 있어 먼저 가봐야겠어요."

그녀는 벽에 걸린 시계를 올려다보며 말한다.

"그래? 알겠다. 그런데 미진아, 나 용돈 좀 주고 가!"

그는 게슴츠레한 눈을 겨우 뜨면서 말한다.

"알겠어요. 이거 아껴 쓰세요. 요즘 손님이 줄어서 저도 힘들어요."

그녀는 미리 준비해온 흰 봉투를 건네며 일어선다. 친구들과 점심 약속 시간까지는 아직 시간이 많이 남았지만 더 이상 거기 있을 수가 없어 밖으로 나와 무작정 길을 걷는다. 찻길에는 차들이, 보도에는 행인들이 바쁘게 지나가고 있다. 외로움이 밀물처럼 한꺼번에 몰려온다. 그동안 살면서 힘든 일이 있어도 누구에겐가 털어놓고 이야기해본 적이 없다. 다섯 살 때부터 어머니가 시장에 장사하러 나가고 나면, 두 살 어린 남동생과 하루 종일 엄마가 올 때까지 기다리는 것이 일상이었다. 파김치가 되어 돌아온 엄마에게 내 이야기를 할 수가 없었다.

친구들과 모여도 다른 사람 이야기를 들어주는 역할을 주로 해왔던 것 같다. 항상 밝게 웃는 모습을 보고 그녀에게 친구들은 자신들의 힘든 이야기를 했다. 그녀는 늘 그걸 들어주면서 정작 자기가 힘든 줄은 몰랐다. 나는 강한 사람이어서 괜찮다고 생각했다. 친구들이 '넌 왜 네 이야기는 잘 하지 않니? 네가 속내를 안 보이니까 서운해!'라는 말을 할 때가 오히려 부담이 됐다. 한 번도 해보지 않은 것을 요구받으니까 어떻게 해야 할지 몰라 당황스러웠다. 뉴런하우스에서도 아직 자신의 이야기는 거의 하지 않았다. 약한 모습을 드러냈을 때 어떤 일이 벌어질지 상상이 안 되기 때문이다.

오늘 같은 날은 정말 속상한 마음을 누군가에게 털어놓고 싶다. 그러나 자신이 없다. 누구에게 무슨 말을 어떻게 한단 말인가? 그녀는 자신도 모르게 고개를 가로젓는다.

'안 돼! 그건 내게 어울리지 않아.'

그녀는 핸드폰을 꺼내 시간을 확인한다. 아직 친구들을 만나려면 두 시간은 족히 기다려야 할 것 같다.

'어쩌지? 친구들을 만나도 걔네들 이야기만 듣다가 올 텐데, 오늘은 그렇게 하고 싶지 않아!'

그 생각을 하며 길을 걷다가 버스정류장에 삼선교행 버스가 서는 것이 보인다. 잠시 망설이다가 그녀는 얼른 버스에 올라타버린다.

"아니, 햇살 님? 친구 만나러 가신다고 들었는데, 왜 벌써 오세요?"

동네 입구 편의점에서 비닐봉지를 하나 손에 들고 나오던 평화가 터벅터벅 언덕길을 올라오던 햇살을 보자 의아해하며 묻는다.

"네, 그만 약속이 취소되어버렸어요. 그런데 평화 님, 손에 든 게 뭐예요?"

"아, 점심으로 라면이나 끓여 먹을까 하고 사오는 길입니다. 햇살 님은 점심 드셨나요?"

"아뇨. 집에 가서 먹을까 생각했어요."

"그러지 말고, 우리 같이 냉면이나 먹으러 갈까요? 제가 괜찮게 하는 곳을 한 군데 알아요."

둘은 삼선교 근처의 조그만 냉면집에 들어간다. 약간 늦은 점심 시간이라 손님이 별로 없어 조용하다. 평소 때와는 달리 오늘 햇살의 표정이 별로 밝지 않아 평화는 잠시 서먹한 느낌이 든다. 그래서 어색한 분위기를 좀 바꿔볼 요량으로 말을 붙인다.

"햇살 님, 오늘 안색이 그다지 안 좋으신 것 같은데 어디 좀 편찮으신 데라도 있으신가요?"

"아뇨, 아닙니다. 괜히 염려 끼쳐드려서 죄송해요."

그녀는 애써 태연한 표정을 지으며 손사래를 친다. 둘은 한동안 아무 말 없이 앉아 있다가 음식이 나오자 마치 구세주를 만나기라도 한 듯 열심히 집중해서 먹는다.

"자리를 옮겨서 카페에 가서 이야기나 좀 나누면 어떨까요? 드릴 말씀도 좀 있거든요."

평화는 햇살이 식사를 마칠 때까지 기다렸다가 얼른 일어나 계산

대로 가서 음식값을 계산한 다음 이렇게 제안한다. 햇살은 어차피 집에 가도 심란할 것 같고, 또 평화가 하려는 말이 무엇인지 궁금하기도 해서 동의하고 따라나선다.

"사실은 제가 요즘 힘든 일이 있는데 아직 창모에서는 이야기할 자신이 없고, 햇살 님에게는 좀 용기를 낼 수 있을 것 같아서요."

그는 카페에 들어가 자리를 잡은 다음 햇살의 안색을 살피면서 조심스럽게 말을 꺼낸다.

"무슨 일이신데요?"

햇살은 몹시 궁금하다는 듯이 평화의 얼굴을 쳐다본다.

"사실 제가 최근에 사귀던 여자 친구와 헤어졌습니다. 아니, 더 정확히 말씀을 드리면 버림을 받았죠."

이렇게 말한 다음 그는 한숨을 푹 내쉰다.

"그런 일이 있으셨어요? 마음이 많이 아프시겠어요."

그녀는 안쓰러운 표정을 지으며 평화를 바라본다.

"으음, 문제는 제가 그걸 받아들일 수 없다는 점입니다."

평화는 입술을 깨물며 신음소리를 낸다.

"무엇 때문에 그분이 떠났나요?"

햇살이 그를 안쓰럽게 쳐다보며 묻는다.

"잘 모르겠습니다. 그게 제가 햇살 님께 여쭤보고 싶은 점입니다."

이렇게 말하며 그의 표정이 몹시 일그러진다. 지금 그의 모습은 그녀가 지금까지 보아왔던 평화와는 너무나 다르다. 그는 창모에서 항상 밝고 유쾌했고, 타인을 세심하게 배려하는 사람이었다.

"최근에 두 분 사이에 무슨 일이 있었나요?"

"별로 특별한 일은 없었어요. 제가 돈을 아껴 쓰기 시작한 뒤로부
터 여자 친구가 좀 답답해했죠. 그래도 이해할 줄 알았습니다."

이렇게 말하는 그의 눈엔 살짝 눈물이 비친다.

"왜 돈을 절약하기 시작하셨나요?"

햇살이 조심스런 목소리로 묻는다.

"요즘 다 어렵잖아요? 앞으로 어떻게 될지 모르는데, 미래를 대비
해야 한다고 생각했어요."

그는 다시 입술을 지그시 깨문다.

"그런 일이 있으셨군요. 정말 마음이 아프시겠어요."

햇살은 진심으로 공감을 해준다. 마음 같아서는 그를 꼭 안아주며
위로해주고 싶다.

"햇살 님, 제 얘기를 들어주셔서 감사합니다. 기분이 많이 나아졌
어요."

평화가 미소를 지으며 말한다.

"아뇨. 오히려 제가 감사해요. 그런 속마음을 제게 이야기해주셔
서요. 저도 창모에서는 이야기 못 했을 것 같아요."

햇살은 자신의 이 말이 진심이라고 생각한다.

⋯⋯

오늘은 스무 번째 모임인데, 수선화가 휴가를 가고 없다. 빈자리가
크게 느껴지며 허전한 느낌이 든다. 여느 때처럼 나는 종을 울리고
시작을 알린다. 평화가 몸을 좀 꼬면서 머뭇머뭇하더니 말을 꺼낸다.

"나그네 님, 요즘 개인 상담 받으러 오시는 분들이 가끔 보이던데, 창모에서 하는 것과는 어떻게 다릅니까?"

평화가 조심스럽게 묻는다.

"개인 상담에서 하는 이야기나 창모에서 하는 대화들이 본질적으로 다르지는 않습니다. 다만 여러 사람 앞에서 자기 이야기를 꺼내는 것이 어려운 분들은 개인 상담을 선호합니다. 혹시 개인 상담에 관심이 있으신가요?"

나는 그의 질문 의도가 궁금하여 묻는다.

"아닙니다. 그냥 궁금해서요."

그는 당황한 표정을 지으며 서둘러 진화를 한다. 잠시 침묵이 흐른 다음, 오아시스가 말을 꺼낸다.

"요즘 저는 참 행복합니다. 살면서 이렇게 행복했던 적이 없었던 것 같습니다. 저녁 시간에 구름이와 송이를 데리고 동네를 한 바퀴 돌면서 산책할 때 특히 그런 기분이 많이 듭니다."

그렇게 말하는 그의 표정은 정말 편안해 보인다. 그 말을 듣던 봄비가 말을 잇는다.

"오아시스 님 참 좋아 보여요. 축하드리고 싶어요. 실은 저도 요즘 비슷한 생각을 하고 살아요. '이보다 더 좋을 수 없다'란 생각조차 들거든요. 윤서와 같이 사는 것이 너무 좋고 님들과 이런 창모를 하는 것도 참 좋아요."

이렇게 말하는 그녀의 표정이 천사 같기도 하고 보살 같기도 하다.

"두 분의 모습이 참 좋아 보여요. 두 분이 부러워요."

점잖게 있던 바위도 거든다.

나는 님들을 쭉 둘러본다. 바람은 그냥 덤덤한 표정으로 앉아 있고, 햇살은 여느 때보다 좀 기운이 없어 보인다. 평화는 웃고는 있으나 어쩐지 좀 불편해 보인다. 새벽은 한쪽 구석에서 고개를 숙인 채 꾸벅꾸벅 졸고 있다.

이때다. 평화가 몸을 좌우로 좀 움직이는가 싶더니 불쑥 말을 꺼낸다.

"제가 오늘 말씀드릴 게 하나 있습니다."

그의 목소리가 다소 크게 나오는 바람에 모두 약간 놀라는 표정이 된다.

"제가 지금 마음이 무척 힘듭니다. 오아시스 님과 봄비 님 말씀을 들으며 참 부럽다는 생각이 들고 축하해주고 싶지만, 말이 잘 안 나오네요."

이렇게 말하는 그의 목소리는 떨리고 있다. 님들은 갑작스런 그의 발언에 일제히 걱정스런 눈으로 그를 바라본다.

"전 제가 쓸모없는 인간처럼 느껴져요. 아무도 저를 좋아하지 않는 것 같아요!"

그는 이제 거의 울먹이며 말하고 있다. 어깨도 조금씩 들썩이는 것 같다. 그러나 그는 곧 그 움직임을 눌러버린다. 그는 심호흡을 하며 다시 마음을 진정시키려고 애쓴다.

"평화 님, 오늘 무슨 일이 있으셨나요?"

걱정스런 표정으로 봄비가 묻자, 평화가 봄비의 얼굴을 흘끔 쳐다보더니 어깨를 다시 들썩이기 시작한다. 저 깊은 곳에 있던 마그마가 움직이기 시작하는 것 같다. 곧 마그마의 분출이 임박했다. 지구는 살아 있는 생명체다. 화산 폭발이 있을 때마다 우리는 그것을 가장 생생하게 경험한다.

"네… 제가 지난 주말에 여자 친구와 헤어졌습니다. 이 세상에서 아무도 저를 좋아하지 않는 것 같습니다. 전 항상 그랬었죠……."

이 말을 토하자마자 그는 더 이상 참지 못하고 큰 소리로 엉엉 울기 시작한다. 님들은 다들 염려가 되어 어쩔 줄 몰라 한다. 졸고 있던 새벽도 평화의 우는 소리에 놀라 깨서는 주변을 두리번거린다. 나는 새벽의 그런 모습에 못마땅해서 순간 욱하는 감정이 올라온다.

'이런 시간에 잠이나 자고 있다니! 이한빈 대표가 알면 저 양반을 어떻게 생각할까. 무엇보다 이건 다른 님들에 대한 예의가 아니지.'

나는 크게 심호흡을 한 번 하고 새벽에 대한 생각을 잠시 내려놓고 평화에게 시선을 돌린다.

"그런 일이 있으셨군요? 가슴이 아파요!"

봄비가 자신의 가슴에 손을 갖다 대며 슬픈 눈빛을 보낸다.

"왜 헤어지셨어요?"

바위가 상체를 앞으로 내밀며 관심을 보인다.

"헤어졌다기보다는 차였다고 봐야지요!"

다시 훌쩍훌쩍 우는 그를 모두 아무 말도 못하고 그냥 쳐다보고 있다. 햇살은 손수건으로 눈물을 훔치고 있다.

"내년쯤엔 결혼을 하고 싶다는 생각을 하고 있었습니다. 그래서 조금씩 저축도 하고 준비를 해왔는데, 이제 다 소용없게 됐습니다."

절망에 가득 찬 목소리로 그가 말한다.

"이해해줄 줄 알았는데, 이렇게 쪼들리게 사는 게 싫었나 봐요."

그는 넋두리하듯 혼자 계속 중얼거린다. 모두 무거운 마음으로 그저 침묵할 수밖에 없다.

"솔직히 그 사람과 헤어진 것은 괜찮아요. 하지만 제가 못난 인간이란 생각이 들어 견디기 어려워요. 죄송해요. 제가 오아시스 님과 봄비 님의 행복을 깨뜨린 것 같아서……."

그는 점점 더 자신을 비관하는 것처럼 보인다.

"그렇게 말씀하시니 정말 마음이 아파요. 제발 그런 말씀 마세요. 평화 님은 우리 모두에게 정말 소중한 사람이에요."

봄비가 그를 애처로운 눈으로 바라보며 말한다.

"제 마음도 많이 아파요. 평화 님 그런 말씀하지 마세요."

햇살이 눈시울이 붉어지며 말한다.

"저는 평화 님이 좋아요. 평화 님이 안 계신 뉴런하우스는 상상조차 안 돼요."

오아시스가 힘주어 말한다. 평화는 고개를 숙인 채 미동도 하지 않는다. 님들의 위로가 얼마나 도움이 되었는지 잘 모르겠다. 그는 혼란에 빠진 사람처럼 보인다. 나는 더 이상 그를 내버려두는 것은 적절치 않다는 생각이 든다. 더 깊은 수렁으로 빠져들게 될지 모르기 때문이다.

"평화 님 자신이 못난 인간이란 생각이 든다고 말씀하셨는데, 어떤 점이 못났다고 생각하시는지 말씀해주실 수 있나요?"

내가 묻는다.

"어쨌건 그녀가 절 버렸잖아요?"

그는 약간 화난 듯이 퉁명스럽게 말한다.

"마음이 많이 아팠을 것 같아요."

나는 따뜻한 시선으로 그를 바라보며 말한다.

"네. 아파요!"

그는 다시 울먹거린다.

"박사님, 왜 사람들은 다 절 버리고 떠나지요?"

그는 원망하는 눈빛으로 나를 바라본다.

"그런 것들이 이해가 안 되실 것 같습니다."

"네, 이해가 안 돼요. 안 돼. 그래서 제가 못나서 그런 게 아닐까,란 생각이 자꾸 들어요."

그는 포기한 듯 한숨을 내쉰다. 그의 눈은 공허해 보인다. 무슨 말로도 위로할 수 없을 것 같다.

"이해합니다. 그런 생각이 들 수가 있어요. 사실 저도 같은 생각을 한 적이 있었거든요. 평화 님과 비슷한 일을 저도 겪었어요."

나는 그에게 나의 경험을 공유한다.

"박사님이요?"

그는 의외란 듯 미심쩍은 표정으로 나를 쳐다본다.

"네, 그렇습니다. 저도 사귀던 여자 친구로부터 어느 날 갑자기 이별 통보를 받았습니다."

이렇게 말하며 나는 38년 전의 일을 떠올린다. 정말 절망적이었고 누구도 위로가 되지 않았던 그때의 외로웠던 마음이 생각나면서 눈시울이 붉어진다.

"박사님도 그런 일이 있으셨군요."

이렇게 말하며 그가 내 손을 덥석 잡는다. 내가 그를 꼭 안아주자 그는 내 품에 안겨 흐느껴 운다. 나는 그의 등을 어루만져주며 말한다.

"평화 님, 지금은 많이 아프실 겁니다. 시간이 약입니다."

잠시 후 나는 종을 쳐서 휴식 시간을 알린다.

나는 내 방으로 올라온다. 마음이 아프다. 평화가 자신을 못난 사람이라 자책하며 아파하는 모습은 나의 모습이었고, 또 내가 만난 수많은 독일 내담자들의 모습이기도 했다. 사람은 감당하기 어려운 고통을 겪으면 고통을 준 사람에 대한 분노를 느끼면서도, 동시에 자기 자신을 책망하는 경향이 있다. 감성이 여린 사람일수록 이런 경향은 더욱 강한 것 같다. 나는 책상 앞에 앉아 이런 상념에 잠겨 있다가 문득 아까 새벽의 조는 모습에 욱하고 화가 났던 순간이 생각난다. 분명히 내 문제와 연결된 것이란 직감이 든다.

나는 내 자신에게 물어본다.

"아까 왜 화가 났어?"

"그 양반 난 마음에 안 들어!"

"네 목소리가 지금 화난 것 같은데, 왜 화가 나?"

나는 다시 나 자신에게 차분하게 묻는다.

"그가 성실하지 않다는 생각이 들었던 것 같아."

"좀 더 설명해줄래?"

나는 호기심을 갖고서 더 자세히 묻는다.

"이한빈 대표가 이 모임에 물심양면으로 정말로 많은 애정을 쏟았잖아? 그런데 배은망덕하게 잠이나 잔다는 게 이해가 안 됐어."

"화가 정말 많이 난 것 같은데, 솔직히 네 분노가 정확히 이해되지 않아.”

나는 재차 나를 직면시킨다.

“음, 글쎄 뭐라고 설명해야 할지 모르겠는데, 자꾸 성실하지 않다는 말밖에 생각이 안 나네.”

“네게 ‘성실’이란 단어가 무척 중요한가 보네?”

나는 다시 나 자신의 마음을 비춰준다.

“그 말을 들으니 갑자기 떠오르는 기억이 하나 있어. 내가 초등학교 입학해서 얼마 안 되었을 때 교실에서 바지에 똥 쌌던 것 너도 기억하지?”

“그럼 기억하지. 그때 정말 창피했지.”

“그때 추락했던 내 자존심을 되찾기 위해 정말 ‘성실히’, 맞아 ‘성실히’ 공부하고, 친구 관계 ‘의리’를 지키려고 노력했던 게 생각나네.”

“맞아. 그랬지. 이제 이해가 되네. 새벽이 졸고 있는 모습이 성실하지 않고, 의리 없는 행동으로 보였구나?”

“그래 맞아! 그런데 생각해보니 내가 그를 성실하지 않게 볼 근거가 있는지 모르겠네. 그는 사실 누구보다 뉴런하우스 일을 열심히 챙기고, 윤서도 잘 보살펴주잖아? 그리고 님들을 무척 아끼고 사랑하잖아?”

“그러게?”

나는 그만 여기서 막힌다. 휴식 시간이 끝나 다시 사랑방으로 내려간다.

님들은 평화를 가운데 놓고 빙 둘러앉아 떠들썩하게 웃으며 서로

이야기를 나누고 있다. 새벽이 평화를 껴안고 등을 두드려주는 모습도 보인다. 나는 내 자리로 가 앉은 다음 다시 종을 친다. 뎅, 길게 여운을 남기며 종소리가 방을 가득 채운다.

"제가 먼저 사과 말씀부터 좀 드리고 싶습니다."

머리가 희끗희끗한 새벽이 입을 뗀다. 님들이 일제히 그를 쳐다본다. 그는 이어서 말한다.

"본의 아니게 제가 오늘도 창모에서 좀 졸았습니다. 변명을 하려는 것은 아니지만 최근에 제가 자주 졸았던 것은 지난 몇 달간 여기서 마음이 참 편했기 때문이 아닌가 싶습니다. 저는 지금은 다 말씀드릴 수가 없습니다만 사정이 있어 가족이 뿔뿔이 다 흩어져버렸습니다. 그동안 혼자 사는 것이 참 힘들었습니다. 여러 가지가 있겠지만 외로움이 가장 힘들었습니다. 그런데 님들과 함께 살면서 조금씩 마음이 안정되어가며, 저도 모르게 긴장이 풀렸었나 봐요. 안 그러려고 해도 한없이 졸렸습니다. 창모에만 오면 특히 더 그랬던 것 같은데,

아마 여기가 너무 편했던 게 아닌가 생각됩니다. 오늘 평화 님이 우시는 걸 보며 놀라서 깨었는데, 평화 님 말씀을 들으며 참 마음이 아팠습니다. 지난 몇 년간 못났다는 생각을 많이 하고 살았던 제 자신의 모습이 떠올라 더욱 마음이 아팠습니다."

이렇게 말하고 나서 그는 손을 뻗어 옆에 앉은 평화의 어깨 위에 잠시 올려놓는다. 침묵이 흐른다. 모두 새벽의 얼굴을 바라본다. 그는 마치 고해성사를 하고 난 사람처럼 얼굴이 맑게 개어 있다.

"새벽 님 말씀이 참 많이 위로가 됩니다."

평화가 가슴을 활짝 펴며 말한다.

"새벽 님께서 그런 사정이 계신 줄 몰랐어요. 마음이 아파요. 조셨던 건 사과하지 않으셔도 돼요. 저는 그냥 피곤하신가 보다 했거든요."

봄비가 새벽에게 따뜻한 미소를 보내며 말한다. 나는 순간 부끄러운 마음이 확 올라온다. '사람들은 다 이렇게 너그러운데, 나만 편협하게 그를 평가하고 판단했었구나.'란 생각이 들었기 때문이다. '앞으로 창문 닦기를 나부터 더 열심히 해야겠다.'고 생각한다.

"전 평화 님이 부러워요!"

큰 소리에 놀라 쳐다보니 부스스한 얼굴의 바람이다.

"평화 님은 참 솔직하고 순수해 보여요. 그토록 아파하면서도 속마음을 다 보여주시잖아요?"

이렇게 말하는 그녀의 얼굴은 무척 어두워 보인다.

"저는 뭐가 뭔지 모르겠어요. 혼란스러워요. 제 마음이 온통 뒤죽박죽인 것 같아요."

그녀는 두 손으로 머리카락을 움켜잡으며 신음소리를 낸다. 모두 그녀를 쳐다보며 무슨 말을 해야 할지 몰라 바라만 보고 있다.

"바람 님, 최근에 힘든 일이 있으신가요? 안 그래도 좀 물어보고 싶었는데 조심스러워서 말을 못 꺼냈거든요. 밤에 통 잠을 못 주무시는 것 같아 걱정이 되었어요."

햇살이 나지막한 목소리로 묻는다.

"아니에요. 특별한 사건은 없어요. 여기에 와서 생각이 많아졌어요. 예전에도 괴로웠지만 생각하지 않고 피하면서 살았던 것 같은데, 님들의 이야기를 들으면서 자꾸 옛날 일들이 떠올라 괴로워요. 어떻게 해야 할지 모르겠어요."

이렇게 말하는 그녀의 표정은 점점 더 일그러지고 있다.

"어떤 일이 떠오르는지 이야기해줄 수 있어요?"

봄비가 다정하게 묻는다.

"아뇨. 말하기 싫어요."

그녀는 고개를 좌우로 절레절레 흔든다.

"말하기 어려우면, 안 하셔도 괜찮습니다."

내가 말한다. 방 안에 한동안 무거운 침묵이 흐른다.

"뭔지 모르겠지만, 말하기 싫은 심정이 이해가 될 것 같습니다."

평소 말이 별로 없는 바위다.

"어떻게 이해가 되는지 설명해주실 수 있나요?"

내가 바위에게 질문을 던진다. 바위도 지금까지 창모에서 별로 자신의 속 이야기를 한 적이 없었다는 생각이 들어 나는 비록 간접적이긴 하지만 모처럼 바위가 자신의 속내를 내보였다는 느낌에, 그에게 기회를 주고 싶은 것이다.

"정리되지 않은 마음을 보여주기 싫은 것이 아닐까요? 저도 그렇거든요."

그가 대답한다. 나는 질문을 더 해서 그의 자기 개방을 돕고 싶지만, 아직 준비가 안 되었을 수 있겠단 생각에 좀 더 기다리기로 한다. 한동안 침묵이 흐른다.

"바위 님 마음이 어떤 건지 알 것 같아요. 하지만 말씀을 듣고 있는데 어쩐지 거리감이 좀 느껴져요."

봄비가 말한다.

"거리감이 느껴진다는 것이 어떤 것인지 좀 더 설명해주시겠습니까?"

나는 봄비가 자신의 감정을 누르며 조심하고 있다는 생각이 들어 질문을 한다.

"글쎄요. 이건 제 느낌이긴 하지만, 바위 님의 말씀을 들으면서 있는 그대로의 자기 마음을 드러내기보다는 가려서 좋은 것만 보여줘야 한다는 말로 들려 벽 같은 것이 느껴지고 좀 답답해요."

가볍게 한숨을 내쉬며 그녀가 대답한다.

"아, 그런 뜻은 아니고⋯ 그냥 정리가 안 되면 말하기가 좀 어렵다 뭐 그런 뜻입니다."

바위가 얼른 사태를 수습하려는 듯 당황한 목소리로 말한다. 봄비는 여전히 수긍이 가지 않는 눈빛을 하고 있지만, 더 이상 말을 하지는 않는다. 다시 잠시 침묵이 흐른다. 오아시스가 주변을 살피면서 조심스럽게 말을 꺼낸다.

"바람 님은 어쩐지 잘 모르겠습니다만, 저는 제 스스로 부끄럽게 생각하는 부분에 대해서는 말하기가 싫거든요. 제 자신이 벌거벗겨 지는 느낌이 들어서 싫은 것 같습니다."

이때 평화가 나서며 말을 받는다.

"그 말씀에 공감이 돼요. 저도 사실 오늘 제 이야기하기가 싫었습니다. 아니 두려웠습니다. 그런데 갑자기 오아시스 님과 봄비 님의 이야기를 들으니 너무 부러운 마음이 들면서 울컥하는 감정이 올라와 나도 모르게 이야기를 하게 된 것 같습니다. 말을 하고 나니까 말하길 너무 잘했다는 생각이 듭니다. 님들의 따뜻한 위로와 눈빛들을 마주하면서, 그동안 '나 혼자 괜히 벽을 치고 살았구나.'란 생각이 들어 부끄러운 마음이 듭니다. 지금은 너무 홀가분하고 좋습니다. 제가 생각해왔던 것하고, 실제는 이렇게 다를 수 있다는 걸 깨달아서 참 좋습니다."

이렇게 말하는 평화의 목소리는 마치 수도승의 그것처럼 차분하고도 안정되어 있다.

"정말 오늘 저녁은 참 좋았어요. 평화 님이 무거운 짐을 벗어버리고 홀가분해지는 모습을 보며 제 마음도 같이 행복해졌어요."

봄비가 평화를 쳐다보며 환히 웃으며 말한다. 우리는 남은 시간을 평화의 자기 개방에 대해 지지와 축하의 말을 해주는 것으로 사용했다. 오늘 저녁 창모는 그 어느 때보다 훈훈하고 따뜻한 분위기로 끝났다. 하지만 바람이 한 말로 인해 님들의 마음 한구석엔 한 조각 찜찜한 느낌이 남아 있다.

빈 의자

햇살은 오늘은 일요일이어서 좀 늦게 일어나도 되는데, 오히려 다른 날보다 더 일찍 눈이 떠졌다. 어제 저녁 창모를 마치고 2층 방에 올라오니 평화가 긴 문자를 보내왔던 것이 생각났다. 그녀는 핸드폰을 켜서 다시 문자를 읽어본다.

햇살 님, 지금 생각해보니 오늘 창모에서 제 이야기를 할 수 있었던 것은 아마도 지난주에 햇살 님께서 제 이야기를 잘 들어주고 공감해주신 덕이 아니었나 싶습니다. 덕분에 저는 오늘 참으로 기분이 개운하고 행복합니다. 감사드립니다. 그런데 제가 정신을 좀 차리고 돌아보니 햇살 님은 항상 밝게 웃으시고 친절한 모습이 참 좋다는 생각만 했지 분명히 햇살 님도 힘든 일이 있으실 텐데, 제대로 관심을 못 기울여드렸다는 생각이 들어 부끄러운 마음이 들었습니다. 언제든지 제가 햇살 님의 이야기를 들어드릴 마음의 준비가 되어 있으니, 창모에서 이야기하기 힘드시면 제게라도 해주시면 보은하겠습니다.

'평화는 정말 마음이 따뜻한 사람이야. 이야기도 잘 통할 것 같고…… 그에게 아버지 이야기를 좀 해볼까?'

햇살은 잠시 꿈을 꾸는 듯한 느낌이 든다. 하지만 다음 순간 고개를 좌우로 세게 흔든다.

'아니야! 어떻게 그를 믿어? 아빠만 해도 젊었을 땐 다정하고 괜찮은 사람이었잖아? 말도 잘하고 사람들에게 친절했지. 엄마가 거기에 그만 넘어가는 바람에 인생을 망치셨잖아? 겉만 봐서는 절대로 속을 알 수 없어!'

그녀는 침대에서 내려와 바람이 깨지 않게 조용히 방을 나와서 아래층으로 내려와 현관문을 열고 마당으로 나간다. 며칠간 계속된 무더운 날씨가 장맛비로 조금 누그러져 아침 공기가 상쾌하다. 잔디가 비를 맞아 촉촉히 새 잎을 밀어올리고 있다.

"새벽 님, 벌써 일어나셨어요?"

그녀는 마당 한켠의 텃밭에서 풋고추를 따고 있는 새벽에게 밝게 인사한다.

"아이고, 햇살 님 아니세요. 오늘은 일 안 나가셨네요?"

"네, 오늘은 아침 예약이 없어서 좀 늦게 나가도 돼요. 고추가 크고 싱싱하네요? 이걸 새벽 님이 직접 기르신 거예요?"

"네, 이게 오이 고추란 건데요, 하나도 안 맵고 맛있어요. 아침 식탁에 올리려고요. 오늘 아침은 제가 준비할 생각입니다. 햇살 님이 좀 도와주실래요?"

"네, 좋아요!"

그녀는 새벽에게서 고추를 받아서 그가 미리 준비해온 비닐봉지에 담는다. 오이와 가지도 몇 개 수확하자 비닐봉지 세 개가 금방 다 찬다. 둘은 뿌듯한 마음으로 마치 개선장군처럼 현관문을 열고 주방으로 들어간다. 마침 평화가 거실에 앉아 있다가 두 사람을 발견하고 반갑게 인사를 한다.

"아, 제가 한발 늦었네요. 새벽부터 벌써 두 분이 수고를 해주셨네요?"

"평화 님, 안녕하세요. 잘 주무셨어요?"

햇살은 밝게 인사를 했으나 자신도 모르게 얼굴이 붉어지는 것을 알아차리고는 내심 당황스럽다. 평화가 아무렇지도 않게 새벽과 대화를 주고받으며 아침 준비를 하는 것을 보면서, 그녀는 마음속으로 생각한다.

'나 혼자 괜히 앞서간 거 아냐? 저 사람은 그냥 순수하게 한 말인데, 나 혼자서 별 상상을 다 했네.'

이런 생각을 하니 다시 한 번 머쓱해지는 느낌이 든다.

오늘은 수선화와 바람만 빼고는 아침 식탁에 모두 나와 떠들썩하니 대가족 분위기가 난다. 항상 그랬듯이 평화가 분위기를 주도하고, 봄비와 오아시스가 장단을 맞춘다. 윤서가 온 이후로는 윤서의 천진

난만하고 사랑스런 모습에 모든 님들의 관심이 듬뿍 쏠린다. 때로는 엉뚱한 질문을 해서 님들이 폭소를 터뜨리기도 한다. 모두들 뉴런하우스의 일요일 아침을 정말 사랑한다.

"제가 중대 발표를 하나 하겠습니다."

평화가 식탁에서 벌떡 일어나더니 갑자기 점잖은 목소리로 분위기를 잡는다. 다들 평화의 입에서 또 무슨 말이 나올까 궁금해하면서도 그렇게 심각하게 여기지는 않는다. 왜냐면 모두들 그의 어법을 이미 알고 있기 때문이다. 그가 정말 심각한 말을 할 때는 어두운 표정으로 떠듬거리며 말하는 습관이 있다. 오늘의 '중대 발표'란 것도 아마 반쯤은 농담에 가까운 것일 거란 짐작을 하지만, 그래도 다들 진지한 표정을 한다.

"뜸 들이지 마시고 얼른 이야기하셨으면 좋겠어요. 궁금해요!"

식탁에 채소를 담아내던 봄비가 재촉한다.

"그럼 결론부터 먼저 말씀드리겠습니다. 어흠!"

그는 다시 한 번 헛기침을 하며 분위기를 환기시킨다.

"평화 아저씨 빨리 말씀해주세요. 궁금해 죽겠어요."

윤서가 발을 동동 구르며 폴짝폴짝 뛰는 흉내를 내는 바람에 다들 와 웃는다.

"제가 오토바이를 한 대 사기로 했습니다. 빨간색으로요!"

그는 마치 복권 당첨자 발표를 하는 아나운서처럼 기쁨에 들떠서 말한다. 님들의 표정이 엇갈린다. 놀라는 사람, 축하하는 사람, 궁금해하는 사람들 모두 한마디씩 한다. 윤서가 가장 좋아한다.

"와, 신난다. 평화 아저씨 오토바이 사면 저 꼭 태워주세요. 네?"

"암, 그럼. 윤서부터 제일 먼저 태워줘야지."

그는 어깨를 쫙 펴면서 자랑스럽게 말한다.

"갑자기 오토바이는 왜 사시려고요?"

봄비가 의아한 표정을 지으며 묻는다.

"길지 않은 인생 저도 좀 즐기면서 살아야겠다. 뭐 이런 의미죠."

그는 여전히 조금은 거만한 자세로 뻐기며 말한다.

"어떤 걸로 사실 계획이신가요?"

오아시스가 관심을 가지며 묻는다.

"그것까지는 아직 결정하지 못했습니다."

"언제 그런 결정을 내리셨나요?"

햇살이 기자처럼 묻는다.

"아, 햇살 님께서 물으시니 진실을 이야기해야 할 것 같네요. 어제 저녁 창모에서 님들의 지지를 듬뿍 받고 참으로 행복한 기분으로 잠을 잤습니다. 새벽에 꿈을 꿨는데, 제가 빨간색 오토바이를 타고 경춘 가도를 달렸어요. 뒷자리에는 어떤 여성분이 타고 있었는데 너무 신 났습니다. 일어나서 곰곰이 생각해보니 제가 그동안 너무 재미없게 살았다는 생각이 들었습니다. 그래서 오늘 아침에 결심을 했습니다. 꿈을 이루어보자는 거죠."

"오토바이 뒤에 햇살 님이 타면 좋겠다."

윤서가 손뼉을 치며 말하자 다들 깜짝 놀라며 와아 웃는다. 햇살 이 당황해서 얼굴이 빨개진다.

"윤서야, 어른을 놀리면 못써."

평화가 당황해서 얼른 받아친다.

"평화 아저씨, 놀린 것 아네요. 제 진짜 마음이에요."

윤서는 정색을 하며 눈을 동그랗게 뜨고 깜빡깜빡한다.

"아니 얘가? 윤서야. 이제 그만!"

봄비도 당황하며 윤서의 입에 손을 갖다 댄다.

"알았어요. 엄마!"

윤서가 달걀 프라이를 포크로 찍어서 입에 넣으며 대답한다.

"아, 즐겁네요. 윤서가 없으면 우리가 웃을 일이 없을 것 같아요!"

새벽이 너그럽게 웃으며 분위기를 수습한다.

"언제 오토바이 사러 가실 거예요?"

오이고추를 어적어적 씹고 있던 바위가 관심을 갖고 묻는다.

"인터넷 검색부터 좀 해봐야죠. 오늘은 시간이 있으니 여기저기 알아볼 생각입니다."

그는 바위가 화제를 돌려줘서 고맙다고 생각하며 진지하게 대답한다.

······

그가 뉴런하우스 마당에 빨간색 스즈키 오토바이를 몰고 나타난 것은 그로부터 사흘 후 저녁 무렵이었다. 오토바이 굉음을 울리며 골목길을 쏜살같이 올라와 대문을 열고 마당까지 들어왔을 때, 흰색 줄무늬가 들어간 연두색 재킷과 검정색 바지를 입고 초록색 헬멧을 쓴 그를 알아본 사람은 아무도 없었다. 때마침 일찍 퇴근해서 윤서와 함께 마당에 있던 봄비가 따지는 목소리로 외친다.

"아니, 누구세요? 주인 허락도 없이 함부로 남의 집에 오토바이를 몰고 들어오세요?"

"으하하하, 접니다. 저… 봄비 님!"

그는 헬멧을 벗고 만면에 미소를 띠며 봄비에게 말한다.

"와, 신난다. 평화 아저씨 멋있어요!"

윤서가 깡충깡충 뛰면서 환호성을 지른다.

"아니, 평화 님 아니세요. 이거 평화 님이 사신 거예요?"

봄비가 의아해하며 묻는다.

"네, 그렇습니다. 어떤가요?"

평화는 오토바이를 탄 채 의기양양한 표정으로 두 모녀를 바라보며 말한다.

"상당히 비싸 보여요!"

봄비가 걱정스런 표정으로 말한다.

"저, 이 정도 지불할 능력은 됩니다."

평화는 가슴팍을 앞으로 쭉 내밀며 말한다. 평화의 오토바이 구입 사건은 한동안 뉴런하우스의 화젯거리가 되었다. 모두 그의 새로운 시도에 경탄과 함께 축하를 보냈고, 바람과 오아시스는 부러운 감정을 감추지 않았다. 하지만 봄비는 평화의 지출이 과도하지 않은지 좀 걱정되는 마음이 있다.

평화는 출퇴근을 오토바이로 하기 시작했고, 가끔 윤서를 태우고 동네를 한 바퀴 돌아주기도 했다. 그는 이전과 달리 상당히 활기찬 모습이다. 뉴런하우스에서 그가 휘파람을 부는 모습을 자주 볼 수 있었고, 창모가 끝난 다음에는 종종 뒤풀이 모임을 주도했다.

그러던 어느 날 평화가 퇴근을 준비하고 있을 때, 주머니에서 전화벨이 울린다. 스마트폰을 꺼내 화면을 보니 햇살의 이름이 뜬다. 그는 반가움과 흥분에 얼른 통화 버튼을 밀어젖힌다.

　"아니, 햇살 님 아니세요. 웬일이세요?"

　"평화 님, 저 급히 좀 데리러 와주실래요?"

　다급한 햇살의 목소리가 들려온다.

　"아니, 무슨 일이세요. 햇살 님?"

　그는 깜짝 놀라서 묻는다.

　"사정은 나중에 말씀드릴게요. 저를 괴롭히는 사람이 있어요."

　"알겠습니다. 바로 달려가겠습니다."

　그는 오토바이에 올라타자마자 쏜살같이 창신동, 동망봉 터널을 지나 동선동으로 달린다. 10분 남짓 걸려 햇살이 일하는 돈암동 로데오거리의 헤어살롱 앞에 도착하자, 길거리에서 한 남자와 실랑이를 하고 있는 햇살이 보였다.

　"당신 뭐요! 무슨 일이요?"

　평화는 두 사람 사이에 오토바이를 바짝 대고는 헬멧의 바이저를 올리며 남자에게 말한다. 어깨가 떡 벌어진 커다란 덩치의 평화를 보자 그는 약간 움찔하면서도 쉽게 물러설 기세가 아니다.

　"그러는 아저씨는 뭐요! 남의 일에 웬 간섭입니까?"

　볼멘소리로 그는 항변한다.

　"미진 씨, 이 사람 누구예요?"

　평화가 햇살을 쳐다보며 묻는다.

　"모르는 사람이에요. 머리 자르러 오셨던 손님인데, 자꾸 시간 내

달라고 해서……."

햇살은 바들바들 떨며 거의 울상이 되어 말한다.

"이봐요. 내 분명히 말해두는데, 내 여자 친구한테 한 번만 더 집적거리면 가만 안 둡니다. 지금 눈앞에서 당장 꺼져요."

평화가 한 대 갈길 듯이 노려보자, 그 남자가 비실비실 물러난다.

"미진 씨, 얼른 타세요."

평화는 햇살을 뒷자리에 태우고 성북경찰서 방향으로 굉음을 울리며 달린다. 햇살은 양팔로 평화의 허리를 꼭 껴안은 채 말한다.

"평화 님, 죄송해요. 바쁘실 텐데 제 일로 번거롭게 해드려서."

"무슨 말씀입니까? 도와드릴 수 있어 저는 영광입니다. 당분간 매일 모시러 오겠습니다."

평화가 늠름하게 말한다. 오토바이는 순식간에 동선동을 벗어나 삼선교 쪽으로 달린다. 평화는 뒤를 돌아보며 햇살에게 말을 건넨다.

"햇살 님, 기분도 꿀꿀하실 텐데 우리 어디 가서 저녁이나 먹고 갈까요?"

"네, 좋아요. 제가 대접할게요."

"아, 그러실 것 없어요. 우리 대학로로 한번 가봐요."

평화가 핸들을 꺾어서 승용차들 사이를 이리저리 헤치며 금방 혜화동로터리를 돌아 대학로에 도착한다. 동숭동 뒷길은 아직 초저녁이라 손을 잡고 지나가는 젊은 연인들이 가끔 눈에 띄지만 비교적 한산하다. 평화는 오토바이 속도를 한껏 늦춰 음식점 몇 군데를 지나치다 멋스럽게 인테리어가 된 한 이탈리아 레스토랑 앞에 오토바이를 세우며 말한다.

"햇살 님, 여기는 제가 한때 친구와 같이 카페를 운영했던 곳입니다. 처음엔 상당히 잘됐었는데, 임대료가 너무 많이 오르는 바람에 사업을 접게 됐죠."

그는 아쉬운 듯 옛이야기를 하면서 햇살에게 찡긋 웃어 보인다. 안으로 들어가 자리를 잡고 주문을 한 뒤 햇살을 쳐다보며 말한다.

"햇살 님께서 전화를 주셔서 무척 반가웠는데, 이런 힘든 일을 겪고 계신 줄 몰랐어요. 그 남자가 언제부터 찾아와 괴롭혔나요?"

"도와주셔서 너무 감사해요. 몇 달 전부터 저희 미용실에 오기 시작했는데, 최근에는 너무 자주 오시는 거예요. 계속 저에게 시간 내달라고 졸라서 거절했는데, 오늘은 너무 집요하게 요구해서 겁이 났어요."

햇살은 아직도 떨리는 목소리로 말한다.

"이제 염려 마세요. 앞으로는 제가 확실히 지켜드리겠습니다."

그는 불끈 쥔 오른손 주먹을 높이 들어 보인다. 평화의 얼굴을 쳐다보는데 별안간 그녀 자신도 모르게 울컥 눈물이 쏟아져 나온다.

"아니 햇살 님, 갑자기 왜 그러세요. 제가 뭘 잘못했나요?"

평화가 당황해서 묻는다.

"아니에요. 평화 님을 뵈니 안심이 돼서 눈물이 나왔어요."

"햇살 님이 오늘 많이 무서우셨나 봐요?"

"네, 정말 무서웠어요. 갑자기 어릴 적 생각이 났어요. 아버지는 집에 거의 안 들어오셨고, 엄마는 장사하러 나가시고… 남동생과 둘이 집에 있는데, 가끔 물건 팔러 다니는 사람들이 집에 불쑥 들어올 때도 있었어요. 그때 무서웠던 기억이 났어요."

"햇살 님, 말씀 들으니 저도 어린 시절 기억이 떠오르네요. 저희는 부모님이 함께 사셨지만, 두 분이 날마다 싸우셨어요. 아버지가 술이 취해 어머니를 때리곤 했어요. 무서워서 누나와 함께 저는 집 뒤에 숨어서 아버지가 잠들 때까지 기다리며 오들오들 떨었던 기억이 납니다. 저는 결혼하면 절대 아버지처럼 술주정이나 행패를 부리지 않겠다고 맹세를 했지요."

햇살은 평화를 물끄러미 쳐다보며 생각한다.

'이 사람의 따뜻한 마음씨와 남자다운 모습이 무척 호감이 가. 하지만 어떻게 믿을 수 있어? 겉보기에는 괜찮아 보이지만, 나중에 어떻게 변할지 누가 알아.'

그녀는 결코 방심하지 않으리라 속으로 다짐한다.

⋯⋯⋯

오늘은 스물세 번째 모임인데, 여느 때와 마찬가지로 분위기가 화기애애하다. 모두 일찌감치 사랑방에 내려와 즐겁게 이야기하며 시작을 기다리고 있다. 내가 방에 들어서자 모두 조용해진다. 나는 방석에 정좌하고서 종을 뎅, 친다.

"지금 이 순간에 알아차려지는 것이면 무엇이든 말씀하십시오."

내가 말한다. 한참 동안 침묵이 흐른다.

"봄비 님의 표정이 무척 밝다는 것이 느껴집니다."

오아시스가 말한다.

"그 말씀을 들으니 제 마음이 더 밝아지는 것 같습니다."

봄비가 웃으며 말한다.

"햇살 님 표정도 무척 밝아 보입니다."

돌하르방처럼 앉은 바위가 말한다.

"네, 맞아요. 저도 느꼈어요."

그의 곁에 있던 오아시스가 맞장구를 친다.

"요즘 햇살 님에게 무슨 좋은 일이 생기신 게 아닌가 하는 생각이 듭니다."

몸을 좌우로 움직이며 다시 바위가 말한다.

"아니에요. 아무 일도 없어요."

햇살이 당황하여 손사래를 치며 얼굴이 붉어진다.

"죄송합니다. 제가 괜히 쓸 데 없는 말을 해서……."

바위가 당황하여 사과를 한다.

"저는 지금 기분이 무척 좋습니다. 오토바이를 생각하면 절로 웃음이 나옵니다."

평화가 만면에 미소를 띠며 말한다.

"오토바이를 좀 빌려 타고 싶다는 생각이 듭니다."

평화를 쳐다보며 오아시스가 말한다.

"안 돼요!"

평화가 다급하게 손을 내저으며 외친다. 그러자 모두 한꺼번에 와아 웃는다. 다시 잠시 침묵이 흐른다.

"제가 이야기를 좀 해도 괜찮을까요?"

빗지 않아 헝클어진 머리를 한 바람이다. 모두들 뜻밖이라는 표정으로 그녀를 쳐다본다. 그녀가 일찍이 창모에서 이처럼 격식을 갖춰 말하는 것을 본 적이 없기 때문이다.

"당연히 괜찮지요."

내가 말한다.

"오늘 엄마를 만나고 왔어요. 죽이고 싶었어요."

모두들 놀라서 그녀를 쳐다본다. 그녀의 얼굴에 경련이 일어나고 있다.

"왜 부모라고 자식에게 함부로 대합니까?"

그녀가 노기에 찬 얼굴로 다시 말을 내뱉는다.

"바람 님, 오늘 집에서 무슨 일이 있었나요?"

봄비가 그녀를 살피며 조심스럽게 묻는다.

"한 달 만에 집에 들어온 딸한테 그동안 잘 있었느냔 말 한마디 없이, 왜 공부 안 하고 집에 왔느냐고 따졌어요. 바로 돌아서서 집 나와버렸어요."

그녀는 분을 참지 못하고 방바닥을 노려보며 씩씩거린다. 다들 놀라서 벌린 입을 다물지 못한다. 한동안 침묵이 흐른다.

"아버지는 집에 안 계셨나요?"

햇살이 조심스럽게 묻는다.

"그 사람은 나한테 관심 없어요!"

그녀는 마치 쓴 약을 삼킨 사람처럼 미간을 찌푸린다. 다시 긴 침묵이 흐른다. 님들은 이런 상황에서 어떻게 해야 할지 몰라 그저 망연자실해 있다.

나는 바람의 얼굴을 살펴본다. 그녀의 표정이 심하게 일그러져 있다. 지금 그녀의 내면에는 엄청난 소용돌이가 일고 있다. 그녀의 분노 수준은 이미 임계점을 넘어서고 있지만, 그것을 어떻게 처리해야 할지 몰라 전전긍긍하고 있다. 만일 지금 제대로 해소되지 않으면 분노는 자신에게로 향하여 파괴적으로 될 것이다. 시기를 놓쳐서는 안 된다. 나는 빈 의자 작업을 시행하기로 한다. 나는 그녀 앞에 방석을 하나 갖다놓으며 말한다.

"여기 방석에 어머니가 앉아 계신다고 상상해보시겠어요? 상상이 되시나요?"

"보기 싫어요. 꼴도 보기 싫다니까요!"

그녀는 역정을 내며 말한다.

"좋아요. 어머니에게 그 말을 해보세요."

"저리 꺼져! 죽여버리기 전에."

그녀는 표독스럽게 내뱉는다.

"왜 꼴 보기 싫은지 말씀드리세요."

나는 다시 그녀를 이끌어준다.

"네가 내게 바라는 것이 뭐야? 내가 죽든 살든 관심 없지? 지겨워. 지금까지 나도 할 만큼 했어. 늘 반에서 1등을 안 놓쳤잖아. 네가 원하는 명문대도 들어갔고. 하지만 넌, 욕심이 끝이 없어. 내가 아무리 잘해도, 칭찬 한 번 해준 적 없었잖아!"

그녀는 점점 더 흥분하며 주먹을 불끈 쥔다.

"방석을 때리면서 말씀하셔도 괜찮아요."

그녀에게 내가 알려준다. 그녀는 주먹으로 방석을 치며 말한다.

"너 기억나? 고3 때 내가 독감에 걸려 집에서 하루 쉬려고 하는데,

도끼눈을 뜨고 나를 노려보며 '엄살떨지 마!'라고 했지? 내 마음이 그때 어땠는지 알아? 살고 싶지 않았어. 수면제 모아뒀던 것 몽땅 입에다 털어 넣었지. 그때 그냥 내버려두지 왜 날 살렸어?"

그녀는 숨을 몰아쉬며 방석을 주먹으로 연신 내리친다. 손이 아픈지 갑자기 일어서더니 이번에는 발로 방석을 짓밟으며 고함을 질러댄다.

"내가 네 인형이야? 꼭두각시야? 네 욕심 채워주려고 내 인생을 바쳐야겠니?"

마침내 그녀는 엉엉 소리 내어 울면서 방석을 들어 방바닥에 패대기를 치기 시작한다.

"죽어라 죽어. 꼴 보기 싫다. 이 미친년아! 성적이 떨어졌을 때 나보고 뭐라고 말했어? '쌀 아깝다. 나가 죽어라.'라고 말했지? 넌 돈밖에 모르지? 날 로스쿨 보내서 돈 벌 생각밖에 안 하지? 아파트 세 채도 모자라? 이 미친년아!"

마구 울부짖으며 방석을 계속 방바닥에 패대기치는 그녀의 옷은 땀으로 뒤범벅이 되어 몸에 착 달라붙었고, 머리는 산발이 되어 움직일 때마다 신 내린 무당 춤추듯 펄럭거리고 있다. 잠시 지쳤는지 선 채로 한동안 방바닥을 노려보다가는 다시 고함을 지르며 방석을 내리치기를 반복한다. 한참을 그러다가 마침내 제풀에 지쳐 방바닥에 픽 쓰러져버린다.

한동안 꿈적도 않고 엎드린 채 거친 숨만 몰아쉬다가 몸을 새우처럼 오그려 모로 눕더니 온몸을 파도처럼 출렁이며 흐느껴 울기 시작한다. 그녀의 울음소리는 마치 들짐승이 포효하는 것 같다. 땀에 뒤범벅이 되어 서럽게 울어대는 그녀의 모습은 천애 고아 같아 보인다.

시간이 얼마나 지났을까? 한참 동안 서럽게 울던 소리는 점점 잦아들더니 마침내 고요해졌다. 이따금 남은 울음이 여진처럼 그녀의 앙다문 작은 입술 사이로 조금씩 새어 나오기는 했지만 이제 그마저 그쳤다.

님들은 아무 말 없이 숨죽여 그녀를 지켜보고 있다. 방 안에는 적막한 침묵이 감돌고 있고, 마치 해일이 휩쓸고 지나간 듯 폐허로 변해버린 해변에는 아직 아무런 생명의 태동도 보이지 않고, 이따금 스산한 바람만이 검은 바다를 향해 모래를 날리고 있는 것 같다.

그때다. 조금 전까지 석상처럼 한구석에 조용히 앉아 있던 새벽이 잠시 몸을 꿈틀거리는가 싶더니 손바닥으로 힘겹게 바닥을 짚고 일어선다. 그의 몸에서는 마치 오랫동안 사용하지 않던 농기계를 가동할 때처럼 끼이익, 끼이익 소리가 나는 것 같다. 겨우 힘겹게 자리에서 일어선 그는 묵은 먼지를 뚝뚝 떨어뜨리며, 한 걸음 한 걸음 뚜벅뚜벅 바람이 누워 있는 쪽으로 천천히 나아가기 시작한다. 그의 예상치 않은 행동에 님들은 어리둥절하여 그의 동작을 의아한 눈빛으로 추적하고 있다.

그는 천천히 조금씩 조금씩 앞으로 나아간다. 다리와 엉덩이, 몸통이 좌우로 흔들거리며 삐걱삐걱 소리를 내는 것 같다. 불과 2, 3미터를 전진하는 데 영원한 시간이 흐르는 것 같다. 그는 천천히 아주 천천히 나아간다. 균형을 잡기 위해 좌우로 흔들리는 각도를 조정해가며 어설프게 움직이는 로봇 같다. 한참을 뒤뚱거려 마침내 바람 앞에 도착하는가 싶더니 다음 순간 그는 무너지듯이 그녀 앞에 무릎을

161

꿇으며 털썩 주저앉는다. 그러고는 고개를 천천히 들어 바람을 바라보며 마치 애원하는 눈빛으로 무언가를 중얼거린다. 무슨 말인지 잘 들리지 않는다. 그는 온몸에 있는 기운을 다 끌어 모아 다시 한 번 말한다.

"바람 님, 제가 손을 좀 잡아도 될까요?"

하늘 멀리 높은 곳에서 들려오는 천둥소리 같다. 바람은 소리의 근원을 찾아내려는 듯 고개를 들어 좌우를 두리번거린다. 눈동자를 이리저리 굴리는가 싶더니 잠시 후 새벽의 눈과 딱 마주친다. 아직 상황을 제대로 파악하지 못한 것 같지만 그녀는 반사적으로 고개를 끄덕인다. 새벽은 사시나무처럼 떠는 자신의 두 손을 서로 붙들어 겨우 고정시키고는 모로 누운 채 자기를 쳐다보는 바람의 손을 덥석 잡는다. 그러고는 선사시대의 원시인이 그랬을 것 같은 기묘한 괴성을 지르며 울부짖는다.

"혜진아, 미안해… 혜진아 몰랐어! 네가 그렇게 힘들었는지 정말 몰랐어. 미안해!"

그의 울음소리가 마치 폭우에 도랑물이 비좁은 도랑을 순식간에 가득 채우고 넘쳐흘러 둔덕 위로 마구 넘어가듯, 그의 목구멍을 세차게 열어젖히며 입 밖으로 터져 나온다. 그것은 도저히 사람의 소리라고 믿기 어려운 짐승의, 아니 악마의 울부짖음 같다. 그는 머리를 들었다 놓았다 하며, 같은 말을 반복하며 목 놓아 운다.

바람은 무슨 상황인지 몰라 어리둥절한 표정을 짓더니, 다음 순간 천천히 바로 일어나 앉는다. 그러고는 울고 있는 새벽의 모습을 물끄러미 쳐다보고는 갑자기 두 손을 앞으로 내밀어 그의 양 볼을 어루만

지기 시작한다. 천천히, 천천히 정성스럽게 볼을 쓰다듬는가 싶더니 갑자기 그의 눈을 뚫어져라 응시하며 외친다.

"정말이야? 아빠 정말이야? 내게 미안하단 말 진심이야?"

"그래, 진심이야. 진심이야!"

새벽이 울음 섞인 목소리로 대답하며 연신 그녀에게 고개를 끄덕인다. 그녀는 믿을 수 없다는 듯이, 아니 그 말을 꼭 믿고 싶다는 듯이 머리를 좌우로 흔들며 다시 확인한다.

"정말이지. 아빠 그 말 정말이지?"

그녀의 눈시울이 천천히 붉어진다. 그녀는 자신의 눈을 새벽의 눈동자에 고정시키며 눈물을 뚝뚝 흘린다. 새벽도 그녀에게 눈을 맞춘 채 고개를 끄덕이며 눈물을 흘린다. 다음 순간 그녀는 엎어질 듯이 그의 가슴에 와락 안기며 울음을 터뜨린다. 새벽도 바람을 부둥켜안고 큰 소리로 함께 운다. 한참을 서로 부둥켜안고 울다가 새벽이 고개를 들더니 아직도 자신의 품에 안겨 울고 있는 바람의 머리를 사랑스럽게 쓰다듬어준다.

나는 님들을 쭉 둘러본다. 햇살은 어깨를 들썩이며 숨죽여 울고 있고, 봄비도 손수건을 꺼내 눈물을 닦고 있다. 바위는 눈을 껌벅거리며 좀 멀뚱멀뚱한 표정이고, 오아시스는 울었는지 눈이 빨개져 있다. 평화는 햇살이 신경이 쓰이는지 자꾸 그녀를 흘끔흘끔 쳐다보며 안절부절못하고 있다. 수선화가 자리에서 벌떡 일어나 입을 손으로 가리고 황급히 문밖으로 나가는 모습이 보인다.

나는 이 모든 과정이 무척 놀랍다. 지금까지 창모에서 거의 말도 하지 않고, 님들과 일정한 거리를 두고 관찰만 해오던 바람과 새벽,

두 사람이 갑자기 무대 위로 등장하여 이런 엄청난 드라마를 연출해 낼 줄은 꿈에도 상상하지 못했기 때문이다. 나는 아직도 두 사람의 내면에서 무엇이 건드려졌는지, 그것들이 어떤 과정을 거쳐 이토록 격렬하고도 강렬한 폭발을 일으켰는지, 또 이런 경험이 두 사람에게 어떤 의미가 있는지 정확히 모르겠다.

하지만 나는 다시 마그마의 분출을 떠올린다. 지구 내부의 깊숙한 곳에 갇혀 끓고 있던 뜨거운 마그마가 화산 폭발과 함께 지표면 위로 터져 올라오는 광경은 소름끼치게 무섭지만 동시에 이루 형언할 수 없는 경외감과 찬탄을 자아낸다. 거대한 굉음을 울리며 깜깜한 밤하늘을 온통 붉은 폭죽으로 수놓는 화산 폭발의 장면은 마치 생명의 탄생과 죽음을 동시에 보여주는 것 같다. 화산의 폭발은 마그마의 죽음이면서 또한 새 땅과 새 하늘의 탄생이기 때문이다.

이제 화산 폭발은 지나갔다. 분화구에는 아직 연기가 모락모락 피어오르고 있지만, 대지는 안정을 되찾는다. 땅 위로 따뜻한 바람이 불어오고 하늘엔 다시 새들이 날아다니고 있다. 나는 바람과 새벽에게 그리고 이 모든 과정을 함께 지켜본 님들의 마음속에 어떤 일들이 일어났는지 탐색해보기로 한다.

"바람 님, 지금 기분이 어떠신가요?"

"편안해요. 마음이 가벼워졌어요!"

이렇게 말하는 그녀의 얼굴은 막 해산한 여자의 얼굴 같다.

"작업을 하시면서 어떤 걸 경험하셨나요?"

나는 그녀와 새벽 사이에 일어난 심리적 과정을 재조명해보는 것이 우리 모두에게 무척 중요하다고 생각한다.

"잘 기억이 안 나요. 처음엔 엄청 화가 많이 났었어요. 정신없이 울고, 화내고 했던 것 같은데, 새벽 님이 오셔서 미안하다고 하며 우실 때, 새벽 님 눈을 쳐다봤어요. 지금까지 살면서 한 번도 보지 못했던 눈이었어요. 아빠의 눈과는 너무 달랐어요. 제가 찾던 아빠의 눈을 처음으로 만난 것 같았어요. 새벽 님의 눈에 눈물이 맺힌 것을 보는 순간 얼었던 제 마음이 녹아내리는 것 같았어요. 아빠의 품에 안겨 울고 싶었어요. 새벽 님에게 안겨 울면서 태어나서 처음으로 행복하다는 느낌이 들었어요."

이렇게 말하는 그녀의 눈에는 다시 눈물이 맺힌다.

"바람 님, 심호흡을 크게 한 번 해보세요. 그리고 님들을 천천히 둘러보세요!"

나는 그녀가 지금까지의 고립에서 벗어나 외부세계와 생생하게 접촉함으로써 실존적 만남을 경험했다는 것이 느껴진다. 그녀에게는 생애 처음으로 맛보는 강렬하고도 신비한, 날것 그대로의 삶의 순간이었을 것이다. 이런 과정은 무한한 행복감으로 경험되며, 무엇과도 바꿀 수 없는 소중한 것이다. 그러나 이는 너무나 짧은 순간에 경험되고 곧 잊어지기 때문에 좀 더 기억 속에 오래 남도록 도와줄 필요가 있다.

그녀는 님들의 얼굴을 한 사람씩 차례로 바라본다. 순간 그녀의 눈이 밝게 빛난다. 마치 어두운 밤하늘에 새로운 별이 태어나는 것 같다.

"무엇이 보여요?"

나는 그녀 곁으로 가 앉아 낮고 부드러운 목소리로 그녀에게 묻는다.

"님들의 따뜻한 시선이 느껴져요!"

그녀가 대답한다.

"다시 한 번 천천히 한 분 한 분 눈을 맞추면서 바라보세요!"

나는 그녀의 등에 내 손바닥을 대며 말한다. 그녀는 한 사람씩 천천히 눈을 맞추며 바라본다. 님들은 그녀에게 따뜻한 미소를 보내준다. 그녀의 얼굴이 이른 아침 나팔꽃처럼 예쁘게 활짝 피어난다. '사람은 누구나 사랑을 받으면 저렇게 예뻐지나?'란 생각이 든다. 나의 가슴도 열리면서 님들과 하나로 연결되는 느낌이다.

각각의 신경 세포인 뉴런들이 서로를 이어주는 시냅스를 매개로 하나의 긴 대롱처럼 연결되어 함께 숨 쉬고, 함께 울고, 함께 웃는 것이 느껴진다. 한 개의 뉴런에서 생겨난 파동은 시냅스에서 불꽃을 일으켜 다음 뉴런으로 전달된다. 마치 봉화불이 마을과 마을을 건너 연속적으로 이어가듯이 한 뉴런에서 일어난 파동은 다른 뉴런에서도 정확한 공명을 일으킨다. 껍질과 벽이 허물어지며 세포와 세포들은 서로 하나의 공동체로 연결되어 함께 숨쉬고 교감한다.

"바람 님, 참 예뻐요. 웃는 모습이 너무 사랑스러워요!"

봄비가 다정하게 말한다.

"동감이에요. 바람 님을 오늘 이렇게 만나게 돼서 너무 좋아요."

오아시스가 눈물을 글썽이며 말한다.

"마음이 참 많이 아팠어요. 그렇게 힘드신 줄 몰랐어요. 한 번 안아드리고 싶어요!"

햇살이 자리에서 일어서더니 바람에게로 걸어간다. 바람도 자리에서 일어선다. 햇살이 바람을 껴안으면서 울음을 터뜨리고, 바람도 같이 눈물을 흘린다. 한참을 서로 안고 있다가 햇살이 바람의 등을 토닥여준 다음 자리로 돌아간다.

"바람 님 어머니한테 화가 많이 났어요. 어머니가 너무 하셨단 생각이 들었어요."

화난 표정을 지으며 평화가 말한다. 잠시 침묵이 흐르고 나서 새벽이 목소리를 가다듬으며 조심스럽게 말을 꺼낸다.

"참으로 마음이 아프고, 미안했습니다. 이런 말씀드리기가 정말 죄송하지만, 한편으론 바람 님의 분노하는 모습을 보며 차라리 시원했습니다. 그동안 바람 님에게 정말 많이 관심이 갔지만, 바람 님 마음을 알지 못해 늘 답답했거든요. 제 딸 혜진이 하고 너무 닮았고, 행동도 비슷해서 자꾸 마음이 갔었습니다. 제 딸이 많이 아픕니다. 몇 년 전에 정신병원에 입원한 적도 있어요. 항상 그 아이를 생각하면 마음이 너무 아파요. 제가 죄인입니다."

이렇게 말한 그의 표정은 회한에 가득 찬 아버지의 모습이다. 다들 잠시 침묵 속으로 들어간다. 나는 벽시계를 쳐다본다. 시간이 훌쩍 지나가버린 것이 믿어지지 않는다. 나는 막대기를 들어 종을 친다. 뎅, 종소리가 모두의 마음속 깊은 곳까지 스며드는 것 같다.

상전과 하인

　어젯밤에는 피곤해서 일찍 잠자리에 들었더니 이른 새벽에 눈이 떠졌다. 정신이 맑아지면서 어제 저녁 바람과 새벽의 작업이 떠올랐다. 두 사람의 접촉은 전혀 예측하지 못한 상황에서 갑자기 일어났기 때문에 무엇이 어떻게 이루어진 건지 정확히 모르겠다. 하지만 새벽과의 접촉은 바람에게 매우 새로운 경험이 된 것 같고, 앞으로 그녀의 삶에서 중요한 계기가 될 것 같다는 예감이 든다.

　그런데 수선화가 두 사람의 작업을 보는 도중 갑자기 손으로 입을 가리고 밖으로 나가버렸던 것이 생각난다. 무슨 까닭이었는지 궁금하다. 나는 일어나 옷을 입고 스탠드에 불을 켜고 책상에 앉아 오랜만에 두 통의 편지를 쓴다.

사랑하는 한나에게,

그동안 잘 있었는지 궁금해. 내가 이곳에 온 지도 벌써 3개월이
다 되었네. 지난번 메일에서 우리 연구소에 문제가 좀 생겼다는 소
식을 듣고 걱정이 되었어. 내게 자세한 내용을 말해주지 않는 것이
처음엔 좀 서운했으나, 나를 배려해주려는 네 마음을 아니까 나중엔
고맙다는 생각이 들었어. 덕분에 나는 별다른 걱정 없이 이곳 뉴런
하우스 프로젝트에 전념할 수 있어서 참 행복한 시간을 보낸 것 같
아. 고마워.

원래 계획대로였다면 이번 여름휴가를 이곳에서 너와 함께 보낼
수 있었을 텐데, 연구소 문제로 당장은 올 수 없다니 참으로 안타까
워. 하지만 이번 가을에는 단풍이 지기 전에 꼭 올 수 있기를 바라.

나는 요즘 일주일에 한 번 이곳에서 가까운 인사동에 가서 서예
를 배우고 있어. 연세가 꽤 있으신 할아버지신데, 옛날 서당에서 배
우신 대로 가르쳐주시는 것이 참 좋아. 나는 글씨 쓰는 것 자체보다
는 묵향을 맡으며 붓을 들고 한 획 한 획 정성스럽게 마음을 모아 운
필할 때, 옛 사람들의 자취를 더듬는 것 같은 느낌이 들어 더 좋아.
신문에서 읽었는데, 한 노스님은 폐허가 된 옛 절터만 찾아다니시며
아무 것도 없는 빈터에 한동안 앉았다가 오신다고 해. 내가 서예를
하러 다니는 것과 그 스님의 마음이 비슷한 마음이 아닐까 생각해.

나는 나이가 들어갈수록 내가 자꾸 더 옛것을 찾는 이유가 무엇
때문인지 잘 몰랐는데, 요즘 문득 '공감' 때문이 아닐까 하는 생각이
들어. 어릴 때는 어른들의 세계를 잘 모르니까 관심이 안 갔다면, 이
제 나이가 들어 옛 어른들의 세계가 이해되고 공감이 되니까 찾는

것 아닌가 싶어. 물론 내가 공감받고 싶은 마음도 함께 작용하는 거라 생각해. 나이가 들면서 내가 경험하는 것들을 옛사람들의 이야기를 통해 확인받고 싶은 심정이라고 할까? 말하자면 서로 연결되고 싶은 거라고 할 수 있겠지?

오늘은 이만
너의 영민으로부터

존경하는 이한빈 대표님께,

그간 지체 평안하신지요? 항상 뉴런하우스를 위해 물심양면으로 아낌없는 후원을 해주시고, 사소한 것까지 세심하게 배려해주시는 덕분에 저희 뉴런하우스 식구들은 아무 불편 없이 모두 잘 지내고 있습니다.

지금까지 모든 분들에게 매달 장학금 10만 원을 정해진 날짜에 꼬박꼬박 입금해주셔서 식구들이 무척 고마워하고 있습니다. 처음엔 정말 장학금을 받을 수 있을지 걱정하는 분도 계셨지만, 지금은 구성원들의 공동체에 대한 믿음과 애착이 많이 강해진 것 같습니다.

지난번에 오혜수 씨의 딸 윤서를 엄마와 함께 뉴런하우스에서 지낼 수 있도록 허락해주신 것에 대해서도 다시 한 번 감사드립니다. 윤서가 저희와 함께 살게 된 이후로 오혜수 씨는 말할 것 없고 다른 구성원들도 모두 매우 행복해하는 것 같습니다. 역시 집안에는 아이가 있어야 웃을 일이 있고, 활기가 생겨나는 것 같습니다. 전혀 계획하지 않았던 일인데, 이렇게 되니 뉴런하우스 프로젝트가 더 이상적인 방향으로 흘러가는 것 같아 무척 기쁩니다.

저는 개인적으로 지난 3개월 동안 한국에 와서 살면서 참으로 많은 걸 느꼈습니다. 새 정부가 들어선 이후로 정치사회적으로 한국에 큰 변화가 일어나고 있는 것 같습니다. 그동안 덮여져 있던 많은 정치사회적 문제들을 찾아내 정리하는 작업들이 진행되고 있는데, 양극화된 사회계층 문제, 일자리 창출, 부동산 가격 안정 등 크고 작은 사회적 이슈들이 한꺼번에 쏟아져 나와 이렇게 많은 문제들이 다 잘 해결될 수 있을지 걱정이 됩니다.

그동안 우리나라에서 벌어지고 있는 일들을 언론을 통해 소식은 접하고 있었지만 먼 타국에서 살다 보니 애만 쓰였지 함께 참여하지 못해 안타까운 심정이었는데, 직접 와서 뉴런하우스 식구들과 함께 이 과정을 겪는 것이 저로서는 어쨌건 가슴 벅찬 일입니다.

뉴런하우스 구성원들은 처음엔 서로 낯설고 서먹서먹한 사이였지만 이젠 서로 간에 친밀감이 많이 생겼을 뿐 아니라, 살면서 가족이나 친구들에게도 못 털어놓던 고민을 함께 나누는 가까운 사이로 발전해가고 있어 실로 뿌듯한 마음이 듭니다. 미국에서의 일이 속히 마무리되어 뉴런하우스에서 하루빨리 만나 뵙게 되기를 바랍니다.

김영민 올림

......

나는 언젠가부터 나 자신에게 허용하는 조그만 선물로, 월요일 오전 일과를 좀 천천히 시작하기로 정하고 내담자와의 월요일 약속은 되도록이면 11시 이후로 잡아왔다. 신문을 펴놓고 읽고 있는데 상담실 문을 노크하는 소리가 난다. 얼른 벽시계를 올려다보니 시계는 오전 10시 35분을 가리키고 있다. 아직 내담자가 오려면 25분이나 남았는데 누굴까 궁금해하면서 의자에서 일어나 천천히 출입문 쪽으로 걸어가 문을 연다.

뜻밖에 수선화가 서 있다. 방금 세수를 한 듯 아직 머리에 물기가 남아 있는 그녀를 보며 나는 눈을 휘둥그렇게 뜨고 인사를 건넨다.

"수선화 님 아니세요. 웬일이신가요?"

"상의드릴 일이 있어서 왔는데, 좀 들어가도 되나요?"

그녀의 표정이 좀 무거워 보인다.

"네, 그럼요. 들어오시죠. 여기 의자에 좀 앉으실래요?"

나는 가운데 무릎 높이의 사각 테이블을 사이에 두고 그녀와 마주 앉는다. 그녀는 의자 등받이에 기대지 않고 꼿꼿이 허리를 세우고 앉은 채 내게 묻는다.

"선생님께 개인 상담을 좀 받을 수 있나요?"

"네, 물론이죠. 가능합니다. 하지만 서로 시간을 맞춰봐야겠네요. 언제가 좋으신가요?"

나는 스마트폰에 들어 있는 일정표를 클릭해 창에 띄우며 묻는다.

"저는 시간 조정이 자유로운 편이라 선생님 시간에 맞출 수 있어요. 다만, 최대한 빨리 시간을 내주시면 고맙겠습니다."

그녀는 아무런 표정 변화 없이 짧게 사무적으로 대답한다. 그녀는 나와 협의하여 시간을 정한 다음 바로 일어서 상담실을 나간다.

......

금요일 오후 3시, 나는 다시 그녀와 상담실에서 마주 앉는다. 그녀는 하얀 반팔 블라우스에 검정색 치마를 받쳐 입었고, 긴 머리를 어깨 뒤로 넘긴 채 꼿꼿이 앉은 자세다.

"어떤 도움이 필요하신지 말씀해주실래요?"

그녀의 검고 큰 눈을 보며 내가 천천히 말을 건넨다.

"먼저 여기서 상담한 내용은 비밀 보장이 되겠지요?"

그녀는 좀 긴장한 표정으로 묻는다. 보일 듯 말 듯 그녀의 입술이 파르르 떤다.

"그럼요. 당연합니다."

"별로 중요한 이야기는 아닙니다. 하지만 제 이야기가 밖으로 나가는 것은 싫어서요."

그녀가 짧은 순간에 금세 방어 모드로 전환하는 것을 보면 내면으로는 상당히 불안한 것 같다. 그녀는 힘든 문제로 찾아왔음에 틀림없다. 하지만 아직 나를 믿지 못하기 때문에 자신의 문제가 별거 아니라는 식으로 방어하는 것이다. 이런 현상은 내담자들이 상담 초기에 흔히 보이는 태도이며, 지극히 정상적이라고 할 수 있다. 나는 그녀의 이런 방어적 태도를 그대로 수용해주는 것이 필요하다고 생각한다.

"아, 네. 그럼요. 이해합니다. 누구라도 다 그렇지 않을까요?"

"제가 찾아온 것은 다름이 아니고, 지난 화요일 창모 때 있었던 일 때문이에요. 기억하실지 모르지만, 그날 바람 님이 새벽 님에게 안겨 울 때 제가 밖으로 나갔잖아요?"

나는 그 장면을 떠올린다. 바람이 새벽의 미안하단 말이 진심인지 물었고, 새벽이 진심이라고 대답하자 바람이 새벽에게 안겨 울음을 터뜨렸다. 그것을 지켜보던 여러 님들이 함께 눈물을 흘리고 있을 때 수선화가 갑자기 자리에서 벌떡 일어나 손으로 입을 가리며 문밖으로 나갔지. 맞아! 그때 수선화가 왜 밖으로 나갔는지 나도 궁금했다.

"네, 기억납니다. 그때 정말 왜 밖으로 나가셨어요?"

"저도 잘 모르겠어요. 갑자기 울컥하며 감정이 올라왔는데, 그때 무슨 감정이었는지 잘 모르겠어요. 사실 그 때문에 찾아온 거예요."

이렇게 말하는 그녀의 표정은 약간 화난 사람의 그것처럼 눈에 힘이 들어가 있다.

"그런데, 수선화 님 지금 그 말씀을 하시면서 약간 화난 사람처럼 보이네요?"

나는 비록 그녀가 자신의 울컥했던 감정을 이해하기 위해 찾아왔다지만, 정작 그 말을 하면서는 슬픔보다는 분노가 더 표면에 올라와 있으므로 거기에 주목한다.

"그러게요. 제 목소리가 좀 올라갔네요. 사실 그날 제 방으로 올라가서 혼자서 좀 울었는데, 화가 났었어요!"

"아, 그래요? 왜 화가 나셨나요? 아니 그보다 누구에게 화가 나셨

174

나요?"

"글쎄요. 잘 모르겠어요. 제 자신에게 화가 났던 것 같아요."

이렇게 말하면서 그녀의 표정이 좀 굳어진다. 나는 수선화의 분노가 분명히 슬픔과 관련 있을 거란 생각이 든다. 하지만 그 이상은 잘 모르겠다. 그녀와 함께 분노 감정을 탐색하다 보면 어디선가 연결고리가 나타날 것이다.

"좀 더 자세히 말씀해주실래요. 자신에게 왜 화가 나셨나요?"

"울고 있는 제 자신이 바보 같았어요."

"어떤 점에서요?"

"왜 우는지 이해가 안 되었으니까요!"

이렇게 말하는 그녀의 표정은 점점 사나워지고, 목소리는 더욱 날카로워진다. 나는 여기서 수선화의 내면이 서로 대립된 두 부분으로 나뉘어져 있음을 발견한다. 울고 있는 자기(하인)와 그런 자신에 대해 화를 내고 있는 자기(상전)가 그것이다. 상전은 규범을 통해서 하인의 행동을 통제하려고 한다. 하지만 하인은 우리의 본능에서 비롯된 부분이므로 근원적인 통제는 불가능하다. 상전의 구박을 받으면서도 하인은 어떻게든 저항하면서 틈만 나면 비집고 나와 고개를 내민다. 그것 때문에 상전은 더욱 화가 난다. 나는 수선화가 자신의 내면을 탐색하도록 도와주어야겠다고 생각한다.

"수선화 님 속에 두 개의 목소리가 있는 것처럼 보이네요. 슬퍼서 눈물을 흘리는 수선화 님과 그것에 대해 이해하기 싫어하는 수선화 님 말입니다. 어떠세요?"

"슬퍼하는 저는 잘 모르겠고, 못마땅해하는 저는 느껴져요."

그녀가 어리둥절한 눈으로 나를 쳐다본다.

"좋습니다. 여기 이 의자에 울고 있는 수선화 님이 앉아 있다고 상상해보세요."

나는 그녀의 왼쪽에 있는 의자를 오른쪽으로 돌려놓으며, 손으로 그 의자를 가리킨다. 그리고 그녀의 의자는 왼쪽으로 돌려 왼쪽에 있는 의자를 정면으로 보고 앉도록 안내한다.

"자, 그럼 이제 여기 앉아 울고 있는 수선화 님에게 '왜 우는지 이해가 안 가. 바보 같아.'라고 말씀해보세요!"

그녀는 나의 이런 낯선 제안에 처음엔 조금 어색해하는 것 같더니 금방 몰입하면서 맞은편 의자를 향해 거침없이 내뱉는다.

"바보 같이 왜 울어? 이해가 안 돼. 그게 울 일이야?"

상전인 그녀의 목소리 톤이 올라가며 사나운 기운이 뻗친다.

"좋습니다. 잘하셨습니다. 그럼 이제 이쪽으로 옮겨 앉으셔서 울고 있는 수선화 님이 되어서 대답해보시겠어요?"

나의 지시에 그녀는 별 저항 없이 맞은 편 하인의 자리로 가서 말한다.

"나도 모르겠어. 그냥 눈물이 나와. 나도 속상해……."

그녀는 지금 자신이 그날 저녁 왜 눈물이 나왔는지 정확히 기억하지 못하고 있다. 서슬이 퍼런 상전 앞이라 위축되어 더욱 생각이 안 날 수도 있다. 나는 지금 그녀가 자신의 슬픈 감정을 접촉할 수 있도록 도와줘야겠다고 생각한다.

"지난 화요일 저녁에 바람 님이 새벽 님에게 안겨 올 때, 어떤 것이 떠올랐나요?"

나는 그녀에게 부드러운 음성으로 묻는다.

"모르겠어요. 갑자기 저도 모르게 울컥했는데 이유를 잘 모르겠어요."

이 말을 하면서 그녀의 눈가가 붉어지는가 싶더니 갑자기 눈물이 한 방울 뚝 떨어진다.

"지금 좀 슬퍼 보이네요. 뭐가 느껴지세요?"

그녀는 머리를 숙인 채 고개를 가로젓는다. 나는 그녀의 이러한 동작이 나의 질문에 대한 대답인지, 아니면 슬픈 감정을 느끼는 것이 싫어서 저항하는 몸짓인지 알 수가 없다. 어느 경우든 그녀의 내면에서 지금 뭔가 중요한 프로세스가 일어나고 있는 것은 분명한 사실이다. 그녀가 자신의 이러한 프로세스를 알아차리고 접촉하는 것이 매우 중요하다.

"지금 뭔가를 느끼고 계시네요? 그것이 뭐든 느껴보세요. 가로막지 말고 허용해보세요. 어떤 것들이 떠오르나요?"

고개를 숙인 채 상체가 약간씩 움직이며 눈물을 떨구고 있는 그녀에게 내가 묻는다.

"새벽 님의 눈이, 울고 있는 눈이 보여요!"

이렇게 말하면서 그녀의 상체가 좀 더 크게 흔들리기 시작한다.

"새벽 님의 울고 있는 눈을 보니 어떤 감정이 느껴지나요?"

"모르겠어요!"

이렇게 말하면서 그녀의 목소리가 갑자기 냉랭해진다. 표정도 딱딱해지면서 고개를 들어 나를 정면으로 쳐다본다.

"저 이런 것 싫어요! 이런 걸 왜 해야 하는지 모르겠어요."

무슨 일일까? 나는 움찔한다. 조금 전까지만 해도 자신의 슬픈 감정에 아주 가까이 다가갔었는데, 한순간에 접촉이 차단되면서 전혀 다른 상태로 바뀌어버린 것이 잘 이해가 되지 않는다. 나는 지금 그녀의 내면에 일어나고 있는 프로세스를 탐색해봐야겠다고 생각한다.

"무슨 말씀이신지 설명을 좀 해주시겠어요?"

"왜, 이렇게 울고 짜고 해야 하는지 모르겠어요."

"그 말은 이쪽에 있는 수선화 님의 목소리 같은데, 다시 이쪽으로 옮겨와 앉으시죠."

나는 그녀가 상전의 목소리를 낼 수 있도록 도와주기로 한다.

"자, 조금 전에 하셨던 말을 저기에 앉아서 울고 있는 수선화에게 직접 말해보세요."

"너, 지금 너답지 않게 굴고 있어. 왜 그렇게 마음이 약해졌어? 꼴 보기 싫어 그만해!"

이렇게 말하는 그녀의 눈에서는 싸늘함과 함께 결기가 느껴진다.

"좋습니다. 다시 저쪽 의자로 옮겨가 앉아보실래요?"

나는 맞은 편 하인 의자를 가리키며 그녀를 안내한다.

"자, 저쪽에서 '꼴 보기 싫어. 그만해!'라고 했어요. 그 말을 듣고 이쪽에서 뭐라고 답할지 궁금하네요. 저쪽에게 반응을 한번 해보시죠."

나는 상전과 하인의 대화를 유도하면서 그녀의 표정을 살핀다. 그녀는 고개를 푹 숙인 채 아무 말도 못하고 가만히 앉아 있다. 점점 고개가 더 아래로 숙여진다. 그녀를 이대로 계속 방치하는 것은 좋지 않다. 나는 그녀 안에서 지금 어떤 프로세스가 진행되고 있는지 물어보는 것이 좋겠다 싶어 그녀에게 말을 시킨다.

"지금 아무 말씀이 없으신데, 기분이 어떠신가요?"

"모르겠어요. 아무 생각이 안 나요. 기운이 하나도 없어요."

그녀의 하인은 지금 에너지가 고갈된 것처럼 보인다. 상전의 목소리에 짓눌려 하인은 아무런 감정도 못 느끼는 상태로 바뀐 것이다. 상전은 지금 하인과의 연결이 끊어진 상태다. 자기를 느끼지 못하고 자신과 차단되어 있다. 상담자인 나와도 연결이 끊어졌다.

문득 어릴 때 우물에서 물을 긷다가 끈이 툭 끊어져 두레박이 까마득히 깊은 바닥으로 빠져버렸을 때 망연자실했던 기억이 떠오른다. 한참 만에 저 아래에서 '첨벙'하며 물과 부딪치는 두레박 소리를 들을 때, 내 가슴도 함께 '철렁'하는 느낌이 들었었지. 나는 지금 그때 깊은 우물 속을 들여다보며 안타까워했던 그 심정으로 수선화의 무감각한 표정을 바라보고 있다.

"지금 이런 감정을 이전에도 느껴본 적이 있으신가요?"

"네, 있어요. 요 며칠 사이에도 계속 느꼈어요. 사실 개인 상담을 받으러 온 것도 이런 기분 때문이었어요."

이렇게 말하는 그녀의 표정이 순간 좀 슬퍼 보인다. 나는 그녀의 이 감정을 탐색해보는 것이 좋겠다는 생각이 든다.

"그 말씀을 하시니까 지금 어떤 감정이 느껴지나요?"

나의 이 질문을 받는 순간 그녀의 표정에 갑자기 변화가 일어난다. 눈시울이 붉어지며 눈가가 젖어오는 것이 보인다. 다시 슬픈 감정이 올라오는 것 같다. 그녀는 이러한 자신의 감정을 접촉하는 것이 싫은지 다시 자세를 고쳐 앉으려고 한다.

그때 내 책상 위에 올려놓았던 스마트폰에서 음악 소리가 들려오기 시작한다.

"죄송합니다. 전화기를 꺼놓는다는 것이 깜빡했네요. 잠깐만 기다려주세요."

이렇게 말하고 나서 나는 자리에서 일어나 책상 앞에 가서 스마트폰을 집어 든다. 발신자에 송광호라는 이름이 뜬다. 아마도 다른 사람 같았으면 받지 않았을 것이다. 그러나 한 3일 전부터 몹시 기다리던 전화였기 때문에 나도 모르게 수신 버튼을 누른다.

"영민아, 지난번에 네가 부탁했던 거 말이야. 소식을 좀 알아냈어."

수화기 건너편에서 들려오는 친구의 목소리가 밝다.

"어, 그래? 고마워. 그런데 광호야, 내가 지금 상담 중이라 조금 있다가 다시 연락할게. 미안해."

나는 얼른 전원을 끄고 자리에 돌아와 앉는다. 그 사이 수선화의 표정이 차분해져 있다. 아니 냉정해져 있다는 표현이 더 정확할 것 같다. 짧은 순간에 무슨 일이 일어난 걸까? 나는 좀 궁금한 느낌이 든다. 그 순간 수선화의 입에서 예상치 못한 말이 툭 튀어나온다.

"상담 중에 전화기는 꺼놓으셔야 하는 거 아닌가요?"

당황해서 그녀를 쳐다보니 눈에서 사나운 냉기가 흘러나오고 있다. 바위에게 쏘아붙일 때 보았던 바로 그 눈빛이다. 온몸이 오싹해지면서 긴장된다. 나도 모르게 더듬거리며 겨우 한 문장을 목구멍 사이로 밀어 올릴 수 있었다.

"화가 나셨나 보네요?"

"상담료를 내고 오는 내담자에 대한 기본 예의가 아닌가요?"

그녀는 역시 강적이다. 펀치 하나로 분이 풀리지 않았는지 연타가 날아든 것이다. 순간 나도 모르게 속에서 욱하는 반발심이 올라온다. 그러나 나는 자동적으로 그 감정을 잠시 옆으로 제쳐두면서 심호흡을 한 번 한다. 오랜 동안 개인 분석과 치료 교육을 받으면서 훈련된 반사 신경 같은 것이다. 내 욱하는 감정에 대해서는 나중에 따로 나의 치료자였던 뮐러 박사와 이야기를 좀 나눠봐야겠다. 하지만 '지금 이 순간은 수선화와의 대화에 온전히 집중해야지!'라고 생각하며 나는 다시 차분해진 마음으로 그녀에게 말한다.

"맞는 말씀입니다. 화가 나실 만하네요. 다시 한 번 미안하다고 말씀드리고 싶네요."

나의 이 말을 듣자 그녀는 금세 눈에 띄게 표정이 누그러지더니 침묵 속으로 빠져 들어간다. 시간이 한참 흐르고 난 다음 그녀는 나를 물끄러미 쳐다보더니 내게 화를 내서 미안하다고 말한다. 그리고 아까 왜 내게 화가 났는지 생각해보니 전화 때문이 아니라 자신의 감정을 자꾸 건드려서 그랬던 것 같다고 말한다. 맞다. 바로 그 지점이었다. 내가 그녀 하인의 슬픈 감정을 직면시키려고 하자 상전이 위협을 느껴 화가 난 것이었다. 나는 지금 속도 조절을 할 필요가 있다는 것을 느낀다. 하지만 그녀의 방어를 탐색하는 것은 여전히 중요하다.

"슬픈 감정을 느끼는 것이 왜 싫으신지 궁금하네요?"

"모르겠어요. 약해지는 것 같아요. 어머니 얼굴이 떠오르네요."

그녀의 표정이 다시 약간 긴장되는 것 같다.

"어머니가 떠오르니까 어떤 감정이 느껴지나요?"

"불쌍하기도 하고, 화가 나기도 하고 그래요."

"어머니의 어떤 모습이 불쌍하게 느껴지나요?"

"아버지의 비난에 대응하지 못하고, 대책 없이 울고만 있는 모습이 불쌍했죠."

이렇게 말하며 그녀는 아까보단 편안히 눈물을 흘린다. 그러다가 다시 자세를 고쳐 앉으며 말한다.

"한편으로는 불쌍하면서도 그런 어머니가 무기력해 보여서 보기 싫었어요. 화가 났었어요."

이렇게 말하면서 그녀는 휴지를 한 장 뽑아서 눈물을 닦는다. 화가 났다고 말하면서도 아까보단 훨씬 누그러진 목소리다. 시간이 다되어서 다음 약속 시간을 잡은 뒤 나는 상담을 마친다.

수선화가 오늘 마지막 내담자였으므로 그녀가 나가고 난 뒤 나는 오늘 오후에 했던 상담 내용들을 좀 정리할까 싶어 책상 앞에 앉아 노트북을 펼친다. 그러나 집중이 잘 되지 않는다. 의자에 앉은 채 잠시 눈을 감는다. 수선화의 얼굴이 떠오른다. 그녀의 슬픈 눈동자가 눈앞에 어른거린다. 눈물이 나오는데도 감정을 안 느끼려 애를 쓰는 그녀의 모습이 애처롭게 느껴진다. 나도 모르게 눈물이 주르륵 흐른다.

나는 순간 당황스럽다. 아니, 왜 이러지? 그녀의 행동을 보며 내게 왜 이런 감정이 일어나지? 이건 분명히 나의 미해결 감정일 것 같은데 이게 뭘까? 나는 이 감정에 좀 더 머물러본다. 문득 수선화의 얼굴에 겹쳐져 떠오르는 얼굴이 하나 있다. 아, 그렇구나. 그러고 보니 수선화와 닮은 데가 있네? 38년 전의 일이 떠오른다.

1979년 10월 26일 저녁 조희정과 나는 서울시청 앞 소공동에 있는 한 음식점에서 같이 밥을 먹고 있었다. 나는 그녀와 함께 독일 유학을 떠날 준비를 다 마친 상태였다. 함께 하이델베르크대학의 입학허가서를 받았고, 이제 비행기 표만 사서 떠나면 되었다. 사실 그때 우리는 이미 독일에 가 있었어야만 했다. 독일 대학의 신학기가 10월 15일에 시작하기 때문이다. 그런데 아직 서울에 남아 있었던 이유는 오로지 그녀 때문이었다.

나는 이미 회사에 사표를 내고 짐을 다 꾸린 뒤 항공권 예약도 해놓은 상태였다. 하지만 그녀가 갑자기 출국을 며칠 앞두고 이유 없이 내게 이별 통보를 해온 것이었다. 그녀와 3년을 사귀는 동안 그런 일이 몇 번이나 있었지만, 그때마다 대화를 통해 어렵게 고비를 넘겼다. 하지만 이번에는 여느 때와는 달리 전화도 받지 않을 뿐 아니라, 회사로 찾아가도 만나주지 않았다. 나는 더 이상 출국을 미룰 수 없어 그날 마지막으로 한 번 더 그녀를 만나러 갔던 것이다. 내가 다음 날 떠난다는 말을 하지 않았더라면 그녀는 아마도 그날도 나를 안 만나줬을 것이다.

그날 저녁 밥을 먹으면서 그녀와 나는 둘 다 말이 없었다. 내가 하고 싶은 말은 이미 여러 번 했고, 그녀는 평소 말이 없는 편인 데다 이번에는 조개처럼 완전히 입을 닫아버렸기 때문이었다. 하지만 나는 그녀의 표정을 통해서 그녀가 눈물을 흘리지 않으려고 애써 참고 있다는 것을 느낄 수 있었다. 그런 그녀를 보면서 나는 마음이 안쓰러워 눈물이 주르륵 흘러 나왔다.

나는 그녀를 정말 이해할 수 없었다. 왜 나에게 이유를 말해주지 않는 걸까? 내가 잘못한 것이 있으면 말을 해주면 내가 노력할 수 있을 텐데. 아니 최소한 이해라도 할 수 있을 텐데. 그녀가 이별 통보를 해올 때 한 말은 "영민 씨와 나는 서로 맞지 않는 사람인 것 같아요." 가 전부였다. 수선화처럼 그녀도 의지가 매우 강한 여자였다. 자신의 일엔 철저했으나 자신의 감정을 이야기하는 경우는 드물었다.

그날이 그녀를 본 마지막 날이었다. 박정희 대통령이 김재규 중앙 정보부장에게 살해당한 시각인 저녁 7시 40분 즈음에 우리는 저녁을 먹고 헤어졌다. 다음 날 출국 예정이었으나 박정희 대통령의 죽음으로 인해 공항이 폐쇄되고 출국 금지가 내려지는 바람에 나는 닷새나 서울에 더 머물러야 했음에도, 그녀와는 다시 만나지 못했다.

하지만 그녀는 지난 38년간 내 마음속에서 한시도 떠난 적이 없다. 내가 그녀를 깊이 사랑했었기 때문이었을까? 아니면 그녀로부터 받은 깊은 상처 때문이었을까? 나는 아직도 잘 모르겠다.

갑자기 광호에게 전화하기로 한 것이 생각났다. 바로 전화를 걸었다. 다행히 광호와 연결이 되었다. 내일 저녁에 만나자고 하는 것을 내일은 장모가 있으므로 오늘 저녁에 만나자고 졸랐다. 조희정에 대한 소식을 알아냈다고 하니 하루라도 더 기다릴 수 없었다. 그와 약속한 인사동으로 택시를 타고 가는 내내 가슴이 심하게 방망이질을 했다.

독일에 사는 동안 간간히 한국에 나올 때마다 그녀와 나를 함께 알았던 대학 친구들을 통해 그녀의 소식을 물었으나 거의 종적을 감추다시피 하는 바람에 아무도 아는 바가 없었다. 한동안 포기하고 살았는데 한 열흘 전에 대학동창회에 나갔다가 우연히 호주에 살다 잠시 한국에 나온 송광호를 만난 것이다. 내가 그녀를 알게 된 것은 광호의 여동생을 통해서였다. 광호가 그의 여동생 현숙이를 들들 볶아 그녀 친구들 네 명을 데리고 나오게 하고, 우리도 광호를 포함해서 친구들 다섯 명이 그룹 미팅을 했는데, 거기서 그녀를 만나게 된 것이었다.

인사동의 한 음식점에서 광호를 만나자마자 나는 대뜸 숨 쉴 틈도 안 주고 "그래 어떤 소식이야? 지금 어디에 살고 있대?" 하며 다그쳐 묻는다. 그는 바로 답을 주지 않고, "잠깐 우리 주문부터 좀 하고 천천히 이야기하세."라고 말하며 나를 진정시킨다. 나는 조바심이 났지만 달리 방법이 없어 그의 제안을 따른다. 하지만 마음은 정말 초조하다. 그렇게 뜸을 들이는 그가 좀 얄밉다.

우리는 차림표를 보고 주문을 했다. 음식이 나오기 전에 먼저 막걸리를 한 병 시켜서 한 잔씩 따라 건배를 하고 마셨다. 그러고도 그는 이런저런 동창들 이야기며, 서울이 얼마나 달라졌는지 등의 이야기를 늘어놓았다.

나는 더 이상 참지 못하고, 그에게 "그래, 희정 씨는 지금 어떻게 살고 있대. 결혼은 했대?"라고 묻는다. 그는 할 수 없다는 듯이 이야기를 꺼낸다. 하지만 본론으로 들어가기 전에 어떻게 그녀의 소식을 알아냈는지에 대해 다시 장황하게 설명을 늘어놓는다.

"있잖아? 그게 정말 쉽지 않더라고. 걔가 완전히 종적을 감추었더라고……. 현숙이가 걔하고 친했잖아. 근데 현숙이한테도 연락을 딱

끊었더라니까. 아마 자네한테 말이 들어갈까 봐 일부러 그렇게 한 것 같았어. 어떻게 겨우 몇 사람을 건너 희정 씨 오빠 연락처를 알아낸 거야. 현숙이가 이번에 정말 애를 많이 썼어……."

"그랬구나. 그래 알겠어. 그런데 희정 씨는 지금 어떻게 살고 있대?"

나는 더 이상 기다릴 수가 없어 그의 말을 자르며 빨리 결과를 알려달라고 보챈다. 그는 잠시 말을 멈추더니, 다시 술잔에 막걸리를 따라 혼자 벌컥벌컥 마신다. 그러고 나서 결심을 한 듯 천천히 말을 꺼낸다.

"걔가 있잖아, 한 2년 전에 자궁암으로 죽었대."

이렇게 말한 다음 그는 다시 막걸리를 한 잔 더 따라 마신다. 나는 망치로 뒤통수를 한 대 맞은 것 같은 큰 충격을 받는다. 어지러워서 쓰러질 것 같다. 다음 순간 눈물이 막 쏟아져 내리기 시작한다. 이때 상 위에 음식이 들어오기 시작한다. 나는 자리에서 일어나 화장실로 가서 소리 내어 운다. 한참을 울다가 세수를 하고 돌아오니 광호가 혼자 술을 마시고 있다.

"결혼은 했었대?"

취기가 올라 얼굴이 벌게진 그를 보며 내가 묻는다.

"아냐, 안 했어. 그게 말야. 그런데……."

그가 다시 우물쭈물하는 것 같다.

"그런데, 뭐?"

"딸이 하나 있대."

"그래? 결혼을 안 했다면서?"

"자네 딸이라는구만"

"뭐라고?"

나는 다시 기절할 것 같다. 아까보다 더 세게 뒤통수를 한 대 맞은 느낌이다. 이번엔 눈물이 나오지 않는다. 나는 기억을 더듬어본다. 아, 그럴 수 있겠다. 그녀가 내게 갑작스럽게 이별 통보를 한 건 함께 뜨겁게 사랑을 나누고 난 다음 날 아침이었다. 독일 떠날 준비를 마치고 이제 일주일 뒤에는 출국을 앞두고 있던 때였다.

"딸이 지금 몇 살이래?"

"서른여덟이라고 했지 아마?"

그렇구나. 맞네. 그때 임신했으면 80년생이니 지금 서른여덟 살이 맞아. 갑자기 나는 알 수 없는 감정이 한꺼번에 나의 가슴과 내장을 송두리째 뒤집어놓으며 휘젓고 돌아다니는 느낌이 든다. 거대한 파도가 순식간에 나를 덮쳐 사나운 풍랑이 노하여 울부짖는 바다 한 가운데로 끌고 가 내동댕이치는 이미지가 떠오른다.

나는 이리저리 떠밀려 표류하고 있다. 옆에는 나와 함께 조그만 나뭇잎 두 개가 파도에 이리저리 끌려 다니다 바다 속으로 휩쓸려 들어갔다가 어느 순간 다시 파도의 꼭대기로 솟구쳐 오르기를 반복하고 있다. 어느 순간 나뭇잎 하나는 바다 속으로 삼켜져 더 이상 보이지 않는다. 남은 나뭇잎 하나도 방향을 잃고 나와 함께 기구하고도 얄궂은 운명에 내맡겨진 채 이리저리 풍랑에 부대끼며 처절하고 외로운 싸움을 벌이고 있는 모습이 떠오른다.

"그 아이는 지금 뭐하고 있대?"

"종합병원에서 임상심리사로 일하고 있대."

"맙소사. 오, 하느님 감사합니다."

나도 모르게 이 말이 입 밖으로 튀어나왔다. 눈물이 왈칵 쏟아져 나온다. 광호가 보는 것도 개의치 않고 눈물을 주르륵 주르륵 흘린다. 두 모녀가 그동안 이 힘든 세상에 어떻게 살아남았을까? 지난 38년 동안 독일에서 살면서 늘 그녀 생각을 했지만 소식을 몰라 답답했었는데, 이렇게 된 거였구나.

"걔 이름이 뭐래?"

"조민희. 여기 전화번호가 있어."

그는 내게 민희의 근무처와 전화번호를 적은 쪽지를 건네준다.

"그런데 그 아이의 성이 왜 조 씨야?"

"미혼모잖아? 오빠 호적에 올렸나 봐."

그랬었구나. 그랬었구나. 다시 눈물이 막 쏟아진다. 어깨를 들썩이면서 울고 있는 나를 광호가 건너와서 안아준다. 그의 품에 안겨 한참을 더 운다. 늦은 밤에 술이 많이 취해 광호와 작별하고 택시를 타고 뉴런하우스로 돌아오며 나는 온통 민희 생각뿐이다. 구름이와 송이가 짖는 소리에 오아시스가 달려 나와 현관문을 열어준다. 그를 보는 순간 어떤 주체할 수 없는 감정이 올라와 그를 와락 껴안는다.

너에게 말하기

    새벽에 눈이 떠졌다. 희정 씨의 얼굴이 떠오르며 가슴속 저 깊은 곳으로부터 알 수 없는 슬픔이 뭉게구름처럼 피어오른다. 그러더니 어느새 그것들은 시커먼 먹구름으로 변하여 바람에 쫓겨 이리저리 흩날리는가 싶더니 세찬 비바람으로 바뀌어 새벽 바다를 강타하기 시작한다. 바람은 점점 세어지며 풍랑이 크게 일면서 저 깊은 바다의 밑바닥까지 뒤집어놓는다. 나는 침대에 누운 채 오열을 한다.

    "희정 씨, 왜 그랬어요? 왜 내게 말 안 했어요?"

    "그동안 얼마나 힘들었어요?"

    "바보, 왜 그렇게 숨었어요?"

    나는 침대에서 일어나 창가로 가서 커튼을 열어젖힌다. 먼동이 터 오는 것을 바라보다가 흐르는 눈물을 닦고서 책상 앞에 앉는다. 노트북을 펼쳐 희정 씨에게 보내는 편지를 쓴다.

사랑하는 희정 씨,

닿지 못할 이 편지를 쓰는 까닭은

이렇게라도 하지 않으면

내 가슴이 터져버릴지도 모르기 때문이에요.

아니, 그보다도

당신의 가슴이 더 시커멓게 타들어가

흔적마저 없어져버릴까 해서요.

38년의 세월이 흘렀지만,

그건 단지 달력 속의 시간일 뿐

내게 그대는 아직 그때 그 모습

처음 만난 날 예쁘게 웃던 그 미소

내 마음속에서 날마다 웃어줘요.

무슨 까닭에 고운 얼굴

별안간 구름 속에 감추어버렸나요?

당신이 떠난 빈 하늘

이제 어딜 가도 만날 수 없다니

기가 막히고 믿을 수 없어

길바닥에라도 주저앉아

어린아이처럼 소리치며 울고 싶네요.

나는 노트북을 덮고 한참 동안 의자에 멍하니 앉아 있다. 그러다가 갑자기 광호가 어젯밤에 건네준 쪽지가 생각난다. 손가방에서 쪽지를 찾아내 펼쳐본다.

혜화병원 정신건강의학과 임상심리사 조민희 010-536x-3787

아직 새벽이라 전화하기엔 좀 이른 것 같다. 나는 백지에다 내 이름과 희정 씨 그리고 민희의 이름을 차례로 나란히 적어본다.

김영민, 조희정, 조민희

나는 이름 한 자, 한 자를 손으로 천천히 더듬어 만져본다. 마치 그것들이 살아 있는 생물이나 되는 것처럼 만지며 느껴보고 싶다. 어느 순간 글자들이 꿈틀거리며 반응하는 것 같은 느낌이 든다. 내가 사랑스럽게 어루만져주자 개네들도 좋아서 반응하는 것 같다. 구름이와 송이를 만져주면 꼬리를 흔들며 내 몸에 부비는 것처럼 글자들이 하나씩 내 손가락 끝으로 다가와 비비기도 하고 핥기도 한다. 기분이 좋아진다.

나는 개네들과 좀 더 놀고 싶어 한 자씩 붙였다 뗐다 하며 장난을 친다. 그러다보니 문득 새로운 이름이 생겨난다. 영희, 영정, 민희, 민정. 엇? 이게 뭐야? 민희가 여기서 나오네? 나는 깜짝 놀란다. 아, 그렇구나. 희정 씨가 내 이름과 자기 이름에서 한 자씩 떼어서 우리 딸의 이름을 만들었구나. 나는 다시 울컥 눈물이 쏟아진다. 희정 씨가 끝까지 나를 안아주고 있었구나. 우리 아이에게 한 자씩 물려준 걸 보니, 우리는 내내 함께 있었구나. 하염없이 눈물이 쏟아져 나온다.

한 시간을 더 기다리다가 아침 8시가 되어 핸드폰을 꺼낸다. 토요일 아침이라 아직 너무 이를지도 모른다는 생각을 하지만, 더 기다리기 어려워 그냥 전화를 한다. 발신음이 두 번 세 번 울린다. 수화기 저쪽에서 '여보세요. 조민희입니다.' 밝은 목소리가 들려온다. 나는 잠시 호흡을 가다듬고 천천히 말한다.

"안녕하세요? 저는 김영민이라고 하는 사람인데, 독일에서 잠시 다니러 나왔습니다."

다음 말을 어떻게 해야 하나 잠시 망설이고 있는데, 다행히 저쪽에서 내 말을 받는다.

"안녕하세요? 박사님. 저 박사님 알아요. 임상심리학회에서 뵌 적이 있어요."

이렇게 말하는 그녀의 목소리는 여전히 밝았으나 용건을 궁금해하는 느낌이 전해온다.

"아, 그러세요? 반갑습니다. 어떻게 말을 건네야 할지 좀 걱정이 되었는데 다행입니다. 다름 아니라 한 번 만나봤으면 해서요."

"네. 저를요? 무슨 일로 그러시는지……?"

"개인적인 일인데, 만나서 말씀드렸으면 합니다."

"아, 네……."

"빠르면 빠를수록 좋을 것 같습니다. 나는 오늘도 괜찮습니다."

이렇게 말하는 내 목소리는 차분하지만 가슴은 방망이질을 하고 있다.

"……."

그녀는 잠시 대답이 없다. 느낌이 좀 이상하다. 내가 모르는 무언가가 있는 것 같다. 이런 상황에서 침묵은 무얼 의미하는 걸까?

"갑자기 전화를 드려 당황스러우실 것 같아 죄송합니다."

"아, 아니에요. 오늘은 하린이가 집에 있어 어렵겠고, 월요일 점심 시간에 잠깐 괜찮아요."

'아니 얘가 방금 뭐라고 그랬지? 하린이라고? 그럼 내게 손녀가 있단 말이지?' 나는 또 한 번 놀라지만, 최대한 평정심을 유지하면서 민희와 만날 시간과 장소를 정하고 전화를 끊는다. 나는 옷을 챙겨 입고 곧장 밖으로 나와 성북천을 따라 무작정 걷는다. 걷고 또 걷는 다. 집에 가만히 앉아 있을 수가 없었다. 습하고 무덥던 긴 장마가 끝 나가고 어느새 길섶에는 분홍색 코스모스들이 하나 둘 바람에 한들 거리고 있다.

……

오늘은 창모 시간이 된 줄도 모르고 상담실 책상에 앉아 옛 앨범 을 뒤적거리고 있었다. 친구들과 함께 교정에서 찍은 사진도 있고, 희 정 씨와 함께 대성리와 강촌에 놀러가서 찍은 것들도 몇 장 남아 있 다. 내 팔짱을 끼고 환히 웃고 있는 그녀를 보면서 절로 미소가 지어 진다. 문을 노크하는 소리가 들려 "네" 하고 대답하니 평화가 문틈으 로 고개를 쑥 내밀며 말한다.

"나그네 님, 창모 시작할 시간 되었어요."

"아, 벌써 시간이 그렇게 됐나요?"

나는 대답하고 앨범을 얼른 덮고, 상담실 문을 열고 나와 맞은편의 사랑방으로 들어간다. 오늘은 스물네 번째 모임이다. 사랑방에는 님들이 삼삼오오로 모여 서로 화기애애하게 이야기들을 하고 있다가, 내가 들어가니 다들 자리를 잡고 앉는다. 나는 막대기를 들어 종을 뎅, 쳐서 시작을 알린다. 여느 때처럼 잠시 침묵이 흐른다. 하지만 다들 이제 이 분위기에 익숙해져 편안한 모습이다.

"저는 오늘 기분이 무척 좋습니다."

새벽이다. 그가 창모에서 맨 먼저 말을 꺼낸 것은 처음이다.

"새벽 님이 뭣 때문에 오늘 기분이 좋으신지 궁금하네요?"

봄비가 새벽을 쳐다보며 밝은 목소리로 묻는다.

"바람 님이 오늘 제게 먼저 인사를 했거든요."

이렇게 말하며 그는 만면에 환한 웃음을 짓는다.

"아, 그건 저도 느꼈어요. 바람 님이 제게도 다가와서 미소를 지어 줬거든요."

행복한 표정을 지으며 이번엔 오아시스가 말한다.

"저는 좀 서운합니다."

평화가 뾰로통한 표정을 지으며 볼멘소리를 한다.

"아니 왜요? 누구한테요?"

봄비가 의아한 듯 평화를 쳐다보며 묻는다.

"바람 님이 저를 못 본 척하셔서 서운합니다."

그는 가슴을 쭉 펴 약간 거만한 자세를 취하며 찡긋 웃는다. 나는 지금 그가 농담을 한 거란 걸 잘 안다. 하지만 이는 단순한 농담이라기보다는 바람과 좀 더 친해지고 싶은 마음을 에둘러 표현한 것이리라. 나는 그가 자신의 욕구를 유머 뒤에 감추기보다는 바람에게 직접 표현하도록 해주는 것이 좋겠다고 생각한다.

"평화 님! 그 말씀을 바람 님을 쳐다보면서 직접 해보세요."

나의 이 말에 평화는 멈칫하며 당황한 표정을 지으며 손사래를 친다.

"아니에요! 농담입니다."

"그러지 마시고 아까 하셨던 말씀을 바람 님에게 직접 해보세요."

나는 물러서지 않고 정색을 하며 그에게 재차 요구를 한다. 그는 매우 난처한 표정을 지으며 주변을 두리번두리번 살피더니 방바닥을 보며 말한다.

"바람 님, 저… 좀 서운했어요."

"아니, 그렇게 하지 마시고 바람 님 눈을 맞추고 다시 말씀해보세요."

나의 제안에 그는 한숨을 푹 쉬더니 심호흡을 한 다음 바람을 쳐다보며 말한다.

"바람 님, 저 좀 서운했어요. 아까 사랑방에 들어올 때 제가 인사를 했는데 바람 님이 못 본 척하셔서요."

우리는 다 같이 바람을 쳐다본다. 그녀는 조금 당황한 것처럼 보였으나 다음 순간 평화를 똑바로 쳐다보며 또박또박 말한다.

"저는 평화 님 못 봤는데요?"

다들 한꺼번에 와아 하고 폭소가 터진다. 평화도 같이 따라 웃는다.

"아, 그러신 것 같더라고요. 그래도 저… 바람 님 좋아하는 것 아시죠?"

그는 머리를 긁적거리며 바람에게 눈을 찡긋하며 미소를 보낸다. 여기서도 평화는 다시 자신의 마음을 직접 표현하기보다는 유머로 포장하여 슬쩍 피해버린다. 나는 다시 개입을 한다.

"평화 님, 자리에서 좀 일어서보실래요?"

"제가요? 왜요?"

그는 어리둥절하여 나를 쳐다본다. 내가 정색을 하고 그를 쳐다보자 할 수 없다는 듯이 자리에서 엉거주춤 일어선다. 님들은 모두 이 새로운 상황에 약간의 놀람과 호기심을 갖고 그를 쳐다본다.

"방석을 들고 바람 님 앞에 가서 마주 보고 앉아보시겠어요?"

나의 뜻밖의 제안에 그는 몹시 난처한 듯 망설인다. 내가 흔들리지 않고, 가만히 그를 응시하자 그는 할 수 없이 자신이 앉았던 방석을 들고 바람 앞에 가 앉는다. 님들은 모두 이 과정을 매우 흥미진진하게 바라보고 있다. 바람은 조금 긴장된 표정으로 자세를 고쳐 앉아 그의 얼굴을 쳐다본다.

"자, 평화 님 이제 아까 하셨던 말씀을 바람 님에게 직접 해보세요. 바람 님에게 자기가 좋아하는 것 아느냐고 물으셨던 것 같은데?"

그는 몹시 당황한 듯 몸을 비비꼬며 어색해하더니 마침내 헛기침을 몇 번 하고선 목청을 가다듬어 말을 한다.

"바람 님, 저 제가 바람 님 좋아하는 것 아시죠?"

"모르겠는데요."

모두들 다시 폭소를 터뜨린다. 평화도 함께 크게 웃는다. 그러나 그는 이제 어떻게 해야 할지 몰라 내가 앉은 쪽으로 뒤돌아본다. 나는 그를 좀 지지해줘야겠다는 생각을 한다.

"평화 님, 바람 님이 모른다고 하시니 설명을 좀 해드리시죠. 평화 님이 바람 님을 왜 좋아하는지, 언제부터 좋아했는지, 뭐 그런 거를 말씀해주시죠."

나의 이 멘트를 듣더니, 그는 갑자기 용기가 생겼는지 자세를 꼿 꼿이 세우더니 말을 술술 하기 시작한다.

"저, 바람 님 좋아합니다. 솔직하고 멋있으세요. 제가 처음에 속마 음을 표현하기 어렵다고 했을 때 공감해주셨거든요. 그때 고마웠어 요. 그리고 제 상처를 개방했을 때 바람 님이 저한테 솔직하고 순수 해 보인다며 지지해주셨거든요. 그때도 정말 고마웠어요."

이 말을 하는 그의 표정은 무척 진지하고 따뜻한 느낌이 든다. 바 람의 얼굴을 보니 그녀의 표정도 밝다. 그녀는 손을 불쑥 앞으로 내 밀어 평화의 손을 잡더니 씩씩하게 말한다.

"저도 평화 님 좋아해요. 따뜻하고 배려심이 많으시잖아요. 무엇 보다 솔직하고 순수하셔요."

이 말을 들은 평화는 흐뭇한 표정을 지으며 말한다.

"바람 님이 그렇게 말씀하시니 기분이 되게 좋네요. 그런데, 바람 님 한 가지 더 말씀드려도 돼요?"

그는 바람의 눈을 보며 말한다. 바람이 고개를 끄덕여 동의를 표 하자 그는 큰오빠처럼 다정하게 말한다.

"바람 님이 아침을 잘 안 먹잖아요? 걱정이 돼요. 아침 좀 챙겨 드 셨으면 좋겠어요."

이 말을 하자 바람의 눈시울이 빨개지더니 눈물이 한 방울 뚝 떨 어진다.

"고마워요, 평화 님. 평화 님은 정말 따뜻한 분이세요."

이렇게 말하며 손등으로 눈물을 닦는다.

"네, 평화 님 이제 됐어요. 자리로 돌아가시죠."

나의 이 말에 둘은 서로 고개를 꾸벅 숙여 인사를 하고, 평화는 방석을 챙겨서 뚜벅뚜벅 자기 자리로 돌아가 앉는다.

나는 님들을 한번 쭉 둘러본다. 표정들이 모두 진지해 보인다. 간혹 눈시울이 붉어진 님들도 보인다. 평화가 바람에게 던진 사소한 농담을 계기로 시작됐지만, 이 작업은 지켜보는 모든 님들의 가슴에 잔잔한 파장을 일으킨 것 같다. 서로에 대한 따뜻한 관심과 배려가 언어로 표현되면서 이를 계기로 서로 간에 끈끈한 연대감이 형성되는 것 같다.

"햇살 님이 울고 계시는 것이 마음 쓰여요."

오아시스가 근심스런 표정을 지으며 말한다. 돌아보니 바람 옆에 앉은 햇살이 눈물을 닦고 있는 모습이 눈에 들어온다. 고개를 숙인 그녀의 조그만 얼굴이 웨이브 머리에 가려 잘 안 보이고, 갈색의 동그란 고리 모양의 귀걸이만 귓바퀴에 매달려 달랑거리고 있다. 모두의 시선이 햇살에게 집중된다. 그녀는 황급히 자세를 고쳐 앉으며 말한다.

"죄송해요. 아무것도 아니에요."

그녀는 마치 나쁜 짓 하다가 들킨 사람처럼 얼른 수습을 하며, 님들이 제발 자신에게서 관심을 거둬줬으면 하는 표정을 짓는다.

모두들 이런 상황에서 어떻게 해야 할지 몰라 가만히 있다. 하지만 마음들이 편치는 않아 보인다. 리더인 나로서는 이런 순간에 신속

한 결정을 내려야 한다. 님들 사이에서 어떤 반응이 나올 때까지 좀 더 기다려보거나, 아니면 님들의 상호작용을 촉진시키기 위해 내가 나서든가. 침묵이 좀 길어지므로 나는 후자 쪽을 선택하기로 한다.

"햇살 님은 자신의 감정이 아무것도 아니라고 말씀하시네요?"

"……"

그녀는 내 질문의 의미를 정확히 이해하지 못한 듯 고개를 돌려 나를 멀뚱히 쳐다본다. 늘 자신의 욕구를 억누르고 타인을 배려하면서 살아온 사람들에게 이런 질문은 상당히 생소할 수 있다. 나는 그녀가 지금까지 자기가 없이 타인 중심으로 살아왔다는 것을 깨닫게 도와줄 필요가 있다고 생각한다.

"햇살 님이 우시는 것이 마음 쓰인다고 오아시스 님이 말했는데, 그것이 어떻게 느껴지셨나요?"

"죄송했어요."

그녀는 고개를 아래로 떨구면서 들릴락 말락 한 소리로 말한다.

"왜 그것이 죄송했나요?"

"폐를 끼치는 것 같아서……."

"햇살 님이 슬픈 감정을 느끼는 것이 다른 님들에게 폐가 될 것 같다는 말씀이신가요?"

"……"

그녀는 말문이 막힌다. 자기가 그렇게 말한 것 같긴 한데, 어쩐지 말이 좀 안 되는 것 같아서다. 그녀는 혼란스러워진다. 나는 그녀가 앞으로 한 걸음 더 나아갈 수 있도록 실험을 하나 제안한다.

"햇살 님, 님들을 한번 쭉 둘러보시겠어요? 님들 가운데 햇살 님이 슬픈 감정을 느끼시는 것이 폐가 될 것 같은 분을 한 분만 지목해 보시겠어요?"

"……."

그녀는 님들을 쭉 돌아보더니 아무도 고르지 못하고 머뭇거린다. 님들은 모두 그녀를 관심 있게 지켜보고 있다.

"아무도 없으신가 보네요?"

그녀의 고개가 약간 끄덕인다.

"좋습니다. 그렇다면 아까 왜 우셨는지 저희에게 말씀해주실 수 있겠어요?"

나는 진지하게 그녀를 쳐다본다. 그녀는 잠시 머뭇거리더니 작은 목소리로 대답한다.

"평화 님이 바람 님한테 아침 챙겨먹으라고 말할 때 슬펐어요."

"그것이 왜 슬프셨어요?"

내가 다시 조용히 묻는다.

"바람 님이 관심받는 것이 부러……."

여기까지 말을 하다 그녀가 갑자기 고개를 숙이며 황급히 손으로 입을 가린다. 울컥하는 감정이 올라오는 것을 막기 위해서다. 그럼에도 불구하고 '꺼억꺼억' 하는 소리가 손가락 사이로 새어 나온다.

"햇살 님, 소리 좀 내고 우셔도 괜찮아요. 아무에게도 폐가 안 돼요."

봄비가 안타까운 눈빛으로 바라보며 말한다.

"맞아요. 햇살 님 편안하게 우셔도 돼요."

새벽이 손으로 자기 가슴을 문지르며 울먹거리는 목소리로 말한다. 그러자 그녀는 더 참지 못하고 소리 내어 울기 시작한다. 봄비가 햇살 곁으로 달려가 안아주자 그녀는 엄마 품에 안긴 아이처럼 흐느껴 운다. 여기저기 함께 눈물을 흘리는 님들의 모습이 보인다.

그녀가 울음을 그치고 바로 앉자 나는 그녀에게 님들을 한 사람 한 사람 천천히 눈을 맞추면서 바라보라고 제안한다. 님들은 그녀에게 따뜻한 눈빛으로 미소를 보내준다. 그것을 보며 그녀의 눈에 다시 눈물이 고인다.

"지금 어떤 것이 느껴지세요?"

"님들의 눈이 따뜻하게 느껴져요."

"햇살 님이 우신 것이 님들에게 폐가 된 것 같아요?"

나의 이 질문에 그녀는 고개를 가로 젓는다.

"그렇죠? 폐가 안 되죠?"

그녀는 고개를 살짝 끄덕이면서 수줍은 미소를 짓는다. 잠시 침묵이 흐른다. 그녀를 지켜보는 님들의 표정이 한결 편안해 보인다. 오아시스가 주변을 살피더니 나를 쳐다보며 말을 꺼낸다.

"나그네 님, 저 햇살 님에게 할 말이 있는데, 해도 돼요?"

"그럼요. 해보세요. 햇살 님 앞에 가서 마주보고 하세요."

나의 이 말에 그는 약간 멈칫하더니, 방석을 들고 햇살 앞에 가 앉아 말을 꺼낸다.

"햇살 님, 아까 처음에 제가 햇살 님이 울고 계시는 것이 마음 쓰인다고 말했을 때, 햇살 님이 저에게 죄송하다고 말했잖아요? 그때 제 모습을 보는 것 같아서 참 슬펐어요. 저도 그랬거든요. 저도 다른 사람처럼 무지 관심받고 싶으면서도 나는 받으면 안 될 것 같고, 누가 제게 관심 주면 되레 부담스럽고, 미안하고 그래서 아닌 척하고 살았던 것들이 떠올라 마음이 많이 아팠어요. 그런데 햇살 님이 오늘 저희에게 우는 모습을 보여주셔서 고마웠어요. 햇살 님이 우시는 것이 제게는 정말로 폐가 안 되었어요. 제가 햇살 님 한 번 안아드려도 될까요?"

이렇게 말하며 그는 햇살을 꼬옥 안아준다. 햇살은 눈물을 적시며 오아시스와 함께 포옹을 한다. 그녀는 오아시스가 다가와줘서 고맙다고 말한다. 그 말이 진심으로 느껴진다. 그가 자리로 돌아가자 이번엔 새벽이 자기도 할 말이 있다며 햇살 앞에 가 앉는다.

"햇살 님, 저 아까는 마음이 참 아팠습니다. 답답하기도 했고요. 편안히 울지 못하시고 울음을 자꾸 안으로 삼키실 때, 제 가슴이 터질 것 같았습니다. 저도 그렇게 살아왔거든요. 가난한 집 장남으로 태어나서 항상 부모님과 동생들 배려하고 신경 쓰느라 제 자신이 누군지도 모르고 살았어요. 햇살 님이 그래도 나중에 우는 모습을 보여주셨을 때, 제 가슴이 다 시원해졌습니다. 햇살 님은 우리 모두에게 아주 소중한 분이세요. 햇살 님이 슬프시면 저희도 꼭 알아야 합니다. 앞으로는 힘든 일이 있으실 때마다 저희에게 꼭 표현해주세요. 아시겠죠?"

이렇게 말하며 그는 아버지처럼 햇살을 다정하게 안아준다. 햇살의 눈에서 조용히 눈물이 흘러나온다. 오아시스와 새벽이 차례로 자기에게 다가와 마음을 표현하고 안아주는 것이 참 고맙다. 지금까지 살면서 자기에게 이렇게 관심 가져주는 사람이 있었던가? 그녀에게 이런 경험은 어색하고 생소하지만 처음으로 느껴보는 따뜻함이다. 누군가로부터 온전히 발견되고 수용되는 이런 경험은 처음인 것 같다. 그녀는 행복감을 느낀다.

새벽이 자기 자리로 돌아간 다음에 봄비와 바람, 그리고 바위가 차례로 햇살 앞에 방석을 들고 와 앉아서 그녀와 대화를 한다. 한 사람 한 사람이 진심을 다해 그녀의 눈을 바라봐주고, 안아주고, 자신들의 마음을 전달한다. 그녀는 정말 행복이란 단어가 이런 때 느끼는 감정인지 처음 깨닫는다. 눈이 떠진다. 주변을 살펴보니 모든 사물들이 좀 더 선명하게 보인다. 사물들이 생생하게 느껴지고, 빛이 난다. 자신의 몸도 느껴진다. 숨 쉬는 것도 느껴진다. '내가 살아 있구나.'가 생생하게 느껴진다.

나는 방 안의 님들을 한번 쭉 둘러본다. 서로 사랑을 나누는 연인들처럼 모두 얼굴이 붉게 달아올라 있다. 서로 쳐다보는 눈길에 친밀감과 애정이 흐르고 있고, 옆 사람과 다정하게 손을 잡고 서로 미소를 교환하는 님들도 보인다. 나는 지금 님들 사이에 흐르는 사랑의 에너지를 느낀다. 사랑은 마르틴 부버가 말했듯이 어느 대상에 부착되는 감정과는 다르다. 사랑은 나와 너의 만남을 가로막는 장애물[껍질]이 제거될 때, 나와 너 사이에 일어나는 사건이며 은총이다.

님들이 빙빙 돌려 이야기하거나, 분석하거나, 설명하거나 하지 않고, '너 앞에 가 앉아서' 눈과 눈을 맞추며 마음을 열어 진심으로 너에게 직접 말하는 '너에게 말하기'를 하면서 오아시스와 햇살, 새벽과 햇살, 봄비와 햇살, 바람과 햇살, 바위와 햇살 사이에 사랑이라는 사건이, 은총이 일어났다.

한동안 고요히 침묵이 흐르고 있는데, 오아시스가 정적을 깨며 조심스럽게 말을 꺼낸다.

"저는 지금 평화 님에게 마음이 좀 쓰입니다. 지금 어떤 마음이신지 궁금합니다."

님들이 그를 향해 고개를 돌린다. 그는 두 무릎을 세우고 팔짱을 껴서 거기에 얼굴을 묻고서 울고 있는 것처럼 보인다. 평소에 늘 활기차고 유머가 넘치던 그의 모습과는 너무 대조적이다. 님들이 모두 의아해서 그를 쳐다본다.

"평화 님, 괜찮으세요?"

새벽이 그에게 염려를 표한다. 그는 답이 없다. 양팔 사이에 얼굴을 묻은 채 꼼짝 않고 있다.

한참 동안 아무도 말을 하지 않는다.

"평화 님, 죄송해요. 평화 님이 힘드신 줄 몰랐어요."

오아시스는 마치 그것이 자신의 잘못인 양 용서를 빌듯 말한다.

"다들 신경 쓰시게 해서 죄송합니다. 그러나 제 마음이 참 힘드네요."

평화가 힘겹게 고개를 들면서 말한다.

"무엇 때문에 힘드신지 말씀해주실 수 있겠어요?"

내가 그에게 묻는다.

"분위기를 깰까 봐 조심스럽습니다만, 솔직히 아까 햇살 님에게 좀 화가 났습니다."

그는 오래 참았던 감정인지 불쑥 터뜨린다.

"뭐 때문에 햇살 님에게 화가 나셨나요?"

내가 다시 묻는다. 그는 조금 망설이는가 싶더니, 결심한 듯 말을 꺼낸다.

"햇살 님에게 저는 어떤 존재인지 모르겠습니다."

나는 지금 평화에게 어떤 강한 감정이 꿈틀거리고 있는 것이 느껴진다. 이런 상황에서 그에게 어떤 '설명'을 요구한다면 말이 길어지면서 핵심이 흐트러질 수 있다. 자칫 두 사람 사이를 가로막고 있는 장애물이 사라지기보다 오히려 벽이 더 두꺼워질 수도 있다. 나는 두 사람 사이에 진솔한 대화가 이루어지기 바라면서 다시 '너에게 말하기'를 제안한다.

"그 말씀을 햇살 님 앞에 가서 직접 해보시죠."

나의 이 말에 그는 잠시 머뭇거리더니 자리에서 일어나 방석을 들고 햇살 앞에 가 앉는다. 햇살은 자신의 앞에 와 앉은 그를 보면서 조금 당황하면서도 무슨 영문인지 몰라 좀 의아한 표정을 짓는다.

"저 아까 햇살 님에게 좀 서운했습니다. 처음에 햇살 님이 자신의 감정이 아무 것도 아니라고 하시면서 님들에게 폐가 될까 봐 죄송하다고 했을 때는 다른 님들처럼 저도 마음이 안타깝고 슬펐습니다. 하지만 나중에 바람 님이 저한테 관심받는 것을 보며 부러워서 슬펐다는 말씀을 하셨을 때, 갑자기 화가 났습니다. 저는 햇살 님에게 지난 백여 일 동안 뉴런하우스에서 함께 살면서 정말 많은 관심을 보여드렸다고 생각했는데, 제 마음이 하나도 전해지지 않았나 하는 생각이 들어 화도 나고, 참 슬펐습니다."

말을 마친 그의 표정은 화가 난 상태인지 슬픈 상태인지 잘 분간이 되지 않는다. 햇살은 그의 말을 듣고 나서 잠시 그의 눈을 빤히 쳐다보더니 갑자기 고개를 떨어뜨린다. 조금 있으니 그녀의 눈에서 눈물이 몇 방울 뚝뚝 떨어진다. 그러자 평화가 당황해서 어쩔 줄 몰라 하며 사태를 수습하려 한다.

"아, 제가 실수한 것 같네요. 햇살 님 죄송해요. 제가 오늘 제정신이 아니었나 봐요. 햇살 님 마음 아프게 해드려 죄송해요. 제가 잘못했어요. 울지 마세요."

그러자 그녀는 천천히 고개를 들어 평화를 쳐다보며 처연한 목소리로 말한다.

"아니에요. 평화 님. 제가 잘못했어요. 평화 님이 화내시는 것 당연하다고 생각해요. 그동안 평화 님이 제게 보여준 관심을 제가 왜 모르겠습니까……."

여기까지 말한 다음 그녀는 잠시 말을 잇지 못하고 울먹거리더니, 다시 말을 잇는다.

"그동안 제 마음도 참 힘들었어요. 평화 님의 관심을 온전히 받아들이지 못하고 자꾸 도망치는 제 자신이 답답했어요. 매일 절 데리러 오시는 것이 너무 좋으면서도 불안해하는 제 자신에게 화가 나기도 했어요. 지난번에 이젠 절 데리러 오지 말라고 말씀드린 뒤 너무 속상해서 혼자 울었……."

말을 채 끝내지 못하고 마침내 그녀는 울음을 터뜨린다.

"아닙니다. 제가 햇살 님 마음을 미처 헤아리지 못하고, 제 생각만 한 것 같아 미안합니다."

평화가 햇살의 손을 잡으면서 말한다.

"저 좀 안아주실래요?"

햇살이 평화를 쳐다보며 말한다. 평화가 약간 움찔하는 듯 했으나 얼른 팔을 벌려 그녀를 안아준다. 햇살은 평화의 품에 안겨 흐느껴 운다. 평화가 그녀의 머리를 쓰다듬어주며, 미안하다고 말한다. 그녀는 아니라고 말한다. 둘은 서로 꼭 껴안은 채 서로 등을 쓸어주기도 하고, 토닥여주기도 하면서 서로 미안하다고, 아니라고 말한다.

잠시 후 내가 침묵을 깨며 말한다.

"평화 님, 이제 자리로 좀 돌아가주실래요?"

나의 제안에 둘은 포옹을 풀고 서로 얼굴을 마주보며 웃는다. 그리고 아쉬운 표정으로 다시 서로 손을 잡아준 다음 헤어진다.

님들의 표정을 둘러보니 모두 얼굴에 행복이 가득 번지고 있다. 새벽은 흐뭇한 미소를 짓고 있고, 봄비는 무척 좋아서 신나는 표정이다. 오아시스는 들뜬 표정이고, 바위는 평화가 부러운 듯 자리로 돌아온 그의 얼굴을 자꾸 힐끔힐끔 쳐다본다.

"햇살 님, 축하해요. 평화 님과 앞으로 잘될 것 같아요. 두 분 정말 잘 어울릴 것 같아요."

봄비다. 그녀는 마치 자신의 일인 양 흥분해서 말한다.

"평화 님, 부럽습니다. 앞으로 두 분 잘되었으면 좋겠습니다."

바위가 부러운 듯이 평화와 햇살을 번갈아 보며 말한다.

나는 따뜻한 사랑의 에너지를 가슴에 담으며 막대기를 들어 종을 친다. 뎅.

파도타기

　민희를 만나기로 한 장소는 혜화동 로터리 부근의 조그만 일식집이었다. 뉴런하우스에서는 지하철로 한 정거장인 지척의 거리였지만, 혹시 싶어 여유 있게 출발한 터라 시간이 꽤 남았다. 나는 민희가 예약해둔 2층의 조용한 방에 앉아 창밖으로 길거리를 내려다보고 있다. 승용차들과 버스들이 쉴 새 없이 로터리를 돌아 대학로나 창경궁 방향으로 달려가고 있다. 보도 위에는 점심 시간이라 그런지 지나가는 사람들이 꽤 많다. 어느 순간부턴가 자꾸 행인들 사이의 젊은 여성들에게 시선이 끌리는 나 자신을 발견한다.

　어떻게 생겼을까? 희정 씨를 닮았을까 아니면 나를 닮았을까? 내가 바로 알아볼 수 있을까? 만나면 처음 무슨 말부터 해야 할까?

　마침 이곳 음식점 쪽으로 긴 웨이브 머리의 젊은 여성이 높은 구

두를 신고 걸어오는 것이 보인다. 가슴이 쿵쾅거린다. 음식점 입구에
와서는 좌우를 두리번거리는 것 같다. 나는 숨이 막힐 것 같다. 다음
순간 그녀는 길을 잘못 찾았는지 홱 뒤돌아서더니 오던 길로 돌아가
버린다.

"김영민 박사님이시죠?"

차분한 젊은 여성의 목소리가 들려온다. 뒤돌아보니 하늘색과 흰
색 스트라이프 블라우스에 검정색 스커트를 입은 호리호리한 몸매의
젊은 여성이 반쯤 열린 미닫이문 사이로 얼굴을 들이밀며 묻는다.

"조민희 씬가요? 어서 오세요."

신발을 벗고 문지방을 넘어 방으로 들어오는 그녀를 보니 몸에
강한 전류가 흐르는 느낌이 든다. 식탁을 사이에 두고 마주 앉은 그
녀의 얼굴을 찬찬히 바라본다. 하얀 피부에 양미간이 넓고 큰 눈에
오뚝한 코가 희정 씨를 많이 닮았다.

"엄마를 많이 닮았네요?"

말을 하며 내 목소리가 떨리고 있음을 알아차린다.

"늦어서 죄송합니다."

고개를 숙여 인사하는 그녀의 목소리가 절제되어 있다. 마침 종업
원이 주문을 받으러 와서 우리는 간단한 메뉴를 골라 시킨다.

"엄마가 내 이야기를 하지 않던가요?"

빛이 나는 그녀의 까만 눈을 응시하며 내가 조용히 묻는다.

"많이 하셨어요. 돌아가시기 전 몇 달 동안은 많이 보고 싶어 하셨
어요."

그녀는 창밖을 보며 말한다.

"왜 나를 찾지 않았는지 그 이유도 말해주시던가요?"

"……."

그녀는 고개를 숙이더니 말이 없다. 나는 38년 전을 떠올린다. '1979년 10월 26일 저녁 소공동의 한 식당에서 마지막으로 만나 같이 밥을 먹을 때, 조개처럼 입을 닫고 아무 말도 하지 않던 엄마처럼 이 아이도 똑같이 말을 하지 않으면 어떡하지?'란 생각에 난 초조해진다.

"이번에 우연히 대학동창회에 나갔다가 호주에 살다 잠시 나온 송광호라는 친구를 만나 엄마 소식을 처음 듣게 되었어요. 한국 나올 때마다 늘 엄마 소식을 수소문했는데, 아무도 몰랐어요. 왜 그동안 엄마가 종적을 감췄는지 아는 게 있어요?"

나의 두 번째 질문을 받자 그녀는 잠깐 더 머뭇거리더니 마침내 입을 연다.

"무엇부터 말씀을 드려야 할지 모르겠어요. 엄마는 제게도 아프기 전까지는 말씀을 잘 안 하셨어요."

이 말을 하는 그녀의 목소리가 좀 젖어 있다. 핸드백에서 손수건을 꺼내 눈물을 좀 찍어낸 다음 말을 잇는다.

"엄마가 현숙 이모에게 연락한 건 한 3년쯤 전이었어요. 오래 살기 어렵다는 걸 예감하시고, 아버지 소식을 좀 알아봐달라고 하신 거죠. 하이델베르크에 계시다가 베를린으로 이사를 가셨다는 것까지만 알아냈고, 이후 소식은 알 수 없어 많이 안타까워하셨어요."

"엄마가 나에 대해 뭐라고 말씀하시던?"

나는 어릴 때 연날리기를 하다 줄이 끊어진 연이 바람을 타고 하늘 높이 날아가는 걸 안타까운 마음으로 뒤쫓아가던 심정으로 그녀를 조른다.

그때 주문한 음식들이 나온다. 상 위에 음식들이 차려지는 동안 속이 탄다. 나는 그녀를 쳐다본다. 그녀는 잠시 고개를 숙이는가 싶더니 핸드백을 열어 하얀 편지 봉투를 하나 꺼내서 건네준다. 나는 그걸 얼른 손에 받아들고 개봉한다.

그리운 영민 씨에게,

염치없이 필을 든 저를 부디 용서하지 마세요. 영민 씨 가슴에 영원히 잊지 못할 상처를 남긴 저의 죄를 용서해달라는 말을 어찌 입 밖에 낼 수 있겠어요. 하지만 이제 죽음을 앞두고 제 진실을 더 이상 묻어두고 떠날 수 없어 이렇게 글 남깁니다.

제 사랑은 언제나 오직 한 사람 그대 영민 씨 뿐이었어요. 그대를 그렇게 떠나보낸 뒤 저는 죽을 생각이었어요. 만일 우리의 딸 민희가 태어나지 않았더라면, 아마도 저는 제 결심을 실행에 옮겼을 거예요. 돌이켜보면 이 세상에 태어나서 제가 행복했던 시간은 당신과 함께했던 3년과 민희를 낳고 힘들었지만 그래도 그 아이를 돌보며 키우던 시간들이었어요. 이 모든 것을 경험하게 해준 당신께 참으로 감사해요.

나이가 들고, 세상 풍파를 겪으며 제가 얼마나 어리석은 사람이 었는지 조금씩 깨닫게 되었어요. 하지만 여전히 저는 겁쟁이였어요. 세상을 믿지 못하고, 그토록 진실한 당신마저 믿지 못했으니 저는 정말 바보였어요. 알면서도 믿어지지 않아 그것이 참 고통스러웠어요. 이제 죽음을 앞두니 마음이 참 편안해졌어요. 더 이상 버림받을 것 같은 두려움을 느끼지 않게 되었으니까요.

이제 당신의 그 오롯한 사랑을 온전히 의심하지 않고 믿을 수 있게 되어 너무나 행복해요. 이제 와서 진실을 말한다는 것이 참으로 부끄럽지만, 저는 당신의 사랑을 받을 자격이 없다는 생각에 늘 당신으로부터 도망쳐 다녔어요. 만일 말기 암 선고를 받지 않았다면 지금도 여전히 도망치고 다닐지 모른다는 생각을 하면 병을 주신 하느님께 정말 감사해요.

저는 당신 말고 또 한 사람 이 세상에 정말 미안한 분이 계세요. 무당이셨던 어머니예요. 어려서 집안이 가난하여 권번에 보내져 기생이 되셨어요. 풍류를 즐기시던 양반집 도령인 아버지를 만나 저를 낳으셨어요. 6.25때 아버지가 인민군에게 끌려가 소식이 끊어진 후, 혼자 생계를 감당하기 어려워 온갖 고생을 하시다가 신내림을 받아 무당이 되셨어요. 무당집 딸이라고 놀림받던 것이 너무 창피하고 싫어서 어머니가 미웠어요. 하지만 나중에 어머니처럼 저도 혼자 아이를 키우면서 살아보니 어머니를 이해하게 되었어요. 저도 아마 신이 내렸으면 무당을 했을 거예요. 어머니에게 정말 미안해요.

당신이 저를 진심으로 사랑하는 걸 알면서도 믿지 못하는 제 자신이 너무 힘들어 죽고 싶었어요. 당신이 저를 싫어하도록 만들고도 싶었어요. 그래야 당신을 제가 안 믿어도 되니까요. 변함없이 저를 사랑하는 당신을 감당하기 힘들었어요. 아니 당신의 사랑을 믿지 못하는 제 자신을 감당하기 힘들었어요. 이제 진실을 말씀드리고 나니 마음이 홀가분하네요. 당신을 정말 사랑했어요. 그리운 당신을 만나지 못하고 생을 마감하는 것이 아쉽지만, 이렇게 글로서라도 다시 만날 수 있게 되어 기뻐요. 우리의 딸 민희와 손녀 하린이를 잘 부탁해요.

　　당신의 희정 올림

"바보, 무당 딸이 어때서……."

나는 편지를 손에 든 채 그만 울음을 터뜨린다. '바보, 바보…' 아랫배에서 시작한 울음이 가슴을 타고 올라와 목을 거쳐 얼굴로, 팔다리로 건너가 온몸을 휘돌아 쥐어짜는 오열로 터져 나온다.

"희정 씨, 사랑해요… 흐윽 흐윽… 희정 씨, 사랑해요… 흐윽 흐윽 흐윽."

한참을 울었더니 갑자기 온몸에 전류가 흐르면서 쥐가 나서 몸이 막 뒤틀리기 시작한다.

"어, 왜 이러지? 왜 이러지? 민희야, 내 몸이 왜 이러지?"

나는 어쩔 줄 몰라 민희를 쳐다보며 도움을 청하는 눈짓을 한다. 민희가 얼른 곁으로 달려와 내 몸을 주물러준다. 다시 울음이 터져 나온다. 민희도 같이 따라 운다.

"아빠… 아빠… 보고 싶었어요. 아빠…."

나를 부둥켜안고 울고 있는 민희를 꽉 안아준다. 내 가슴에 얼굴을 파묻은 채 민희가 소리 내어 운다. 둘이서 꽉 껴안고 한참을 함께 운다.

"그래, 민희야. 아빠 많이 보고 싶었지?"

내가 민희의 이마에 흐른 땀을 손으로 닦아주고, 얼굴을 가린 앞머리도 뒤로 넘겨주면서 묻는다.

"네. 아빠. 정말 많이 보고 싶었어요!"

"그랬구나. 그랬겠지… 미안하다. 정말 미안하다. 내가 널 좀 더 빨리 찾아왔어야 하는 건데…….".

"아니에요. 아빤 모르셨잖아요!"

몸을 바로 세우고, 앉은 매무새를 고친 민희는 내게 미소를 지으며 말한다.

"정말 기쁘다. 네가 이 세상에 태어난 걸 축하해……!"

나는 민희의 얼굴을 가까이 들여다보며 환히 웃는다. 민희도 함께 따라 웃는다. 나는 민희를 다시 한 번 꼬옥 안아준다.

"음식이 다 식어버렸네? 그래도 얼른 먹자! 배고프겠다."

밥을 먹으면서 나는 그녀가 밥 먹는 모습을 물끄러미 쳐다본다. 단정하게 앉아 한 손으로 내려오는 긴 머리를 옆으로 넘기며 밥을 먹는 모습이 참으로 사랑스럽다. 어릴 때 우리 오 남매가 밥 먹는 모습을 보시면서 아버지가 "논에 물 들어가는 거 하고, 자식 입에 밥 들어가는 거 보는 거가 세상에 가장 보기 좋다."고 말씀하시던 것이 생각난다.

"민희야, 많이 먹어. 뭐 새로 하나 시킬까?"

"아니요. 아빠. 됐어요. 저 원래 점심 많이 안 먹어요."

"그렇구나. 하린이는 지금 몇 살이니?"

"걔는 이제 다섯 살이에요. 예뻐요."

215

이렇게 말하며 민희는 활짝 웃는다.

"그렇구나. 어서 보고 싶구나. 직장 다니면 낮에는 어떡하니?"

"집 근처에 있는 유치원에 다녀요. 운이 좋았어요. 유치원 선생님들이 하린이를 많이 예뻐해주세요."

"참, 너 어디에 사니?"

"삼선동이요. 여기서 가까워요. 지하철로 한 정거장만 가면 돼요."

"뭐라고? 나하고 같은 동네에 살고 있네?"

우리는 서로 소스라치게 놀라며, 어떻게 이럴 수가 있는지 감탄도 하고 기뻐한다. 민희가 세 들어 사는 집은 뉴런하우스에서 걸어서 5분도 안 되는 거리였다.

"민희야, 이제 하린이 유치원 데려다주고 데려오는 건 내일부터 내게 맡겨라."

"아빠, 고마워요. 그렇잖아도 하린이가 한 번씩 아플 때나, 제가 일이 늦게 끝날 때마다 유치원 선생님들에게 너무 죄송해서 힘들었거든요."

"그랬구나. 그랬겠어. 이제 아무 염려 말거라!"

"아빠, 저 이제 그만 들어가봐야 해요."

나는 오늘 오후 상담을 모두 취소했으므로 여유가 있어 민희가 근무하는 병원까지 걸으며 배웅을 해준다. 저녁에 다시 민희의 퇴근 시간에 맞춰 하린이가 다니는 유치원 앞에서 만나기로 하고 헤어진다. 나는 택시를 잡아 탄다. 뉴런하우스까지는 얼마 안 되는 거리지만 걷기에는 좀 먼 거리기 때문이다. 택시 기사는 70대 중반쯤 보이는 남자분인데, 친절하게 나를 맞이해준다.

"어서 오세요. 어디까지 모실까요?"

"삼선교요. 아니 잠깐, 돈암동 로데오거리 입구에 내려주세요."

나는 돌연 계획을 바꾸며 이렇게 말한다.

"기사님은 혹시 손주가 있으신가요?"

나는 뜬금없이 기사에게 질문을 한다.

"네, 손자가 하나고, 손녀가 둘이나 돼요. 왜 그러신가요?"

"아, 오늘 저녁에 손녀를 만나기로 되어 있거든요. 손주들이 귀엽던가요?"

나의 이 질문은 그를 완전히 무장 해제시키고 만다. 그는 돈암동에 도착할 때까지 손주들 자랑하느라 내게는 말할 틈도 주지 않고 계속 혼자 떠들어댄다. 손주들 자랑을 하는 그가 정말 행복해 보인다.

"제가요. 이제 2년만 있으면 팔십입니다. 제가 왜 아직도 일을 하는 줄 아십니까? 제 먹고살 돈 정도는 있어요. 그런데 집에서 놀면 뭐 합니까? 이렇게 일해서 번 돈으로 손주들 용돈 한 푼씩 주는 게 제 사는 낙입니다. 자다가도 걔네들 얼굴이 떠오르면요 나도 모르게 벌떡 일어나 차 몰고 나옵니다."

택시는 금세 돈암동에 도착했다. 내가 내민 신용카드를 받아 단말기에 쓱 긋고 돌려주면서 그는 매우 아쉬운 듯 인사를 하고 미아리 방향으로 휘익 사라진다.

경쾌한 음악이 흘러나오는 로데오거리는 아직 이른 시간이라 비교적 한산하다. 나는 이곳저곳 기웃거리다가 문구점에 들러 하린이 선물로 알록달록 귀여운 캐릭터들이 인쇄된 예쁜 필통 하나와 스프링 수첩 한 개, 그리고 색연필 몇 개를 사들고 나온다. 길거리로 나왔다가 뭔가 허전해서 다시 가게로 돌아가 작고 앙증맞은 티타임 세트 한 개를 더 사서 쇼핑백에 담아 들고 나온다.

나는 로데오거리를 나와 성북구청 방향으로 걸어가다가 성북천으로 내려와 뉴런하우스가 있는 삼선동 방향으로 걷는다. 나는 이제 손녀를 만날 준비가 되었다. '아, 꿈만 같구나. 있는 줄도 몰랐던 딸을 만나고, 손녀까지 생기다니. 내 삶에 이런 일도 다 생기는구나.' 걸으면서 나는 지난 40년 세월을 뒤돌아본다.

희정 씨와 사귀던 그때가 힘들었지만 그래도 참 좋았지. 희정 씨와 헤어진 후 상처를 잊기 위해 오직 공부에만 매달렸지. 박사과정 중에 한나를 알게 되어 서로 사랑하게 되었지만, 항상 마음은 희정 씨를 잊지 못했어. 몇 년에 한 번씩 한국에 올 때마다 그녀를 애타게 찾아봤지만 소식을 몰라 애태웠었지. 걸으면서 나는 주머니에서 희정 씨의 편지를 꺼내 읽어본다. 또박또박 작게 쓴 그녀의 손글씨가 살아서 한 줄씩 내 눈 앞으로 걸어온다. '저를 용서하지 마세요… 제 사랑은 언제나 오직 한 사람 그대 영민 씨뿐…' 글자들이 내 앞에 와서 멈춰서더니 나란히 고개를 숙여 예쁘게 절을 한다. 자세히 보니 머리에 화관을 쓰고 흰색 동정과 자주 고름이 달린 노랑저고리에 분홍색 치마를 입고 하얀 코 고무신을 신은 귀여운 소녀들이다.

그들은 간격을 맞춰 서서 춤을 추기 시작한다. 선 자리에서 폴짝폴짝 뛰기도 하고, 두 발을 번갈아 앞으로 내밀었다 뒤로 뺐다 하면서 무용수들처럼 춤을 춘다. 어느 순간 선 자리에서 뱅글뱅글 돌다가는 팔을 벌려 나비처럼 사뿐사뿐 왼쪽으로 갔다 오른쪽으로 갔다 경쾌하게 춤동작을 한다. 나는 절로 미소가 나오며 한참을 구경하고 있는데 하늘에서 희정 씨의 목소리가 들려온다. '제 사랑은 언제나 오직 한 사람 그대 영민씨 뿐… 제 사랑은 언제나 오직 한 사람 그대 영민 씨뿐…' 나는 견디기 어려운 슬픔이 밀려와 걸음을 멈추고 하늘을 올려다본다. 비갠 오후의 하늘에 하얀 뭉게구름이 떠간다. 구름 사이로 언뜻 웃고 있는 희정 씨의 모습이 보인다. 나는 손을 들어 구름을 향해 흔든다. '희정 씨, 사랑해요. 희정 씨, 잘 가요! 내게 와줘서 고마워요.'

알람이 울려 벌떡 일어나 시계를 들여다본다. 오후 4시 반이다. 산책을 하고 돌아와 알람을 맞춰놓고 잠을 좀 자고 일어났더니 개운하다. 하린이에게 줄 선물을 챙겨서 뉴런하우스를 나선다. 골목을 150미터 쯤 내려가다 좌측으로 꺾어서 20미터쯤 더 가면 새싹유치원이 있다고 한다. 시내 볼일 보러 갈 때 늘 지나가는 곳이지만 골목 안으로 살짝 들어가 있어 유치원이 거기에 있는 줄 여태 몰랐다.

"나그네 님 아니세요? 여기 유치원에는 웬일이세요?"

여기가 하린이 다니는 유치원이 맞나 하고 기웃거리는 나를 발견한 봄비가 놀라며 내게 묻는다. 나도 뜻밖이라 깜짝 놀라며 그녀에게 반문한다.

"아니, 봄비 님은 여기 어쩐 일이세요?"

"윤서가 다니는 유치원이에요. 이 동네 유치원은 여기 한 군데밖에 없어요."

"그렇군요. 몰랐습니다. 저는 손녀가 여기에 다녀요."

"네? 손녀라고요? 한 번도 그런 말씀 안 하셨던 것 같은데……."

봄비는 소스라치게 놀라며 나를 쳐다본다. 나는 당황스러워 어디서부터 설명해야 할지 몰라 잠시 망설이고 있는데, 등 뒤에서 말소리가 들려온다.

"윤서 엄마 안녕하세요?"

돌아보니 무거워 보이는 장바구니 몇 개를 손에 든 민희가 봄비를 보며 인사를 한다.

"아니 이게 어떻게 된 거예요. 서로 아는 사이신가요?"

내가 놀라서 봄비에게 질문을 한다.

"아빠, 윤서 엄마를 아세요?"

민희도 놀라서 나를 쳐다보며 같은 질문을 한다.

"와, 나그네 님도 오셨네요? 안녕하세요? 엄마 나 오늘 이거 하린이하고 같이 만들었어요. 선생님이 잘 만들었다고 칭찬해주셨어요."

윤서가 하린이 손을 잡고 걸어오면서 손에 든 콜라주 작품을 보여주며 말한다.

"응, 그랬구나. 와, 참 잘 만들었네? 이게 뭐야? 와, 물고기들도 있고, 조개와 해초도 있네? 너희들 참 대단하다."

봄비가 쪼그리고 앉은 자세로 윤서와 하린이를 번갈아 올려다보며 말한다.

"하린아, 할아버지에게 인사드려. '할아버지 안녕하세요? 저 하린이에요.'라고 말씀드려."

낯설어하며 엄마 뒤로 숨는 하린이를 자꾸 내 앞으로 데려다 세우며 민희가 말한다.

"에이 그냥 놔둬. 처음이라 낯설어서 그래. 하린아 안녕? 참 예쁘게 생겼네. 반가워."

나는 엄마 뒤에 숨어서 고개만 내밀고 있는 하린이를 보며 말을 붙인다. 하린이는 여전히 엉덩이를 뒤로 빼면서도 호기심 어린 눈으로 나를 관찰한다.

"오늘 제 딸도 처음 만났고, 하린이도 처음 만났답니다. 자세한 것은 나중에 말씀드릴게요."

나는 벌린 입을 다물지 못하고 우리 가족의 만남을 지켜보고 있는 봄비에게 말한다.

"네 알겠습니다. 나그네 님, 너무 좋으시겠어요."

이렇게 말한 그녀는 우리 가족에게 인사를 하고 윤서를 데리고 먼저 뉴런하우스로 돌아간다. 나는 민희의 손에 든 짐을 받아들고 두 모녀와 함께 그녀가 사는 집으로 걸어간다. 골목을 한 50미터쯤 거슬러 올라와 왼쪽으로 꺾으니 2층짜리 다세대주택들이 줄지어 서 있다. 두 번째 집 대문 앞에서 민희가 걸음을 멈추며 말한다.

"아빠, 저희 여기서 살아요. 원룸이라 조금 불편해요. 좀 더 넓은 곳으로 옮기고 싶은데, 여러 가지로 고민이에요."

나는 가슴이 철렁 내려앉는 느낌이 들지만 내색하지는 않는다.

"아, 그렇구나. 그래 안으로 들어가보자."

지갑에서 열쇠를 꺼내 검정색 철문을 열고 들어가 하린이 손을 잡고 조심스럽게 계단을 올라가는 민희를 따라 올라간다. 2층에 올라서자 민희는 현관 번호키를 눌러서 출입문을 연다. 그러자 하린이가 이때다 하고 현관문을 밀치고 잽싸게 안으로 들어가더니 신발을 벗어

던지고는 방 안으로 뛰어들어간다. 방 한구석에 칸막이로 막아 만든 놀이터로 가더니 갈색 강아지 인형을 꺼내 안고 와서 내게 보여준다.

"음, 예쁜 강아지네. 이름이 뭐야?"

나는 아이 앞에 앉아서 다정하게 미소 지으며 묻는다.

'똘이'라고 말하며 아이는 생긋 웃는다.

"똘이라고? 음, 귀엽게 생겼다."

나는 아이가 내게 친근감을 보여주는 게 고마워 어쩔 줄 모른다. 들고 온 선물을 아이에게 내놓으며 아이의 안색을 살핀다. 아이는 얼른 필통과 수첩, 색연필을 꺼내더니 싱크대 앞에서 채소를 다듬고 있는 엄마에게 달려가 보여준다. 민희는 아이에게 고개를 끄덕이며 미소를 보낸다. 아이는 다시 내게로 온다. 그 사이 나는 티타임 세트를 풀어서 바닥에 펴놓는다. 아이는 다시 한 번 얼굴이 밝아지며 손뼉을 친다. 아이와 나는 소꿉놀이 도구들을 앞에 놓고 함께 이야기를 나눈다.

"하린아, 이건 뭐지?"

"이건 찻잔이에요. 커피 드실래요?"

"오, 그래 하린이가 주는 커피 한 잔 마셔보자."

나는 아이와 소꿉놀이를 하면서 방을 살펴본다. 원룸이라 무척 협소하게 느껴진다. 작은 공간을 쪼개서 출입문 왼쪽에는 냉장고와 싱크대, 세탁기, 인덕션 설비가 된 간이주방이 있고, 오른쪽 벽으로는 화장실 옆으로 붙박이장이 있어 이불과 옷을 넣게 되어 있다. 왼쪽 벽에는 골목이 내려다보이는 창문이 하나 나 있다. 지금 하린이와 내가 앉아 있는 벽 쪽은 둘로 나누어 왼편에는 민희가 쓰는 책상과 책

꽃이가 있고, 오른편은 아이의 놀이 장소다. 좁은 공간이지만 그래도 방은 깔끔하게 정돈되어 있다.

"얘, 민희야. 우리 저녁은 나가서 먹도록 하자!"

조리대 앞에서 뭔가를 하고 있는 민희에게 내가 말한다.

"아니에요. 아빠. 점심도 밖에서 드셨잖아요. 제가 장 봐왔어요. 저녁은 집에서 드세요."

"내가 좀 도와줄 일이 있겠니?"

"아뇨. 부엌이 좁아서 혼자밖에 움직일 수가 없어요."

"그렇구나. 그럼 나는 하린이와 좀 놀고 있을게……."

하린이는 그림책을 다 꺼내와서 내게 하나씩 보여준다. 아이와의 첫 만남이 자연스럽게 이루어지는 것이 참 신기하다. 아이들은 어떻게 친구를 사귀는지 본능적으로 아는 것 같다. 아이는 내게 책장을 넘겨 새로운 것이 나올 때마다 그것이 무언지 일일이 친절하게 가르쳐준다. 나는 매번 놀라 감탄하며 호응해준다. 아이는 신이 나서 다른 장난감을 가져와서 보여준다.

조리가 끝나자 민희는 접어두었던 상을 꺼내 밥상을 차린다. 된장찌개와 아욱국, 오이김치, 달걀말이, 스팸구이를 차려놓으니 조촐한 저녁 식사가 되었다. 우리 가족이 처음 만나 먹는 저녁밥이라 뭐라 형언할 수 없는 기쁨이 밀려온다. 낮은 밥상을 가운데 두고 서로 머리를 조아리며 음식을 입으로 가져가 먹는 행위가 마치 차례를 지내는 듯 경건하기도 하고, 눈물겹기도 하고 행복하기도 하다. 나는 저녁을 먹은 뒤 설거지를 해주고 바로 뉴런하우스로 돌아온다.

．．．．．．

　아침 일찍 눈이 떠졌다. 새로운 날이 시작된다는 것이 이런 느낌일까? 같은 방에서 자고 같은 방에서 일어나고 창밖 풍경도 같은데, 모든 것이 새로운 느낌이다. 가구들이 빛이 난다. 침대 위의 이불도 더 친근하게 눈에 들어온다. 이웃집 지붕들도 내 가슴으로 안겨온다. 나는 얼른 세수를 하고, 옷을 챙겨 입고 거실로 나온다.

　"나그네 님, 잘 주무셨어요. 아침 일찍 어디가세요?"

　"와, 나그네 님이다. 안녕하세요?"

　쳐다보니 새벽과 윤서가 거기 서 있다. 윤서는 유치원 가방을 메고 있고, 새벽은 서류 가방을 들고 서있다.

　"아, 저는 손녀를 유치원에 데려다주려고요. 새벽 님은 어쩐 일이세요?"

　"그러시군요. 봄비 님에게 말씀 전해 들었습니다. 하린이 저도 잘 압니다. 윤서하고 친해요. 오늘 봄비 님이 아침 일찍 친정에 들렀다가 출근하신다고 윤서 유치원에 데려다주는 걸 좀 부탁해서요."

　"맞아요. 저 하린이와 친해요. 하린이 참 착해요."

　윤서가 밝은 목소리로 말한다. 우리 셋은 뉴런하우스를 나와 함께 나란히 골목길을 내려간다. 나는 새벽과 함께 걸으면서 그에게 우리 가족의 갑작스런 만남의 사연을 들려준다. 그는 놀람과 경탄의 마음을 축하 인사와 함께 전한다. 나는 그에게 고마움을 표시하며 이런 일이 생긴 것이 꿈만 같다고 말한다.

　"그래서 말인데요, 나그네 님. 어제 저녁에 뉴런하우스 님들이 다 모여서 회의를 했어요. 오늘 저녁에 나그네 님 가족을 뉴런하우스로 초대해서 축하 파티를 열자는 의견이 모아졌습니다."

"네? 축하 파티를요? 어이구 이거 생각지도 못했는데 너무 감사합니다. 민희에게 시간이 괜찮은지 물어보겠습니다."

......

오늘은 스물다섯 번째 창모인데, 님들은 모두 30분 앞당겨서 저녁 6시 30분에 만나 함께 식사하기로 했다고 한다. 나는 민희와 하린이를 6시쯤에 뉴런하우스로 데려온다. 마당에 들어서자 봄비와 윤서가 구름이 송이와 함께 놀고 있다.

"와, 하린이다. 엄마, 하린이가 와요."

윤서가 환호성을 지르며 우리를 맞이한다. 구름이와 송이도 반가워서 같이 펄쩍펄쩍 뛴다. 봄비는 우리에게 반색을 하며 인사를 한다. 민희와 나, 그리고 봄비는 마당에 서서 이야기를 나누고 윤서와 하린이는 구름이 송이와 함께 마당을 돌며 뛰어논다.

"아빠, 뉴런하우스가 정말 근사하네요. 잔디 마당도 있고, 개도 기르고. 저도 이런 집에서 살고 싶어요."

"그래요. 정말 하린이 엄마도 같이 살면 너무 좋을 것 같아요."

봄비가 맞장구를 치며 거든다.

"그래, 정말 근사하지? 우리 좀 있다가 집 안에도 한번 들어가……."

나의 말이 미처 끝나기도 전에 뒷좌석에 사람을 태운 빨강색 스즈키 오토바이 한 대가 굉음을 울리며 뉴런하우스 마당으로 달려 들어온다. 오토바이는 마당에 도착하자 바로 서더니, 두 사람은 헬멧을 벗는다.

"야, 햇살 님하고 평화 님이다."

윤서가 깡충깡충 뛰면서 두 손을 들어 만세를 부른다.

"안녕하세요. 하린이 엄마시죠? 저는 평화 정영석입니다. 어제 말씀 전해 들었습니다. 아버님 만나시게 된 것 정말 축하드립니다. 그리고 뉴런하우스 오신 것 진심으로 환영합니다."

평화는 민희에게 꾸벅 인사를 하며, 친근감을 표시한다. 햇살도 민희에게 수줍게 인사를 건넨다. 이때 새벽이 한 손에 양푼을 들고 현관을 나오다 걸음을 멈추고 반갑게 인사를 한다.

"아이구, 하린이 어머니 오셨어요? 하린이도 왔구나. 이렇게 와주셔서 고맙습니다. 다들 어서 안으로 들어가세요. 저는 이것 두엄더미에 좀 갖다버리고 올게요."

그는 과일 껍질과 음식물 쓰레기들을 텃밭 모서리에 있는 퇴비 상자에 버리러 간다. 님들은 현관문을 열고 모두 거실로 들어간다. 거실 탁자 위에는 사과며 귤, 바나나 등의 과일이 쟁반에 정성스럽게 담겨져 있다.

"이거 새벽 님이 가져오신 거예요. 아까 새벽 님이 사오시는 것 봤어요."

윤서가 종달새처럼 높은 옥타브로 노래하듯 말한다. 이럴 때 보면 봄비를 빼닮았다.

"왜 다들 앉으시지 않고 서 계세요? 모두 편히 앉으세요. 차는 뭘 드실지 말씀해주세요. 커피도 있습니다. 평화 님, 주문 좀 받아주시겠어요?"

새벽이 활기 넘치는 목소리로 말한다. 평화가 머그잔과 찻잔들을 거실탁자 위에 차리는 동안, 새벽은 직접 내린 원두커피를 보온병에 담아  서 내온다. 님들은 거실 소파에 둘러앉아 서로 담소를 나누며 웃음꽃이 핀다. 봄비는 그 사이 먹을 것과 음료수를 챙겨서 윤서와 하린이를 2층 자기 방에서 놀게 한다.

나는 민희를 데리고 나와 내 방을 보여주고, 지하로 내려가 상담실과 사랑방도 보여준다. 민희는 내가 설명을 할 때마다 고개를 끄덕이며 관심 있게 듣다가 사랑방에 들어가서는 커튼을 손으로 만져보더니 세탁할 때가 된 것 같다며, 자기가 좀 가져가도 되겠느냐고 묻는다. 나는 그럴 필요가 없으며, 내가 걷어서 세탁소에 맡기겠다고 답한다. 별안간 2층에서 크게 왁자지껄 소리가 들려와 우리는 다시 거실로 올라온다.

바위와 오아시스가 치킨과 맥주를 사들고 왔고, 수선화와 바람이 음료수와 피자를 들고 뒤따라 들어온다. 때마침 배달 물품이 도착해 평화가 급히 현관문을 열고 밖으로 나가는 모습도 보인다. 새벽은 부엌에서 뭔가를 쟁반에 담아 주방 식탁에 차리다 말고 거실에 앉아 있는 님들을 향해 외친다.

"바위 님과 오아시스 님, 여기 좀 잠깐 와주실래요?"

"아니, 이게 다 뭐예요? 해물파전 아니에요?"

바위와 오아시스가 눈이 휘둥그레져 묻는다.

"아, 제가 텃밭에서 기른 쪽파와 부추를 갖고서 전을 한번 부쳐봤습니다."

"우와 새벽 님 대단하세요!"

오아시스가 탄성을 지른다. 새벽은 흐뭇해하는 표정을 지으며, 상차림을 도와달라고 부탁한다. 남자 셋이 새벽이 준비한 파전과 님들이 사온 음식들과 음료수를 꺼내 식탁 위에 정성스럽게 차린다.

"이제 모두들 이쪽으로 건너오세요."

거실 소파에 앉아 이야기하고 있는 님들에게 바위가 주방으로 건너오라고 외친다. 님들이 모두 식탁에 둘러앉기를 기다려 새벽이 쑥스런 표정을 지으며 일어서서 말한다.

"잠깐 제가 말씀을 좀 드리겠습니다. 아시다시피 오늘 저희가 이렇게 모이게 된 것은 나그네 님에게 생긴 큰 경사가 있어서 함께 축하해주자는 님들의 제안이 있어서였습니다. 나그네 님에게도 그러셨겠지만 저희에게도 이건 실로 놀라운 소식이었습니다. 세상에 살다가 이런 좋은 일이 어디에 있겠습니까? 그동안 저희는 나그네 님의 도움을 받아 애초 생면부지였던 관계가 이렇게 한 가족처럼 가까워지고 있는데, 늘 객지에서 혼자 외롭게 지내시던 나그네 님에게 참 마음이 많이 쓰였습니다. 그런데 하늘이 도와 이런 경사가 생겼으니 실로 저희 모두의 큰 기쁨이라 하지 않을 수 없습니다. 나그네 님 가족 분들을 오늘 뉴런하우스에 모시고 환영과 축하의 모임을 갖게 된 것이 너무나 기쁩니다. 모두 박수로 축하해주십시오."

새벽의 갑작스런 멘트에 나는 약간 당황스러운 면이 없지 않았으나 그보다 고맙고 기쁜 마음이 더 커 얼른 일어서서 답사를 한다.

"예상치 못한 환영과 축하 인사에 쑥스런 마음이 들면서도 감사하고 기쁜 마음이 더 크네요. 저도 솔직히 아직 잘 실감이 나지 않습니다. 이게 꿈인가 생시인가 싶어요. 그동안 몇 십 년 동안 소식도 몰랐던 딸과 손녀를 이렇게 기적처럼 만나게 되었으니까요. 새벽 님 말씀처럼 저희 가족에게 이번 일은 정말 크게 기쁜 일이었습니다. 그런데 생각해보니까 오늘 같은 날 여러 님들이 안 계셨다면 한편으로 얼마나 쓸쓸했을까도 싶어요. 저희 식구 셋이 이 거대한 도시에 의지할 곳 없이 홀로 내버려진 느낌이 들지 않았을까요? 님들께서 저희 가족을 이렇게 따뜻하게 맞아주시니 진심으로 감사해요. 저희 가족이 뉴런하우스라는 더 큰 가족의 품 안으로 안기는 느낌이 듭니다. 우리모두가 서로에게 얼마나 소중한 존재들인지 새삼 깨닫게 됩니다. 다시 한 번 진심으로 감사드립니다."

내가 말을 마치자 새벽이 민희도 한마디 하라고 제안한다. 민희가 일어서서 자신과 하린이를 잘 받아주고 환영해주서서 고맙다는 인사를 한다. 인사가 끝나자 평화와 햇살이 민희에게 예쁜 꽃바구니와 화분을 건네주고, 봄비는 하린이에게 봉제인형을 선물로 준다. 민희는 두 사람으로부터 선물을 받아들고 고마워하며 눈물을 글썽인다. 그러고 나서 식구들은 함께 대화를 나누며 즐겁게 저녁 식사를 한다.

저녁 식사를 마치고 나서 우리는 모두 사랑방으로 자리를 옮겨 바위와 오아시스가 사온 맥주와 새벽이 준비한 와인을 함께 마시며 뒤풀이를 한다. 평화가 사회를 보며 분위기를 흥겹게 이끈다. 그는 님들에게 여러 가지 게임을 시켜 벌칙으로 노래를 부르게 하거나 춤을 추게 한다. 처음엔 자신이 없다며 뒤로 빼던 님들도 시간이 지나면서

점점 거리낌 없이 신나게 노래를 부른다

스마트폰으로 검색해서 가사를 보며 반주에 맞춰 두 사람이 같이 부르기도 한다. 오아시스와 바람이 용감하게 일어서서 함께 스마트 폰을 들여다보며 '운명'을 부르는데, 그 모습이 젊은이들답게 너무나 깜찍하고 귀여운 모습이다. 그러자 사회를 보던 평화도 햇살의 손을 잡고 함께 앞으로 나와 '걱정 말아요'를 부른다. 모두들 박수를 치고 휘파람을 불며 동참한다.

그러다가 별안간 조용히 앉아 있는 민희에게 관심이 집중되며 님들이 노래 한 곡을 청한다. 민희는 수줍은 듯이 일어서더니 '하얀 나비'를 부른다. 슬픈 노래인데도 감정을 절제하며 무척 고운 목소리로 부른다. 다들 기립박수를 보내며 앵콜을 요청한다. 그녀는 고개를 숙여 감사를 표한 다음, 이번에는 나와 새벽을 위해 부르겠다며 '강남달'을 부른다. 나는 너무나 뜻밖이라 놀라면서 두 눈에 눈물이 맺힌다. 옆을 돌아보니 새벽도 눈물을 글썽인다.

시간이 늦어 마칠 때가 되자 평화의 제안으로 우리는 모두 둥글게 모여 앉아 서로 어깨동무를 한 채 좌우로 번갈아 몸을 눕혔다 일어나는 파도타기를 하며 '만남'을 부른다. 님들은 서로 눈을 맞추며 정겹게 노래를 부른다. 모두가 친구 같고, 가족 같고, 연인 같은 마음이 된다. 어느 순간 모두가 한몸으로 느껴진다. 어떤 님들은 눈물이 글썽글썽하고, 어떤 님들은 기쁨과 환희에 찬 표정이다.

뒤풀이가 끝나고 나는 민희와 하린이를 집으로 데려다준다. 골목길을 내려가며 나는 민희에게 아까 불렀던 '강남달'은 어떻게 아느냐고 묻는다. 민희는 나를 정답게 쳐다보며 말한다.

"엄마가 가끔씩 불렀어요. 아빠를 생각하며 부르는 것 같았어요. 먼 곳을 쳐다보며 무척 슬픈 목소리로 부르셨지요. 나중에 생각해보니 엄마는 그 노래를 할머니에게서 배운 거였어요. 저도 할머니께서 그 노래를 부르시는 걸 들은 적이 있었거든요…….."

"그랬구나. 할머니하고 같이 지낸 적이 있었니?"

"엄마가 직장을 나가셔서 할머니께서 저를 키우셨어요. 엄마는 주말에야 가끔 저를 보러 오셨어요. 할머니가 산에 치성드리러 가실 때 저를 혼자 집에 둘 수 없어 함께 데리고 가셨어요. 제가 무섭다고 울면, 할머니가 노래를 불러주셨어요."

"아, 그랬구나. 나도 그 노래를 알아. 엄마가 내게 가르쳐줬거든."

"제가 노래할 때 눈물 글썽이시는 것 봤어요. 죄송했어요. 괜히 그 노래를 불러가지고…….."

"아니다. 네 엄마를 만나는 것 같아서 되레 좋았다. 지금 들으니 할머니까지 함께 만난 거였구나."

잠이 든 하린이를 안고 민희와 걸으면서 몰랐던 가족사를 듣는 것이 마음 아프면서도 가족 안으로 들어오는 느낌이 들어 행복하다.

꿈 작업

나는 지난 한 달 동안 매일 아침 일찍 하린이를 유치원에 데려다 주고 오후에 데려오고, 가끔씩 민희를 대신해서 마트에 가서 장도 보는 등 참 바쁘게 지냈다. 그러면서도 지난 38년간 과연 내 인생에 이렇게 즐거운 때가 있었나 싶었을 정도로 활기가 넘쳤다. 독일 유학을 떠난 이후 나는 희정 씨로부터 받은 상처를 잊기 위해 미친 듯이 일과 학업에 매달렸다.

박사학위와 교수 임용 자격 시험을 거쳐 전임강사 생활을 했고, 베를린으로 옮긴 후로는 연구소 운영에 전력투구했다. 내가 세운 목표를 대부분 성공적으로 달성했지만 항상 뭔가 허전했고, 그것이 무엇 때문인지 잘 몰랐다. 향수병인가 싶어 이번에는 한국으로 나와 그동안 친구들도 만나보고 고향도 찾아가봤지만 별로 나아지지 않았다. 그러나 지난 한 달 동안은 깊은 충만감이 있었다. 창모를 이끌면서도 신이 났고, 개인 상담을 하면서도 든든한 안정감이 받쳐주었다.

오늘 나는 모처럼 한가한 토요일 아침을 보내고 민희네 집에 가기 위해 막 뉴런하우스를 나선다. 가을 하늘이 청명하고 따스한 햇살이 비치는 길거리 풍경이 정겹다. 골목엔 이따금 지나가는 승용차들이 눈에 띌 뿐 한적하다. 민희네 집 대문 앞에서 초인종을 누르자 잠시 후 철문이 덜컥하는 소리를 내며 열린다. 계단을 올라가자 하린이가 현관문을 열고 반갑게 "할아버지" 하고 외치며 달려 나온다. 나는 양팔을 벌려 하린이를 번쩍 들어 올려 품에 안는다.

"하린아, 잘 잤니? 오늘 유치원 안 가서 심심하겠다."

하린이와 눈을 맞추면서 내가 말한다.

"네. 윤서 언니 보고 싶어요."

하린이는 어리광을 부리며 내게 안겨 혀짤배기소리를 한다.

"그렇구나. 오후에 뉴런하우스에 가서 윤서 언니 만나자."

"네, 할아버지."

나는 하린이를 방바닥에 내려놓고, 기다리고 서 있는 민희에게 다가가 포옹을 한다. 처음엔 어색해하던 민희도 이제는 만날 때와 헤어질 때 자연스럽게 안긴다. 나는 매번 민희를 안을 때마다 희정 씨 생각이 나며 울컥하기도 한다.

우리는 골목을 나와 삼선동 주택가에 있는 한 음식점에 가서 함께 점심을 먹고, 언덕길을 올라가 낙산 자락의 한양도성 옛길을 따라 걷는다. 서울 시내가 발아래에 있고, 멀리 인왕산과 북한산, 도봉산, 수락산, 불암산이 파노라마처럼 펼쳐 보이며 가슴이 시원해지는 이곳으로 우리는 자주 산책을 나온다. 하린이가 혼자 앞서 막 뛰어가다 뒤돌아서 우리를 확인하고는 다시 저만치 달아난다. 나는 민희의 손을 잡고 걸으면서 말한다.

"민희야, 네게 궁금한 게 하나 있다."

"뭔데요, 아빠?"

"내가 네게 처음 전화해서 만나자고 했을 때, 이미 나를 알고 있었던 것 같은데 왜 머뭇거렸니? 그리고 그보다 먼저 학회에서 나를 알아봤던 것 같은데, 왜 내게 다가오지 않았었니?"

이 질문을 받자 내 손을 잡고 있던 민희의 손이 긴장하는 것이 느껴진다. 순간 '아차 내가 잘못 물어봤나?'란 생각을 한다. 하지만 다행이 잠시 후 민희는 나지막한 소리로 대답한다.

"아빠, 말씀드리기 부끄럽지만 아빠를 만난 순간 마치 제가 어머니가 된 것 같은 착각이 들었어요. 그래서 피해야 할 것 같은 생각이 들었어요."

이때 하린이가 저만치 길모퉁이에서 나타나더니 활짝 웃으며 달려온다. 나는 하린이를 들어 올려 품에 안는다. 우리는 성문을 지나 낙산공원 안을 거닌다. 벤치에 앉아 민희가 준비해온 과자와 음료수를 꺼내 함께 먹는다. 잠시 후 하린이는 다시 일어나 즐겁게 공원 여기저기를 뛰어다닌다.

"민희야, 아까 네 말이 잘 이해가 안 가는구나. 무슨 뜻인지 다시 설명해줄래?"

"글쎄요. 제 자신도 잘 이해가 안 돼요. 그냥 제 자신을 숨겨야 할 것 같은 느낌 같은 거요."

민희는 땅바닥을 보며 말한다.

"왜 그런 느낌이 들었어?"

"엄마는 아빠가 정말 좋으면서도 늘 버림받을지 모른다는 두려움이 있었던 것 같아요. 자기를 온전히 보여주면 아빠가 실망해서 돌아설지 모른다는 불안 말예요. 엄마는 한 번도 제게 그런 말씀을 하신 적이 없었지만 전 그 마음을 이해할 수 있을 것 같아요."

먼 하늘을 쳐다보며 민희가 혼잣말처럼 중얼거렸다.

"네가 엄마 심정을 이해한다고?"

나는 고개를 옆으로 돌려 민희를 쳐다본다.

"저도 할머니 손에서 자랐잖아요? 늘 부끄러웠어요. 학교에 할머니가 오시는 것도 싫었고, 이웃집 어른들이 제가 지나가면 무당 손녀라고 쑥덕거리는 것도 창피했어요."

나는 가슴이 철렁 내려앉는다.

"아, 그랬구나. 그래… 많이 힘들었겠다."

"친구를 집으로 데려오지도 못했어요. 누가 날 좋아해주면 고마워서 같이 다니면서도 제 주장은 못 했어요. 언제든 혼자가 될 마음의 준비를 하면서 살았어요……."

"그랬구나. 그랬구나……."

내 눈에 눈물이 핑 돈다.

"아빠가 학회에 발표자로 오신다는 소식을 듣고 가슴이 마구 방망이질했어요. 엄마 생각이 나 밤을 꼬박 새웠어요……. 학회에서 아빠 얼굴을 보는 순간 반가움에 달려 나가고 싶었지만, 알 수 없는 공포감에 몸이 굳어지며 옴짝달싹할 수가 없었어요."

235

"그랬구나. 그러면 지금은 어떠니?"

나는 문득 민희의 지금 마음이 궁금해졌다.

"지금은 너무 좋아요. 아빠가 곁에 계시다는 사실이 믿어지지 않을 만큼 좋아요. 다시는 떠나보내고 싶지 않아요."

"그렇구나. 참 다행이다. 어떻게 이렇게 마음이 바뀌었니?"

"혜화동 일식집에서 뵀을 때까지도 어색하고 두려웠어요. 그런데 엄마 편지를 읽으면서 아빠가 눈물 흘리시는 걸 보면서 얼었던 제 마음이 서서히 녹아내리기 시작했어요. 편지를 다 읽고 나서 '바보, 무당 딸이 어때서…'라고 말씀하시면서 크게 우실 때, 제 마음에 남아 있던 벽이 마저 사라졌어요. 아빠를 비로소 믿을 수 있게 되었어요."

"그랬구나. 알겠다. 고마워 민희야, 아빠를 믿어줘서……."

나는 민희를 꼬옥 안아준다. 민희는 내게 안겨 눈물을 흘리다가 나를 쳐다보며 행복한 미소를 지어 보인다. 희정 씨의 얼굴과 민희의 얼굴이 번갈아 보이며 나는 슬픔과 기쁨이 함께 느껴진다.

"아빠, 고마워요."

민희가 내 눈을 쳐다보며 말한다.

"뭐가?"

나는 민희를 사랑스럽게 바라보며 묻는다.

"제가 왜 혼자 사는지 안 물어보셔서……."

"그게 왜 고맙니?"

"제가 먼저 이야기할 때까지 기다려주시는 것 같아서요."

"그래, 맞다. 네가 먼저 이야기 꺼낼 때까지 물어보지 않는 것이 좋겠다고 생각했다."

"저를 존중해주시는 것 같아서 참 좋았어요. 그런데 아직은 말씀 드리고 싶지 않아요."

"그래 알겠다."

우리는 걸어서 뉴런하우스에 온다. 하린이는 윤서를 만나 즐겁게 논다. 민희는 봄비와 함께 거실에 앉아 차를 마시며 담소를 나눈다. 나는 방에 들어가서 잠시 쉬면서 책을 읽는다.

······

금요일 오후 3시 다시 수선화가 상담실로 온다. 오늘은 그녀의 여섯 번째 개인 상담 시간이다. 그동안 내면의 억압된 정서에 대한 작업을 하며 상전의 목소리가 많이 완화되었고 조금씩 편해지는 것 같다. 하지만 오늘은 상담실을 들어서는 수선화의 표정이 좋지가 않다. 의자에 앉자마자 그녀는 몹시 불안한 표정으로 몸을 제자리에 가만두지 못하고 안절부절못한다.

"선생님, 저 요즘 너무 힘들어요. 혼자 살 때는 괜찮았거든요. 그런데 뉴런하우스에 온 뒤로 한 번씩 속이 뒤집어지며 뭔지 알 수 없는 불안이 마구 헤집고 다니는 것 같아요."

"그 불안이 한번 되어보시겠어요? 불안이 뭐라고 말하는 것 같아요?"

"'나, 미칠 것 같아.'라고 말하는 것 같아요."

"왜 미칠 것 같은지 불안에게 한번 물어봅시다. 불안이 되어 대답해보시겠어요?"

"답답해. 갇혀 있는 것 같아. 나가고 싶어.'라고 말하는 것 같아요."

"나오지 못하는 이유가 있으신가요?"

"무서워요. 나가면 욕먹을 것 같고, 손가락질받을 것 같아요."

"뭐라고 말하며 손가락질할 것 같아요?"

나의 질문에 그녀는 움찔하며 놀라고는 입을 꾹 다문 채 가만히 있다. 잠시 후 눈시울이 차츰 붉어지는가 싶더니 별안간 눈에서 굵은 눈물이 뚝뚝 떨어진다. 그러고 나서 고개를 푹 숙인 채 손을 바들바들 떨기 시작한다.

그녀에게 무슨 일이 일어나고 있는지 정확히 모르지만, 내면에서 매우 중요한 프로세스가 진행되고 있음을 느낀다. 이런 상황에서는 내담자를 재촉하지 않고 기다리면서 최대한 따뜻하게 지지해주는 것이 필요하다.

"지금 몸을 떨고 계시네요? 무서우신가 봐요. 괜찮아요. 여긴 안전한 곳이에요. 말씀 안 하고 싶으시면 안 하셔도 돼요."

"선생님 두려워요. 이야기하면 어떻게 될지 상상이 안 돼요."

"이야기하면 어떤 일이 벌어질 것 같아요? 깊이 생각지 마시고 그냥 떠오르는 대로 말씀해보세요."

"'네 잘못이야!'라고 말할 것 같아요. 아버지의 냉정한 얼굴이 떠올라요."

"그 말을 듣고 수선화 님은 뭐라고 답하고 싶으세요?"

"'내 잘못이 아니야!'라고 말하고 싶어요. 내 잘못이 아니야, 내 잘못이 아니야… 흐윽 흐윽."

말을 못다 잇고 그녀의 얼굴이 크게 일그러지더니 소리 내어 울기 시작한다. 두 손으로 얼굴을 감싸고 상체를 들썩이며 뱃속에서부터 올라오는 울음을 밖으로 토해내고 있다. 한참을 울고 나서 그녀가 좀 진정되는 기미가 보이자 내가 말한다.

"어째서 수선화 님 잘못이 아닌지 아버지에게 말씀드리세요."

"난 선생님이 내게 그런 짓을 할지 몰랐단 말이야. 나는 고작 아홉 살이었다고."

이렇게 말하고는 아까보다 더 큰 소리로 운다. 나는 이제 상황을 깨닫는다. 어린 시절 겪은 성추행 사건을 부모님에게 알리지 못하고 혼자 해결하기 위해 안간힘을 쓰며 살아온 어린 소녀가 지금 내 눈앞에 앉아 있다. 아마 이 이야기는 평생 처음 꺼낸 것인지도 모른다. 독일에서도 이런 비슷한 경험을 한 내담자들을 수없이 보았다.

"수선화 님, 그때 어떤 일이 있었는지 제게 이야기해줄 수 있어요?"

내 질문에 그녀는 잠시 망설이더니, 결심한 듯 말하기 시작한다.

"학교가 끝난 뒤 선생님이 제게 돈을 주면서 문구점에 가서 풀과 가위를 사오라고 심부름을 시켰어요. 가게에 가서 아이스크림도 두 개 사오라고 했어요. 돌아오니 아이들은 다 집에 가고 교실엔 선생님만 계셨어요. 선생님은 잘했다고 하시면서 머리를 쓰다듬어주셨어요. 나는 그게 좋았어요. 아버지는 제게 한 번도 그렇게 안 해주셨거든요. 아이스크림도 먹으라고 하셨어요. 그리고 무릎에 앉으라고 하시고는 제 가슴과 성기를 만지셨어요. 이상하고 싫었지만 싫다고 말을 못 했어요……. 혼자 울면서 집으로 왔어요."

그녀는 지금 고개를 숙인 채, 흐느끼고 있다. 나는 가슴이 미어질 것처럼 아파온다. 내 눈에 눈물이 맺히는 것이 느껴진다. 소리 내어 수선화와 같이 울고 싶다. 하지만 그렇게 하면 안 된다는 것을 안다. 내담자가 나를 보살피느라 자신의 작업에 몰두할 수 없게 될 것이기 때문이다. 티슈를 뽑아서 그녀에게 건네고 나도 눈물을 닦는다.

"그런 일이 있었군요. 마음이 아프네요. 화도 많이 나고요. 어린 아이에게 그런 짓을 하다니 기가 막히네요."

잠시 침묵이 흐른다. 그녀는 울음은 그쳤으나 무슨 말을 해야 할지 몰라 가만있다.

"집에 가서 학교에서 있었던 일을 이야기할 수 있었나요?"

내가 조심스럽게 묻는다.

"아니요……."

그녀는 고개를 좌우로 젓는다.

"왜 할 수 없었어요?"

다시 조심스럽게 묻는다.

"아버지는 내 잘못이라고 말할 테니까 못했어요. 어머니는 너무 약했어요. 늘 힘들어하시고, 우울하셔서 말해봐야 소용없을 거라 생각했어요."

이렇게 말하며 그녀는 한숨을 길게 내쉰다.

"그럼 이후에라도 누구에게 이야기를 해본 적이 있었나요?"

"…없었어요."

그녀는 다시 한숨을 쉰다.

"오늘 제게 이 이야기를 처음 하시고 나서 지금 기분이 어떠신가요?"

내 질문에 그녀는 나를 물끄러미 쳐다보더니 말을 한다.

"마음이 편해졌어요. 터질 것 같이 답답하던 마음이 쑥 내려가면서 시원한 느낌이 들어요. 가슴에 바람이 들어오는 것 같아요. 그런데, 슬프네요……."

이렇게 말하면서 그녀는 다시 울음을 터뜨린다. 한참동안 서럽게 울다가 별안간 울음을 뚝 그치더니 나를 빤히 쳐다보며 묻는다.

"선생님, 제 잘못이 아니죠?"

아홉 살짜리 소녀의 겁먹은 눈이다.

"그럼요. 당연히 아니죠."

나는 그녀의 검은 눈망울을 들여다보며 힘주어 말한다. 순간 그녀의 젖은 눈이 밤하늘의 별처럼 반짝하며 빛을 낸다.

"선생님, 저는 아홉 살에 제 인생이 끝났다고 생각하며 살아왔어요. 차마 자살은 할 수 없고, 하루하루를 버티며 사는데, 아흔 살까지 산다는 게 정말 끔찍하게 느껴졌어요……."

"그동안 얼마나 힘들었을지 상상이 돼요. 오늘 제게 이야기해주셔서 정말 고마워요."

"고맙다는 선생님 말씀을 믿고 싶어요. 바람 님이 새벽 님에게 '미안하다고 하신 말씀이 진심이냐?'고 물었던 것처럼 저도 선생님이 제게 고맙다고 하신 말씀이 진심이냐고 묻고 싶어요. 아니 그보다 오늘 제가 그 일을 말씀드린 것이 선생님에게 왜 고마운지 알고 싶어요."

그녀는 애원하는 눈빛으로 나를 바라본다.

"그건 수선화 님이 제게 정말 소중한 사람이기 때문이에요. 저뿐만 아니라 모든 사람에게 수선화 님은 정말 귀하고 소중한 존재예요.

지금 있는 모습 그대로요."

나는 길고 추운 겨울을 이겨내고 이른 봄, 눈을 헤치고 초록색의 잎과 줄기를 힘차게 뻗어 올려 꼭대기에 여섯 장의 하얀 꽃잎을 피운 뒤 그 위에 다시 노란 왕관을 쓴 얼굴을 수줍게 보여주는 수선화를 떠올린다. 참으로 순결하고 고결한 자태다. 한 점 흠 없이 있는 모습 그대로 사랑스럽고 온전하다. 나는 그녀가 지금 있는 그대로 너무나 아름답고 고결하게 느껴진다. 이런 마음이 온전히 전달되기를 바라면서 그녀를 바라본다.

"선생님, 감사해요. 정말 고마워요. 선생님 말씀을 온전히 믿기까지는 시간이 좀 필요할 것 같지만요."

이렇게 말하는 그녀의 표정은 아까보단 편안하게 보이지만, 어쩐지 쓸쓸한 느낌이 묻어난다. 그녀는 그대로 한동안 말없이 앉아 있다. 하지만 시간이 지나면서 얼굴에 그늘이 조금씩 짙어져가는 것이 보인다.

나는 어린 시절 형들을 따라 소 먹이러 금정산에 오를 때가 기억난다. 해질녘이면 앞산에 금정산의 그림자가 드리우는 것을 바라보며 까닭 모를 슬픔에 젖어들곤 했다. 지금 수선화의 얼굴을 보니 그때의 감정이 떠오르는 것은 왜일까? 그림자가 산 아래에서부터 조금씩 조금씩 위로 올라가 마침내 산봉우리를 덮어버리면 산 아래 마을은 온통 어둠에 휩싸였다. 지금 수선화의 얼굴이 그때처럼 점점 짙은 어둠으로 덮여오는 것을 보며 바닥 모를 슬픔이 밀려오는 것을 느낀다.

"수선화 님 지금 표정이 좀 어두워 보이시네요?"

"네. 슬퍼요. 제 몸이 더럽혀졌단 생각을 떨칠 수가 없어요……."

나는 그녀의 말을 듣는 순간 다시 가슴이 철렁하고 내려앉는다. 함께 설산을 등반하던 동료가 발을 헛디뎌 크레바스에 빠져버린 것 같은 심정이다. 둘을 묶고 있는 밧줄의 끈이 팽팽하다. 절대 밧줄을 놓치면 안 된다. 나는 밧줄을 단단히 거머쥔다.

"그 말을 들으니 제 가슴이 무너져 내리는 것 같네요. 그런 생각이 드셨으면 참 힘드셨을 것 같아요. 제 마음이 정말 아파요."

"선생님, 죄송해요. 그런 생각 안 하려고 해도 자꾸 불쑥불쑥 떠올라요."

이 말을 하면서 그녀는 고개를 숙인다.

"수선화 님, 제게 말씀해주셔서 정말 고마워요. 고개를 드시고 제 눈을 한 번 봐주실래요?"

나는 밧줄을 힘껏 끌어당긴다. 그녀에게 절대 포기하면 안 된다고 말해주며, 끝까지 당겨 올릴 것이다. 그녀가 고개를 들어 멍한 눈빛으로 나를 바라본다.

"제 말을 잘 들으시기 바랍니다. 더러운 놈은 그놈입니다. 수선화 님은 더럽혀지지 않았어요. 더럽혀질 수가 없어요. 구름이 잠시 덮였다고 태양에 때가 묻지 않듯이 우리 영혼은 잠시 고통을 받을 수는 있으나 결코 더럽혀지지 않습니다."

나의 말을 들은 그녀가 갑자기 고개를 들더니 내 눈을 뚫어져라 쳐다본다.

"화가 나요. 그 더러운 놈에게 욕을 해주고 싶어요!"

그녀의 젖은 눈에서 뜨거운 불길이 치솟아 오른다.

"여기 의자에 그 사람이 앉아 있다고 생각하고 욕을 해주세요."

나는 그녀 왼쪽의 의자를 그녀 쪽으로 돌려놓으며 말한다.

"야, 이 새끼야! 네가 선생이야? 네가 인간이야? 어린아이에게 그런 짓을 하고도 네가 인간이야? 이 개새끼야. 내가 너 때문에 그동안 얼마나 힘들었는지 알아? 네 딸한테도 그런 짓 하니? 죽여버리고 싶어. 너 같은 놈은 사형시켜야 해! 죽어라 죽어!"

그녀는 의자 위에 놓인 베개를 들더니 의자에 내리치면서 고함을 질러댄다. 울다가 화내다가 하면서 한참을 베개를 치며 분노를 쏟아내다가, 어느 순간 지쳤는지 등을 의자에 기댄 채 잠시 쉰다. 나는 그녀에게 컵에 물을 따라 건네준다. 물을 마시고 난 그녀는 내게 말한다.

"선생님, 감사해요. 붙들어주셔서. 힘이 좀 나네요."

"반가워요. 이제 얼굴에 생기가 좀 나시네요? 여기에 아홉 살짜리 어린 수선화가 앉아 있어요. 이 아이에게 지금 해주고 싶은 말이 있으신가요?"

나는 내 옆에 있는 의자를 그녀 오른쪽에 옮겨놓고, 그 위에 여자아이 인형을 하나 올려놓으며 말한다. 그녀는 잠시 인형을 물끄러미 바라보더니 이내 따뜻한 표정을 지으며 말한다.

"가영아, 그동안 많이 힘들었지? 외롭고 무서웠지?"

그녀는 말을 멈추고 눈물을 닦는다. 그러고는 다시 말을 잇는다.

"가영아, 미안해! 내가 너를 보기 싫어하고, 외면하고, 밀쳐냈던 것 미안해. 정말 미안해! 내가 어리석었어. 그동안 너 혼자 얼마나 힘들었니?"

여기까지 말한 그녀는 손으로 인형을 집어 자신의 무릎 위에 올려놓고 말한다.

"넌 참 대단해. 그렇게 어려운 일이 있었는데도 여태 잘 견디고 씩씩하게 살아왔어. 네가 할 수 있는 최선을 다해 살았어. 대견스럽고 사랑스러워. 정말 사랑스러워……."

그녀는 한 손으로 인형을 잡고, 다른 손으로는 인형의 머리를 쓰다듬고 있다.

"지금 아이의 머리를 쓰다듬고 계시네요?"

"네, 사랑스러워요. 그리고 똑똑해요. 기특해요……."

"아이를 한 번 안아주세요."

나의 제안에 그녀는 인형을 가슴에 꼬옥 안아준다. 얼굴에 환한 미소가 번진다.

"아이에게 더 해주고 싶은 말이 있으세요?"

그녀는 인형을 눈앞에 갖다놓고 눈을 맞추며 사랑스런 표정으로 말한다.

"가영아, 앞으로 너를 자주 만나러 올게. 이제 너를 외면하지 않을게. 너를 외롭게 내버려두지 않을 거야. 약속할게……."

"아이가 행복해할 것 같은데요?"

"네, 아이가 지금 웃고 있어요. 행복해하고 있어요."

"그래 보여요. 저도 참 행복하네요. 오늘은 이만 할까요?"

"네, 선생님. 감사해요."

⋯⋯⋯

오늘은 서른네 번째 창모다. 토요일은 대체로 화요일보다는 님들

245

의 표정이 밝고 여유가 있는 편이지만, 오늘따라 다들 더욱 편안한 얼굴이다.

봄비가 밝게 웃으며 먼저 입을 연다.

"창모를 시작하기 전에 제안을 하나 드리고 싶어요."

님들이 일제히 궁금한 표정으로 그녀를 쳐다본다.

"다름이 아니라 민희 씨를 창모에 초대하고 싶어요."

"초대하고 싶은 이유가 뭐에요?"

바람이 무뚝뚝하게 묻는다.

"무척 친근감이 가요. 대화를 나눌수록 깊이가 있고 배울 점이 많은 사람인 것 같아요."

이렇게 말한 봄비는 님들의 얼굴을 둘러본다. 님들은 서로 쳐다보며 특별히 문제될 것이 없다는 표정들이다.

"본인에게 의사를 물어보셨는지 궁금해요."

바위가 봄비를 쳐다보며 말한다.

"넌지시 물어봤어요. 재미있을 것 같다고 했어요."

봄비가 얼른 반색하며 대답한다.

"나그네 님 생각은 어떠세요?"

새벽이 나를 쳐다보며 불쑥 묻는다.

"저는 상관없습니다."

엉겁결에 내가 대답한다.

"이한빈 대표님에게 물어봐야 할 것 같아요."

오아시스가 어른스럽게 말한다.

"민희의 의향을 물어본 다음에 이 대표님에게도 메일을 보내겠습니다."

나의 말에 모두 고개를 끄덕인다.

나는 여느 때처럼 시작을 알리는 종을 뎅, 친다. 잠시 침묵이 흐른다. 바위가 몸을 꿈틀대더니 운을 뗀다.

"제가 말을 좀 해도 되겠습니까?"

"당연하지요."

내가 대답한다.

"제가 오늘 새벽에 꾼 꿈이 하도 이상해서 꿈에 대해 좀 이야기해보고 싶어요.

"좋습니다. 어떤 꿈인지 이야기해주세요."

"제가 어린 시절 살던 시골집 마당이었습니다. 햇빛이 쨍쨍 비치는 청명한 날씨인데, 마당에는 멍석이 펴져 있고, 그 위에 벼를 널어놓고 말리고 있었습니다."

나는 바위에게 잠깐 멈추고, 지금 자신이 꿈속에 있는 것처럼 상상하면서 현재형으로 말해보라고 제안한다. 그는 잠시 눈을 감고 몰입하더니 이야기를 다시 시작한다.

"제가 어린 시절 살던 시골집 마당입니다. 햇빛이 쨍쨍 비치는 맑은 날씨입니다. 마당에 멍석을 깔아놓고 벼를 말리고 있습니다."

"지금 기분이 어떠신가요?"

"기분이 편안하고 좋습니다."

"네, 다음 장면을 이야기해보세요."

"아래채 창고 문이 삐죽이 열려 있어 나는 문을 열고 창고 안으로 들어가봅니다. 뒤주가 있던 자리에 뒤주는 보이지 않고, 커다란 바위가 놓여 있어요. 너무 이상해서 자세히 보려고 가까이 다가갑니다. 그런데 갑자기 바위 안에서 이상한 소리가 들려요. 화들짝 놀라 한발 뒤로 물러섭니다. …이제 더 이상 소리가 들리지 않아요. 나는 무섭지만 다시 다가가 귀를 쫑긋 세웁니다. 바위 안에서 뭔가 두드리는 소리 같은 것이 납니다. …아이 울음소리 같은 것도 들립니다. 나는 무서워서 얼른 밖으로 뛰쳐나옵니다. 갑자기 내 앞에 아버지가 나타납니다. 화난 얼굴로 나를 노려봅니다. 나는 깜짝 놀라 꿈에서 깨어납니다."

"지금 기분이 어떠신가요?"

"무서워요. 몸서리가 쳐지네요. 아버지의 눈이 아직도 나를 노려보는 것 같아요."

"아버지의 눈이 되어 자기에게 말을 해보시겠어요?"

나의 이 제안에 그는 당황한 듯 약간 움찔하더니 자세를 바로잡고 말을 한다.

"내 허락 없이 함부로 거기에 들어가?"

"좋아요. 아버지에게 대답해보세요."

"왜 들어가면 안 되죠?"

그의 표정과 목소리가 상당히 반항적이다. 평소 점잖았던 그의 모습과는 사뭇 다르다.

"상당히 화가 나신 것 같네요?"

"네, 화가 많이 나요. 내가 뭘 잘못했다고 그러시는지 이해가 안 돼요."

"그 말씀을 아버지에게 직접 해드리세요."

"아버지 대체 왜 그러세요. 제가 뭘 잘못했어요?"

그가 언성을 높여 큰 소리로 외친다.

"아버지가 뭐라고 답하시나요?"

"이제 아버지가 안 보여요. 사라지신 것 같아요."

"그럼 지금 어떻게 하고 싶으세요?"

"창고 안으로 들어가보고 싶어요."

"좋아요. 들어가보세요."

"제 앞에 커다란 바위가 앞에 있어요. 거무스름한 색깔인데 단단해 보여요."

"무슨 소리가 들리나요?"

"아뇨. 아무 소리도 안 나요."

"지금 기분은 어떠신가요?"

"몸이 긴장돼요. 가슴이 두근두근해요."

"가슴이 한번 되어보세요. 가슴이 뭐라고 말하나요?"

"'답답해. 나가고 싶어!'라고 말해요."

"이번엔 바위가 되어보실래요?"

"'안 돼. 거기에 가만있어!'라고 말해요."

"이제 가슴이 뭐라고 말해요?"

"선생님, 갑자기 아이 우는 소리가 들려요. 여자아이 같아요."

"아이가 되어보세요."

"싫어요……."

"싫다고 말하는 것이 누구예요? 아이예요, 아니면 바위예요?"

"바위 같아요."

"그럼 바위가 되어 말해보세요."

"안 돼. 나오지 마. 거기 가만있어!"

"이번엔 아이가 되어 보실래요?"

"왜 나오지 말라는 거야? 답답하단 말이야……. 허윽 허윽 허윽."

별안간 그가 흐느끼며 울기 시작한다.

이건 정말 놀라운 일이다. 지난 넉 달 동안 자신의 감정을 한 번도 제대로 보여주지 않던 그가 갑작스럽게 뭔가를 느끼기 시작한 것이다. 딱딱한 바위 속에 갇혀 있던 뜨거운 용암이 바위가 갈라지며 밖으로 흘러나오고 있다. 과연 지금 그에게 무슨 일이 일어나고 있는 걸까? 나는 그가 말할 수 있도록 도와주어야 한다.

"바위 님, 지금 어떤 것이 떠오르시나요?"

"제 여동생이 보여요. 제 여동생이요… 허윽 허윽 허윽…."

"여동생이 어떻게 하고 있어요?"

"제 여동생이 벙어리예요. 벙…어…리… 허윽… 허윽…."

이렇게 말하며 그는 두 손으로 방바닥을 치며 소리 내어 운다. 님들이 모두 놀라 그를 쳐다본다.

"여동생이 농아였다고요?"

내가 묻는다.

"네, 날 때부터 소리를 못 들었어요. 아버지가 창피하다고 집 밖에 못 나가게 하셨어요. 허윽 허윽 허윽…."

그는 다시 상체를 역기처럼 들었다 놨다 하며 큰 소리로 운다. 한참을 울고 나서 그는 평화가 건네주는 휴지로 눈물을 닦은 뒤 가라앉은 목소리로 말한다.

"늘 가슴속에 묻어두고 살았어요. 여동생은 저희 집의 비밀이었습니다. 누가 눈치챌까 봐 저는 항상 조심하고, 일부러 태연한 척하고 살았어요. 혹시 누가 흉볼까 두려워 일부러 더 깨끗한 옷을 입고 다니고 좋은 학교, 좋은 직장에 들어가려고 기 쓰며 살았습니다."

이렇게 말한 그는 이제 숙제를 다 마친 학생처럼 얼굴이 편안해진다.

"지금 기분이 어떠신가요?"

"가벼워요. 그동안 마음이 참 무거웠습니다. 님들이 솔직하게 자신의 마음을 드러내고 서로 위로해주는 걸 보면서 많이 부러웠습니다. 저는 못할 줄 알았습니다. 저는 그동안 늘 벙어리로 살아온 것 같아요. 오늘 이야기를 하고 나니까 정말 마음이 편안하네요."

그가 말을 마치자 여러 님들이 돌아가면서 '말해줘서 고맙다', '이야기 들으면서 그동안 얼마나 힘들었을까 싶어 마음이 아팠다.' '이제 더 가까워진 느낌이 든다.'라고 말한다. 님들의 말을 들으며 바위의 얼굴에 빛이 난다. 옆에 앉은 평화가 그의 손을 꼭 쥐어주며 지지해주는 모습이 눈에 들어온다.

무겁게 들고 다니던 짐을 내려놓은 것처럼 님들의 얼굴이 모두 편안하다. 다들 여운에 잠겨 꿈을 꾸는 것 같다. 창밖에 이따금 풀벌레 소리가 들릴 뿐 방 안에는 고요한 적막이 드리운다.

"제가 말씀을 좀 드리고 싶어요."

여느 때와는 달리 무척 차분한 목소리로 오아시스가 침묵을 깬다.

"아까 바위 님이 '저희 집의 비밀'이란 말씀을 하셨을 때, 제 가슴이 쿵하고 내려앉는 느낌이 들었습니다. '비밀'이란 단어가 제 가슴을 친 거죠. 그 말을 들은 이후로 바위 님이 하시는 말씀이 하나도 안 들렸어요. 오랫동안 잊고 있던 기억이 하나 떠올랐습니다."

"오아시스 님, 잠깐 멈추시고 지금 기분이 어떠신가요?"

내가 그의 말을 끊으며 묻는다.

"잘 모르겠습니다. 그냥 가슴이 두근두근합니다."

"가슴이 뭐라고 말하는 것 같습니까?"

"무섭다, 두렵다, 이런 말을 하는 것 같아요."

"네, 좋아요. 하시던 이야기를 계속해보세요."

"제가 초등학교 1학년 때 아버지가 심장마비로 갑자기 돌아가신 뒤 어머니가 좀 이상해지기 시작했어요. 이웃 사람들과 자주 다투셨고, 혼자 천장을 쳐다보며 욕을 하시곤 했어요. 어느 날 집에 빚쟁이가 돈 받으러 왔는데 갑자기 부엌에 가서 칼을 들고 나오시더니 제 목에 댔어요……. 그런 일이 있은 후 얼마 안 있어 어머니는 정신병원에 입원하셨어요. 동네 사람들이 쑥덕대는 걸 들을 때마다 정말 창피하고 죽고 싶었어요."

말을 마친 그는 아직 좀 멍한 표정이다.

"그 말씀을 하시고 난 지금 기분이 어떠신가요?"

내가 다시 그에게 묻는다.

"잘 모르겠어요. 아무 느낌이 없어요."

"좋습니다. 지금 하셨던 말씀을 한 문장으로 줄여서 해보시겠어요?"

"제가 어렸을 때 엄마가 조현병에 걸리셨고, 그것은 저희 집 비밀이었어요."

"그 말씀을 하시니 기분이 어떠신가요?"

"좀 슬퍼요. 다시 멍해졌어요."

"좋습니다. 그럼 이제 가장 편한 느낌이 드는 님 앞에 한번 가 앉아보시겠어요?"

그는 주위를 둘러보다가 바위를 발견하고는 그의 앞에 가서 마주보며 앉는다.

"좋습니다. 그럼 아까 하셨던 말씀을 바위 님 눈을 쳐다보며 해보시겠어요?"

"바위 님, 제가 어렸을 때 엄마가 조현병에 걸리셨고, 그것은 저희 집 비밀이······."

말을 하다 말고 그는 갑자기 울음을 터뜨린다. 바위가 얼른 그의 손을 잡아주며 말한다.

"네, 오아시스 님. 말씀 안 하셔도 알아요. 아무에게도 말 못 하고 혼자 끙끙대며 감당하시느라 얼마나 힘드셨어요? 저도 여동생이 벙어리라고 누가 놀릴까 봐 늘 불안했어요. 오아시스 님이 얼마나 마음 졸였을지 너무······."

그도 말을 하다 말고 감정이 북받쳐 울컥 올라온다. 그러자 오아시스가 그를 와락 껴안아 둘이서 한 덩어리가 되어 함께 큰 소리로 엉엉 운다. 님들은 모두 그 광경을 보며 함께 눈물을 흘린다. 그때 새벽이 벌떡 일어나더니 바위와 오아시스에게로 달려가 둘을 한꺼번에 끌어안고 울며 말한다.

"오아시스 님 그리고 바위 님, 제 딸도 정신병원에 입원한 적이 있어요. 두 분 심정이 어떠셨을지 너무 잘 알아요. 얼마나 마음고생들이 많으셨어요? 오늘 이렇게 말씀들 해주셔서 너무 감사해요. 제가 위로가 됐어요."

셋은 서로를 부둥켜안고 한동안 소리 내어 함께 운다. 오랜 세월을 치료자로서 일해오면서도 이런 광경은 처음이다. 남자 셋이서 동병상련의 아픔을 울음으로 풀어내는 이 과정이 아프면서도 아름답게 느껴진다. 셋은 마치 코러스를 하는 것처럼 한동안 화음을 맞추다가 차츰 소리가 잦아들며 어느 순간 서로를 놓고 서로의 얼굴을 쳐다보며 미소를 짓는다. 그리고 서로 손을 뻗어 이마에 난 땀을 닦아주는 광경이 마치 한 폭의 그림 같다.

나는 벽시계를 올려다보며 말한다.

"네, 좋습니다. 이제 모두 자리로 돌아가주시겠어요?"

오아시스와 새벽이 자리로 돌아가 앉자 내가 말한다.

"지금 어떤 기분인지 말씀해주실 분이 계신가요?"

"마음이 참으로 홀가분해졌습니다. 제 외로움과 슬픔을 공감하면서 함께 울어주신 바위 님과 새벽 님께 진심으로 감사드려요. 제게 형님과 아버지가 새로 생긴 느낌이 듭니다."

오아시스가 해맑아진 얼굴로 말한다.

"오아시스 님이 제게 와주셔서 정말 고마웠어요. 덕분에 제 마음속에 남아 있던 슬픔을 마저 비워낼 수 있었습니다. 새벽 님이 오셨을 땐 참 따뜻했습니다."

손수건으로 이마의 땀을 닦으며 바위가 말한다. 님들은 오아시스의 용기와 솔직함에 대해, 바위의 진실함에 대해, 그리고 새벽의 따뜻함에 대해 피드백을 한다. 창모가 끝났음에도 님들은 한동안 자리를 뜨지 못하고 옹기종기 모여 앉아 이야기를 더 나눈다. 오늘은 수선화도 가지 않고 남아 바위와 뭔가 이야기를 주고받는 모습이 눈에 띈다.

사건들

오늘은 민희가 창모에 처음 오기로 한 날이라 일찌감치 하린이를 유치원에서 데려왔다. 새벽과 함께 주방에서 윤서와 하린이 저녁을 챙겨주고, 거실에 앉아 그와 함께 담소를 나누고 있다. 마침 봄비와 민희도 조금 전에 같이 와서 2층 주방에서 저녁을 먹으며 대화를 나누고 있는 것 같다.

나는 이런 시간이 참 즐겁다. 평생 살면서 아이를 키워본 적이 없던 터라 하린이를 보살피고 챙겨주는 일이 서툴지만 새롭고 흥미롭다. 아이 수준에 맞춰 대화하다 보면 어느 새 아이의 마음이 된다. 하린이와 소꿉놀이를 하며 놀다 보면 자주 함께 웃게 되고, 나도 모르게 마음이 넉넉해지는 것도 신기하다.

새벽에게 이런 심정을 함께 나누고 싶어 그에게 내 마음을 개방

한다. 그러자 새벽이 자기도 같은 경험을 하고 있다며 신이 나 맞장구를 친다.

"나그네 님 마음을 저도 똑같이 느껴요. 그동안 윤서와 얼마나 친해졌는지 몰라요. 최근에는 봄비 님이 학교에서 직책을 맡으시는 바람에 바빠지셨잖아요. 그래서 덕분에 제가 윤서와 같이 있는 시간이 많아졌는데, 윤서와 함께 대화를 하다 보면 얼마나 재미있는지 몰라요. 요즘은 윤서 때문에 사는 게 아닌가 싶을 정도예요."

"정말 그 정도이신 줄 몰랐네요. 그렇잖아도 새벽 님 표정이 근래 들어 부쩍 밝아지시고, 즐거워 보이셨는데 그런 배경이 있으셨네요? 하하하."

"나그네 님께서도 느끼셨군요. 저는 정말 요즘 들어 사는 것이 이렇게 즐거울 수도 있구나,란 걸 느껴요. 과거에 제가 왜 그렇게 아등바등하며 살았나 싶고요."

"공감합니다. 세상 사는 것이 뭐 그렇게 대단한 거라고 서로 얼굴 붉혀가며 안 좋은 말들 하고 사는지……. 저도 예외가 아닙니다만, 돌아보면 모두 참 부질없는 것 같습니다."

그때다. 누가 현관문을 쾅 열면서 우리 쪽을 향해 외친다.

"새벽 님, 큰일 났어요. 얼른 밖에 좀 나와보세요."

햇살이다. 우리는 놀라서 얼른 밖으로 뛰어나간다. 골목에서 왁자지껄한 소리가 들려온다.

"야, 이 새끼야 그래도 잘했다고 주둥이를 놀려? 내가 누군 줄 알아, 이 건방진 자식이!"

"죄송해요. 제가 잘했다는 게 아니고, 사정이 그랬다는 걸 말씀드리려고 한 것이……."

육십 대쯤으로 보이는 웬 건장한 남자가 삿대질을 하면서 목에 핏대를 올리고 있고, 그 앞에는 키 작고 왜소한 몸집의 한 청년이 어쩔 줄 몰라 쩔쩔매는 모습이다. 가까이 가보니 청년은 오아시스다. 구름이와 송이가 그의 다리 사이에 숨어서 벌벌 떨고 있다.

"야, 이 새끼야. 그래 그게 말이 돼? 고양이 때문에 개새끼가 남의 담벼락에 오줌 갈기는 걸 그냥 놔뒀다고?"

남자는 범이 강아지 데리고 놀 듯 오아시스를 계속 몰아세운다.

"사장님, 너무하십니다. 이 사람의 말은 그런 뜻이 아니고……."

평화가 오아시스를 막아 앞으로 나서며 중재를 하려고 한다.

"넌, 뭐야? 너도 이 자식하고 한 패야? 너희들 도대체 뭐하는 인간들이야. 뉴런하우슨가 나이롱하우슨가 다 좋은데, 너희들 오고 난 뒤로 동네가 이상해졌어. 이건 뭐 거지소굴도 아니고, 부랑배수용소도 아니고… 떼거리로 몰려다니면서 동네 다 버렸어. 하여튼, 이거 어떻게 할 거야? 우리 담벼락 물어내!"

"사장님, 너무하십니다. 담벼락을 어떻게 물어내요?"

평화가 볼멘소리를 한다.

"야, 인마. 담벼락을 뜯고, 다시 쌓든지 말든지! 이대로 둘 거야?"

"네? 담벼락을 뜯고 다시 쌓으라고요?"

"야, 너! 통 말귀를 못 알아듣는구나. 주인 나오라고 해! 너 같은 놈하고 더 이상 말상대하기 싫다. 말이 통해야 말을 하지……."

남자는 계속 어깃장을 놓으며, 물러서지 않을 태세다. 오아시스와 평화는 어떻게 해야 할지 몰라 하늘을 쳐다보다, 땅을 내려다보다 한

숨만 푹푹 쉰다. 햇살과 수선화도 옆에서 근심스런 표정으로 지켜본다. 윤서는 봄비의, 하린이는 민희의 손을 꼭 붙들고 눈이 동그래져 보고 있다.

이때 새벽이 오아시스와 평화를 뒤로 물리며 남자 앞으로 한 걸음 나아간다. 그는 남자에게 정중하게 고개를 숙여 인사를 하고 나서 말을 한다.

"안녕하세요? 제가 뉴런하우스 주인 이한빈입니다. 오늘 선생님 댁에 피해를 끼쳐드려서 대단히 죄송하게 생각합니다. 담벼락 보수 공사를 하시고, 비용을 청구하시면 제가 처리해드리겠습니다. 다시 한 번 죄송합니다."

"아, 그게… 그게 아니라. 제 말씀은……."

남자는 몹시 당황하며 말을 얼버무린다. 기고만장해서 소리를 지르고 행패를 부리던 조금 전의 모습은 온데간데없고, 마치 몸이 뒤집힌 풍뎅이가 허공을 향해 팔다리로 갈퀴질하는 것처럼 맥없이 버둥댄다. 설마 이 상황에서 집주인이 나오리라곤 전혀 예상하지 못한 것 같다.

"그럼 저희는 이만 물러가도 되겠습니까?"

새벽이 다시 한 번 정중하게 예를 갖춰 물어본다.

"회장님, 소란을 끼쳐드려 죄송합니다. 나쁜 뜻은 아니었고, 다만 앞으로 주의해달라는 말을 하려고……."

남자는 머리를 주억거리며 저자세로 돌아서서 연신 허리를 숙인다. 그러고는 뒤돌아 가려고 한다. 그때다 갑자기 뒤에서 부르는 소리가 들린다.

"아저씨, 잠깐만요. 저 좀 봐요."

수선화가 남자를 노려보며 말한다.

"저 말입니까. 왜 그러시나요?"

남자가 돌아서서 수선화를 보더니 약간 움찔하며 말한다.

"가시기 전에 먼저 제 형제들에게 사과부터 하셔야죠."

남자를 노려보는 그녀의 눈은 마치 들짐승의 움직임을 추적하는 맹금류의 그것 같다.

"제가 뭘 잘못했다고 사과하라는 겁니까?"

"기억 안 나세요? 말씀드리죠. 제 형제들에게 이 새끼 저 새끼라고 쌍욕을 하셨죠? 그리고 저희 뉴런하우스를 거지소굴, 부랑배수용소라고 모욕하시지 않았나요?"

나지막하지만 또박또박 분명한 어조로 말하는 수선화의 목소리에는 함부로 범접하기 힘든 카리스마가 있다.

"형씨들 내가 오늘 좀 과했던 것 같소. 미안하게 됐소. 앞으로 이웃 간에 잘 좀 지냅시다."

그는 오아시스와 평화에게 악수를 청하며 사과를 한다. 우리는 모두 안도의 한숨을 내쉰다. 남자는 돌아가고, 우리는 뉴런하우스로 들어온다. 오아시스는 님들에게 자기 실수로 시끄러운 일이 생겨 죄송하다며 사건 경위를 설명한다.

"구름이와 송이를 데리고 산책을 하는데, 길에서 고양이 한 마리를 보자 구름이가 확 달려 나가는 바람에 잡고 있던 끈을 그만 놓쳐버렸어요. 욘석이 한참 돌아다니다가 오더니 갑자기 옆집 담벼락에 오줌을 싸지 뭡니까? 말리려고 하는데, 딱 주인이 나타나서……."

"오아시스 님, 괜찮아요. 그럴 수도 있지. 그런데 그 남자 오늘 임자 잘못 만났어. 하하하."

평화가 호탕하게 웃으며 오아시스의 어깨를 두드려준다.

......

우리는 잠시 후 사랑방에 모여서 서른일곱 번째 창모를 시작한다.

"오늘은 저희 창모에 새로운 멤버가 오셨으니 인사말을 좀 듣고 시작하겠습니다."

내가 민희를 보며 운을 뗀다.

"안녕하세요? 저를 이렇게 귀한 자리에 초대해주셔서 참 감사드려요. 제가 여기에 와도 괜찮을지 걱정이 많이 되었습니다만, 봄비 님을 비롯해서 여러분들께서 격려를 해주셔서 용기를 냈습니다. 잘 부탁드립니다."

민희가 수줍은 미소를 지으면서도 또박또박 말한다.

"별칭을 무엇으로 지으셨는지 궁금해요."

햇살이 관심을 보이며 묻는다.

"참꽃이라고 지었어요. 진달래의 옛 이름인데, 어릴 때 봄이면 할머니 따라 산에 가서 참꽃을 따서 먹기도 했어요. 분홍색이 예뻐서 제가 좋아하는 꽃이에요."

"여러분, 다 같이 참꽃 님이 창모에 오신 것을 박수로 환영해드립시다."

평화의 제안에 님들은 민희를 바라보며 다 같이 크게 박수를 친다. 민희는 환히 웃으며 여러 번 고맙다는 인사를 한다. 님들은 한동안 계속 박수를 치며 민희를 진심으로 환영한다. 그러고는 잠시 침묵이 흐른다. 아무도 말이 없자 평화가 새벽이 앉은 쪽을 바라보며 말을 한다.

"새벽 님, 아까는 정말 통쾌했습니다. 그리고 무척 놀랐습니다. 어떻게 그 순간에 그렇게 임기응변을 잘하시는지, 정말 새벽 님이 새롭게 보였습니다."

평화의 말을 듣자 새벽은 잠시 난처한 표정을 짓더니 조심스럽게 말을 꺼낸다.

"먼저 여러 님들께 정말 죄송하단 말씀부터 드리고 싶습니다. 제가 본의 아니게 여러 님들에게 미리 사실대로 말씀 못 드리고 차일피일 미루다 보니 오늘……."

"아니, 새벽 님 무슨 말씀이신지 좀 분명하게… 잘 이해가 되지 않아서……."

평화가 새벽의 말을 끊으며 뛰어든다.

"…그러니까 제가 이한빈이 맞습니다."

"뭐라고요. 새벽 님이 이한빈 대표님이시라고요?"

평화가 소스라치게 놀라며 반문한다. 다른 님들도 눈이 휘둥그레진다.

"아니, 이게 도대체 어떻게 된 거예요? 왜 지금까지 저희에게 말씀을 안 하셨나요? 나그네 님은 알고 계셨나요?"

평화가 흥분해서 새벽과 나를 번갈아가며 쳐다본다.

"저도 몰랐어요. 오늘 이 자리에서 처음 들었습니다. 저도 평화 님처럼 궁금하네요."

나는 뒤통수를 한 대 얻어맞은 느낌이 든다.

"정말 죄송합니다. 여러 님들을 속이려거나 다른 나쁜 의도가 있었던 것은 아닙니다. 처음부터 직접 참여할 생각은 아니었습니다. 오시기로 했던 한 분이 갑자기 사정이 생겨 못 오게 되면서 어떻게 할까 망설이다가 제가 참여하게 된 것이었습니다."

"제가 그냥 궁금해서 여쭙는데요, 나중에라도 저희에게 말씀하셔도 됐을 텐데 안 하신 이유가 있으셨나요? 최소한 나그네 님에게는 이야기할 수 있지 않았을까 싶어서요."

바위가 정중하게 묻는다.

"고민을 많이 했습니다. 그런데 아무래도 님들이 많이 불편해하실 것 같다는 생각이 들었습니다. 나그네 님에게는 말씀드릴까 생각했었는데, 잘못하면 나중에 님들로부터 원망을 들으실 것 같아서 그냥 저 혼자 책임지는 게 낫겠다 싶었어요."

"새벽 님, 그 부분은 이해가 됐어요. 그런데 정말 궁금해요. 뉴런하우스에서 저희와 함께 지내시는 게 불편하셨을 텐데 왜 굳이 이런 생활을 택하셨어요?"

따뜻한 시선으로 새벽을 바라보며 봄비가 묻는다.

"봄비 님이 물어주시니 정말 고마워요. 저는 그동안 기회 있을 때마다 여러 번 말씀드렸습니다만, 지난 넉 달 반 동안 뉴런하우스에서 님들과 함께 지내면서 매일매일이 행복했습니다. 함께 창모를 하는 것도 좋았고, 오아시스 님과 한 방을 쓰는 것도 참 좋았어요. 특히 윤서가 오고 난 뒤부터는 인생의 봄이 다시 찾아온 느낌이었어요."

"새벽 님께서 뉴런하우스를 만들어주셔서 저희는 그동안 정말 많은 도움을 받았고, 고맙게 생각해왔습니다. 그런데 개인적으로 궁금한 점은, 어떤 계기가 있으셔서 이런 일을 하시게 되었나요?"

부드럽지만 예리한 수선화의 질문이 날아든다. 순간 나는 방송작가로서 그녀의 직업적 본능이 꿈틀거리는 것을 본다. 새벽은 잠시 고개를 숙인 채 생각을 하는 것 같다. 나는 창모가 인터뷰 형식으로 흘러가는 것을 계속 놔둘 것인가, 아니면 다시 '지금 여기' 중심으로 방향을 유도하는 것이 좋을까? 고민한다. 이때 새벽이 말한다.

"저는 별 생각 없이 사는 평범한 사업가였어요. 어릴 적 가난한 집에서 자란 한이 있어 가정을 돌보지 않고 오직 돈벌이에만 매달렸습니다. 어느 날 갑자기 한꺼번에 많은 일들이 닥쳤어요. 딸 혜진이가 정신병원에 입원하게 되었고, 그 와중에 아내가 교통사고로 죽었습니다. 아들은 외국 여성과 결혼해 한국을 떠나버렸고요. 그 충격으로 저는 우울증에 걸렸습니다. 제 인생이 실패했다는 생각에 수치심이 들어 사람 만나는 것이 싫어졌고, 매일 혼자 집에서 술을 마셨어요. 처음엔 수치심과 분노를 잊기 위해, 나중엔 슬픔과 외로움을 달래기 위해 술을 마셨습니다. 몇 년을 그렇게 살다가 문득 제가 스스로를 파괴시키고 있다는 생각이 들어 심리 상담을 받으면서 술을 끊었습니다. 그런데 이번엔 대장암 진단을 받았습니다. 청천벽력 같았죠. 또다시 며칠간 폭음을 했습니다. 그러다가 하루는 이상하게도 마음이 편해졌습니다. 그동안 힘들었던 여행이 이제 끝나는구나, 쉴 수 있겠구나, 하는 생각이 들면서 말이에요. 하지만 이내 그동안 내가 인생을 잘못 살았구나, 하는 생각이 들면서 후회가 몰려왔습니다. 내 몸, 내

가족만 생각하고 살았던 나 자신이 보이면서 너무 가슴이 아파오는 거예요. 너무 미안했어요. 그리고 나니 보살펴줄 부모도, 함께 아픔을 나눌 형제도 없는 사람들이 눈에 들어오면서 그들에게도 너무 미안했어요. 함께 집단 상담에 참여하는 분들을 보면서 그런 생각이 든 거예요. 그래서 죽기 전에 제가 할 수 있는 일을 하자는 생각이 들어 뉴런하우스 프로젝트를 생각하게 된 거였습니다."

말을 마치자 그는 길게 한숨을 내쉬며 얼굴이 편안해진다.

"말씀을 들으니 참 놀랍기도 하고 가슴이 아프네요. 그런데 지금 몸은 괜찮으신가요?"

수선화가 걱정스런 표정으로 묻는다.

"네, 다행히 수술받고 경과가 괜찮습니다. 아직 지켜보고 있는 중이에요."

"저도 마음이 많이 아프네요. 그러면서도 참 감사한 마음이 들어요. 늘 대단하시다고 생각해왔지만, 오늘 말씀을 들으면서는 정말 놀랍고, 진심으로 존경하는 마음이 일어납니다. 저 같으면 감히 생각하지도 못했을 일을 실천하고 계시네요? 새벽 님, 존경하고 사랑합니다."

바위가 눈물을 글썽이며 말한다.

"저, 죄송하지만 참꽃 님이 염려돼요. 아까부터 울고 계시는 것 같아서요……."

오아시스가 걱정스런 표정으로 민희를 바라보며 말한다. 모두 민희를 쳐다본다. 그녀가 두 손으로 얼굴을 가리고 있다. 북받쳐 오르는 울음을 참으려고 애쓸 때마다 울음이 새어나오며 긴 머리가 물결처럼 출렁인다.

나는 가슴이 철렁 내려앉는다. 무엇이 건드려진 걸까? 울음을 멈추지 못하고 흐느끼는 민희를 보니 가슴이 미어진다. 지금 어떻게 해야 할지 모르겠다. 마음 같아서는 얼른 달려가 안아주고 눈물을 닦아주고 싶다. 하지만 어떻게 해야 할지 잘 판단이 안 선다. 리더로서의 나와 아버지로서의 나, 한 인간으로서 나 사이에 방황한다. 나는 그냥 프로세스에 맡기기로 하고 침묵을 지킨다. 그러나 눈에서는 하염없이 눈물이 흘러내린다.

님들은 모두 안쓰러운 마음으로 민희를 지켜보고 있다. 봄비가 자리에서 벌떡 일어나더니 민희 곁으로 다가가 그녀를 덥석 안으며 말한다.

"참꽃 님, 울고 싶으면 편하게 우셔도 돼요."

봄비에게 안겨 민희가 흐느껴 운다. 잠시 후 민희가 좀 진정이 되자 봄비는 자기 자리로 돌아간다. 내가 민희에게 묻는다.

"참꽃 님, 아까 어떤 감정이 올라오셨나요?"

"잘 모르겠어요. 새벽 님이 하신 말씀 중에 '보살펴줄 부모도, 함께 아픔을 나눌 형제도 없는 사람들'이란 말을 듣는 순간 저도 모르게 눈물이 왈칵 올라왔어요. 죄송해요……."

민희의 설명을 듣고 나도 모르게 자리에서 벌떡 일어났다. 그러고는 내가 민희에게 달려갔는지, 천천히 걸어갔는지 잘 기억이 나지 않는다. 정신을 차리고 보니 민희와 내가 서로 부둥켜안고 울고 있었다. 내가 또렷이 기억하는 것은 민희를 안은 채 계속 "미안해, 미안해… 그동안 얼마나 힘들었니? 미안해, 미안해!"라고 말하며 대성통곡을 했다는 것, 그리고 새벽이 우리에게 와서 함께 부둥켜안고 울었다는 사실이다.

잠시 후 나는 내 자리로 돌아와서 님들에게 지금 이 순간의 마음을 표현해달라고 말한다.

"참꽃 님 우시는 것 보며 마음이 참 아팠어요. 같이 눈물이 많이 났어요."

봄비가 말한다.

"나그네 님 마음이 어떠셨을까 싶어 가슴이 먹먹했어요."

오아시스다. 눈시울이 붉어진 모습이다.

"참꽃 님 우실 때, 미안하기도 하고 아프기도 했습니다. 나그네 님과 같이 참꽃 님을 안아드릴 수 있어서 그나마 다행이다, 고맙다는 생각을 했습니다."

새벽이 젖은 목소리로 말한다.

"저는 지금 햇살 님이 어떤 마음이신지 좀 걱정이 돼요."

평화가 햇살을 쳐다보며 안쓰러운 표정을 짓는다. 햇살에게 모두의 시선이 집중된다. 햇살은 울음을 참으려고 애쓴다. 하지만 막고 있는 손가락 사이로 울음이 비집고 나온다.

"으윽… 으윽….."

그녀는 울음을 토해내지 못하고 자꾸 목구멍으로 삼킨다. 보는 님들이 안타까워 어쩔 줄을 모른다. 봄비가 달려가 등을 쓸어주면서 진정시키려 한다. 그러나 잘 되지 않는다. 지켜보고 있던 평화가 갑자기 벌떡 일어나더니 햇살이 있는 곳으로 날아간다. 다음 순간 그는 햇살을 가슴에 안으며 울면서 말한다.

"햇살 님, 괜찮아요. 제가 있잖아요. 울고 싶으면 우셔도 괜찮아요… 정말 괜찮아요…….”

그때서야 햇살은 평화의 목을 끌어안고 소리 내어 운다. 잔뜩 찌
푸렸던 하늘에서 시원하게 소낙비가 쏟아져 내린다. 세차게 내리는
비에 도랑물이 콸콸 넘쳐흐르는 소리가 들린다. 얼마나 시간이 지났
을까? 하늘에 구멍이 난 것처럼 내리던 비가 멈추고, 한쪽 하늘이 열
리면서 푸른 하늘이 드러난다. 햇살이 비친다.

“햇살 님, 고마워요. 저희 앞에서 이렇게 울어주셔서……. 저희에
게 큰 선물이에요. 저희를 믿으시니까 우신 거라 생각해요. 햇살 님,
저희와 함께 해주셔서 너무 감사해요.”

새벽의 말이 먼 하늘에서 울리는 천둥소리 같다.

“마음이 많이 아팠어요. 제 여동생 보는 것 같아서 정말 마음이 아
팠어요…….”

바위다. 그의 목소리도 흠뻑 젖어 있다.

나는 방 안을 둘러본다. 수선화와 바람이 눈물을 닦고 있는 모습
이 보인다. 님들은 그림처럼 앉아 있고, 그 위로 고요한 적막이 눈처
럼 내린다. 희정 씨와 헤어지고 실의에 빠져 혼자 찾았던 임랑 바닷
가가 떠오른다. 하현달이 은은히 검은 바다를 비추는데, 이따금 들리
는 파도 소리만이 어둠 속에서 아픈 생채기를 핥아주고 있을 뿐 천지
간에 나 홀로였다. 문득 바닷가 그 파도 소리가 창밖에서 철썩 철썩
우리를 달래주는 환영이 떠오른다. 나는 막대를 들어 종을 친다. 뎅.

다음 날 나는 새벽과 함께 돈암동 재래시장의 순댓국 집에서 점심을 먹는다. 그는 내게 신분을 감췄던 것에 대해 다시 한 번 사과한다. 나는 괜찮다고 말하며 그가 뉴런하우스를 위해 물심양면으로 후원을 아끼지 않았던 것에 대해 감사를 표한다. 우리는 처음 서로 이메일을 주고받으며 의기투합했던 때를 회상하며 뿌듯해한다.

"그런데, 새벽 님 몸은 정말 괜찮으신가요?"

나는 그의 건강이 걱정되어 묻는다.

"아직 치료 중인데, 경과는 괜찮다고 합니다."

그는 별 대수롭지 않다는 듯 태연한 얼굴로 말한다.

"혜진이는 자주 만나시나요?"

"아뇨, 그러지 못합니다. 걔가 아직 곁을 잘 주지 않아요."

"아, 그러시군요. 마음이 안 좋으시겠어요?"

"그래도 전보단 많이 나아졌어요. 가끔씩 서로 문자는 주고받거든요."

"아, 네……."

"바람 님을 보면서 제 딸을 많이 이해하게 되었어요. 성격이 좀 급한 데가 있지만, 속정이 많고 여린 아이입니다. 마음을 이해받지 못하면 심하게 상처를 받는 것 같습니다. 엄마가 친구들과 사귀는 것도 싫어하고 공부만 강요했던 것 같아요. 저에게 한 번씩 불만을 말했지만 저도 바빠서 신경을 못 써 줬습니다. 그래서 아직도 저한테 마음을 풀지 않는 것 같아요."

"그렇군요. 혜진이가 뉴런하우스에 한번 놀러오면 좋겠습니다."

"그렇잖아도 박사님께 한번 개인 상담을 부탁드릴까 생각하던 중이었습니다."

"본인이 원한다면 얼마든지……."

내가 대답하는 도중에 새벽과 나의 스마트폰에서 동시에 카카오톡 신호음이 들려온다. 새벽이 카톡을 열어보더니 안색이 싹 변한다.

"나그네 님, 큰일 났어요. 바람 님이 병원에 실려 갔다고 하네요."

"뭐라고요? 아니 왜요?"

"나그네 님 카톡에도 와 있을 거예요. 수선화 님이 보냈어요. 자세한 건 모르겠고, 혜화병원 응급실이라고 하네요."

우리는 큰길로 나와 택시를 잡아타고 혜화동으로 향한다. 병원 응급실 앞에서 수선화와 흰 가운을 입은 민희가 우리를 맞는다.

"바람 님이 칼로 손목을 그었어요. 화장실에서 비명 소리가 들려 달려가봤더니 바람 님이 피를 흘리며 쓰러져 있었어요. 구급차를 불러 타고 와서 지금 응급 처치를 받고 있어요."

수선화가 설명한다.

"부모님에게 연락하셨나요?"

새벽이 걱정스런 표정으로 묻는다.

"네, 어머니한테 연락이 됐어요. 곧 오실 거예요."

이때 평화가 햇살과 함께 복도를 달려오며 큰 소리로 외친다.

"바람 님이 뭔 일이당가요?"

수선화가 두 사람에게 설명을 하고 있는데, 오아시스와 바위도 헐레벌떡 뛰어온다.

"바람 님, 지금 어디에 계셔요? 어떻게 되셨어요?"

두 사람이 동시에 외친다. 그때 응급실 문이 열리며 간호사가 말한다.

"손예지 씨 보호자 되시는 분 들어오세요."

우리는 한꺼번에 우르르 몰려 들어간다. 흰 가운을 입은 젊은 의사가 우리를 보더니 흠칫 놀란다.

"다행히 동맥과 인대 손상은 없어 절개된 부분 봉합 후 깁스하였습니다. 차후 재발하지 않도록 정신과적 상담을 권합니다. 수액을 거의 다 맞았으니 끝나면 약 처방받아 가시기 바랍니다."

"지금 환자를 좀 볼 수 있습니까?"

새벽이 의사에게 묻는다.

"그러시죠."

그가 컴퓨터 화면에서 눈을 떼지 않은 채 무뚝뚝하게 말한다. 우리는 커튼이 쳐진 처치실에서 수액을 맞고 있는 바람에게로 다가간다.

"바람 님, 좀 어떠세요. 많이 아프시죠?"

새벽이 다정한 목소리로 묻는다. 우리는 모두 그녀를 보려고 안으로 고개를 들이민다. 왼쪽으로 돌아누워 있던 그녀가 몸을 비틀어 일어나려고 한다.

"아, 바람 님 움직이지 마시고 그대로 누워 계세요."

새벽이 급히 그녀를 제지한다. 일어나려다 말고 그녀는 들릴락 말락 한 목소리로 말한다.

"죄송해요. 여러 님들께 면목 없어요……."

"자알 한다. 하라는 공부는 안 하고, 갖가지 다 한다. 이거 어디 동네 창피해서 살겠니? 내가 못 살아. 어서 일어나 이노무 기집애! 집에 가자!"

날카로운 목소리와 함께 중년 여성이 우리를 밀치며 처치실 안으로 들어온다. 고급 블라우스와 정장 슬랙스에 하이힐을 신고, 짙은 화장을 한 얼굴에 선글라스를 끼고 있다. 바람은 금방 손찌검이라도 할 태세로 자기를 잡아먹을 듯이 노려보는 그녀를 쳐다보더니 고개를 홱 돌려 돌아누워버린다.

"어머니 되세요? 저 잠깐 보세요."

흰 가운을 입은 민희가 그녀를 가로막아 서며 말한다. 그녀는 약간 주춤하더니 민희가 이끄는 대로 복도로 따라 나간다. 새벽만 남겨두고 우리도 모두 뒤를 따른다.

"어머니, 환자를 그렇게 자극하시면 안 됩니다. 지금 극도로 예민한 상태에 있는데, 자칫하면 더 큰 사고가 날 수 있어요."

민희가 복도에 선 채 차분한 목소리로 말한다.

"죄송해요. 하도 말썽을 피워서 속이 상해서 그래요. 통 말을 안 들어요. 걸핏하면 삐쳐서 집 나가고……. 하도 연락이 안 돼서 어제는 다니던 병원에 전화를 했더니 몇 달째 병원에도 안 왔다지 뭐예요? 그래서 화가 나서 문자로 욕을 좀 했더니 저 난리를 친 것 같아요."

"병원요?"

민희가 반문하자, 그녀는 약간 당황하며 얼버무린다.

"쟤가 폭식증이 있거든요. 병원에도 안 가고, 어쩌자고 저러는지……."

"어머니, 그러지 마시고 저희 정신건강의학과에 한번 들러주세요. 아버님도 함께 오시면 좋겠어요."

"제가요?"

"네, 자녀들 문제는 부모님이 함께 상담받으시는 것이 좋습니다."

이렇게 말하며 민희는 '혜화병원 정신건강의학과 임상심리사 조민희'라고 쓰인 명함을 건넨다.

"네, 알겠습니다. 한번 생각해보겠습니다."

의외로 그녀는 민희 앞에서 고분고분하다. 이때 새벽이 바람을 부축해서 응급실 문을 열고 나온다. 핼쑥해진 모습으로 고개를 푹 숙인 채 바람은 우리 곁을 지나쳐 복도 쪽으로 가려고 한다.

"바람 님, 좀 어떠세요. 괜찮으세요?"

님들이 한꺼번에 바람을 에워싸며 묻는다.

"새벽 님, 제가 수납하고 약 처방 받아올까요?"

평화가 새벽을 쳐다보며 묻는다.

"네, 그렇게 좀 해주실래요?"

새벽이 대답한다.

"어… 그건… 제가……."

여인이 입안에서 뭔가를 말하려고 우물거리는 사이, 이미 평화는 복도를 달려가고 있다.

"오아시스 님, 택시 좀 잡아주실래요?"

새벽이 오아시스를 쳐다보며 말한다.

"네, 알겠습니다. 천천히 현관으로 나오십시오."

오아시스도 대답과 동시에 순식간에 눈앞에서 사라진다. 민희와 여인만 복도에 남겨둔 채 우리는 모두 병원을 떠난다.

......

오늘은 토요일 서른여덟 번째 창모 날이다. 민희를 포함해 나까지 열 명이 모였다. 며칠째 방에서 잘 나오지 않던 바람도 손목에 깁스를 한 채 와 앉아 있다. 나는 시작종을 뎅, 친다. 고요한 침묵이 흐른다.

"바람 님 지금 마음이 어떠신지 궁금해요."

고개를 숙이고 있는 바람을 향해 조심스럽게 질문을 한 것은 오아시스다.

"……."

"말씀 안 하시고 싶으면 안 하셔도 돼요. 저는 그냥 바람 님이 염려돼서 질문한 거였어요."

오아시스가 한 발 뒤로 물러선다.

"저도 바람 님이 어떤 마음이신지 좀 살펴집니다."

이번엔 바위다. 큰 오빠처럼 다정한 목소리다.

"……."

바람은 여전히 말이 없다. 하지만 눈에서 눈물이 한 방울 뚝 떨어진다. 님들은 그녀를 쳐다보며 안쓰러운 표정을 짓는다. 한동안 침묵이 이어진다.

"바람 님, 힘드실 텐데 이렇게 창모에 나와주셔서 고마워요."

내가 따뜻한 목소리로 말한다.

“…….”

그녀는 여전히 말이 없다. 그러나 굵은 눈물이 몇 방울 툭툭 떨어진다.

“저도 고마워요. 이렇게 나와주신 것이… 아무 말씀 안 하셔도 괜찮아요.”

새벽이 다정한 목소리로 말한다. 그 순간 그녀는 왈칵 눈물을 쏟아낸다. 그러면서 목구멍에서 허억 허억 하는 울음소리가 새어나온다. 그녀는 몇 번이고 참아보려고 애쓰지만 아무 소용이 없다. 마침내 폭포수처럼 눈물을 쏟아내며 그녀는 서럽게 울음을 토해낸다. 그 순간 새벽이 수리부엉이처럼 날아가 그녀를 덥석 안는다.

“바람 님, 얼마나 아프셨어요? 마음 놓고 우셔도 괜찮아요. 실컷 우세요…….”

그는 서럽게 우는 바람을 가슴에 안으며 등을 토닥여준다. 바람은 그의 품에 안긴 채 한 참을 흐느껴 운다. 님들은 둘을 지켜보며 함께 눈물을 흘린다. 한참 후 울음이 잦아들며 그녀가 일어나 앉는다. 새벽이 자기 자리로 돌아간다.

“죄송해요. 괜히 저 때문에 님들을 힘들게 해서 면목이 없어요…….”

아직도 눈물이 흐르는 얼굴을 손등으로 훔치며 그녀가 말한다.

“바람 님, 제발 그런 말씀 마세요. 너무 가슴이 아파요…….”

가슴에 손을 대며 봄비가 말한다.

“저녁 식사는 좀 하셨나요?”

내가 걱정이 되어 묻는다.

“봄비 님이 죽을 끓여주셔서 좀 먹었어요…….”

그녀는 다시 눈시울이 붉어진다. 나는 그녀의 슬픔이 무엇 때문인지 잘 모른다. 하지만 그녀의 표정이나 몸짓, 심지어는 침묵에서조차 깊이를 알 수 없는 심연으로부터 쉴 새 없이 슬픔이 흘러나오는 것을 본다. 문득 어릴 때 석현이네 집에 갔던 기억이 떠오른다. 판자를 얼기설기 대서 지은 집인데 산비탈에 있었다. 석현이 부모님은 모두 밭에 일하러 나가시고 없고, 석현이 여동생 혜숙이 혼자 마루에 앉아 울고 있었다. 양은그릇에 먹다 남은 삶은 고구마 몇 개가 담겨 있고, 파리가 얼굴과 고구마에 온통 새까맣게 달라붙어 있었다. 나는 지금 바람과 혜숙이의 얼굴이 겹쳐 보이며 가슴이 저리고 아프다.

　"잘하셨어요. 빨리 회복하시려면 식사를 챙겨야 해요."

　그녀의 얼굴을 안쓰럽게 쳐다보며 수선화가 말한다.

　"수선화 님께 감사드려요. 수선화 님 아니셨으면……."

　"아니요, 오히려 제가 바람 님께 고마워요. 비명을 안 지르셨으면 제가 몰랐을 거 아녜요?"

　"……."

　"진심이에요. 만일 바람 님이 어떻게 되셨으면, 전 제 자신을 용서하지 못했을 거예요."

　"수선화 님 옷에 피를 많이 묻혔는데, 너무 죄송했어요."

　"바람 님, 그딴 것 신경 쓰지 마세요. 바람 님과 함께 다시 창모를 하게 된 것이 얼마나 고마운지 몰라요. 바람 님이 없는 창모는 상상이 안 돼요."

　"맞아요. 바람 님이 안 계시면 너무 쓸쓸할 것 같아요. 말도 안 돼요."

　눈물을 훔치며 오아시스가 말한다.

"바람 님, 지금 기분이 어떠신가요?"

그녀를 바라보며 내가 묻는다. 그녀가 님들의 관심과 지지를 어떻게 받아들이고 있는지 체크하기 위해서다.

"다들 너무 감사해요. 하지만 창피해요."

"조금 더 자세히 말씀해주시겠어요?"

"님들이 이렇게 따뜻하게 대해주시니 눈물 나고 고마워요. 병원에도 님들이 다 오셨잖아요. 그렇게 많이 오실 줄 몰랐어요. 그런데, 면목이 없고 창피해요……."

"뭐가 창피하시다는 건지?"

"그동안 님들께서 저를 많이 아껴주고 믿어주셨는데… 제가 이것밖에 안 되나 싶어서요. 정말 못난 것 같아요."

"아직 잘 이해가 안 되네요?"

내가 재차 묻는다.

"사실 창피하지만 그동안 많이 나아졌다고 생각했어요. 제가 폭식증이 있었거든요. 아주 심했어요. 정신없이 먹고, 손가락 집어넣어 토하고……. 뉴런하우스 오고부터 그게 없어졌어요. 너무 행복했어요. 나름대로 알바도 열심히 해서 엄마한테 손 안 벌리고 자립한 것도 참좋았어요. 그런데 바보같이 이번에 무너져버린 거예요……."

깜짝 놀란 표정을 짓는 님들도 보이고, 애처로운 눈으로 바라보는 님들도 눈에 뜨인다.

"바람 님, 이번에 무슨 일이 있으셨어요?"

새벽이 아버지처럼 관심어린 표정으로 묻는다.

"…창피해서 말하기 힘들지만, 진실을 말씀드려야 할 것 같네요.

지난 화요일 창모 때 참꽃 님이 우시고, 봄비 님과 나그네 님, 그리고 새벽 님이 차례로 안아주셨잖아요? 그걸 보며 님들이 다 우셨고요. 저도 같이 울었지만 참꽃 님이 가여워서가 아니라 저 혼자 버려진 것 같은 생각이 들어 운 거였어요⋯⋯. 정말 어리석은 생각인 걸 알면서도 어쩔 수가 없었어요. 참꽃 님에게 세 분의 사랑을 모두 빼앗긴 것 같은 느낌이 들어 너무 힘들었어요. 그날 창모 끝나고 나서 다시 폭식을 했어요. 너무 공허했거든요. 우주에 저 혼자 버려진 느낌이 들고, 뭐라 말할 수 없는 허무감과 외로움이 한꺼번에 몰려왔어요. 미친 듯이 먹고는 손가락 집어넣어 토했어요. 너무 비참했어요. 제 자신이 인간처럼 안 느껴졌어요. 아침에 일어났는데, 학교 가기 싫더라고요. 엄마에게서 문자가 왔어요. 온갖 욕설을 다 써놨는데, 그것 때문에 손목을 그은 건 아니었어요. 어차피 살고 싶지 않았거든요⋯⋯."

다들 놀라서 입이 붙어버린 것 같다. 숨 쉬는 소리도 안 들릴 만큼 깊은 정적이 흐른다. 바람도 법정에서 최후 진술을 마친 피고인처럼 고개를 숙인 채 미동도 않는다. 벽시계 소리가 유난히 크게 들린다. 이때 민희가 자리에서 일어나더니 천천히 바람이 앉은 자리를 향해 걸어간다. 그녀 앞에 다다라 조용히 무릎을 꿇는다.

"바람 님, 얼마나 힘드셨어요. 저 때문에 세 분의 사랑을 모두 빼앗긴 것 같은 심정이 드셨다니 정말 미안해요. 충분히 그런 느낌이 드실 수 있었을 것 같아요⋯⋯."

"저한테 섭섭하지 않으세요?"

"아뇨. 조금도 섭섭하지 않아요. 오히려 고마워요. 솔직히 말씀해주셔서."

"임상심리사시니까 저를 환자 취급하시는 거 아녜요?"

"그런 의심이 드실 만해요. 하지만, 그것과는 상관없어요. 저는 여기에 바람 님과 똑같은 자격으로 와 있어요."

"너무 착하신 것 아니에요? 저 같으면 제가 재수 없을 것 같은데요?"

"그렇지 않아요. 재수 없지 않아요. 오히려 대단하시다고 생각해요. 저도 폭식증을 앓아봐서 아는데, 폭식증 벗어나기가 정말 쉽지 않잖아요? 그런데 바람 님은 여기에 오신 후 잘 이겨내셨다고 하니 정말 대단하세요."

"참꽃 님, 정말 죄송해요. 저도 모르게 참꽃 님에게 날을 세운 것 같네요. 아직도 제게 질투심이 남아 있었나 봐요. 참꽃 님 정말 좋으신 분이에요. 멋있으세요……."

"바람 님도요. 앞으로 바람 님 좋아질 것 같아요."

"저도요. 감사해요 참꽃 언니……."

바람의 얼굴에 환한 미소가 피어난다. 참꽃이 바람을 따뜻하게 안아준 다음 자기 자리로 돌아간다. 님들의 얼굴이 모두 밝아지며 방안이 훈훈해진다.

"워따메 바람 님이 저라고 이쁘게 웃으신께 제 기분이 싹 좋아져 부요."

평화가 호탕한 웃음을 웃으며 분위기를 고조시킨다.

"바람 님 웃으시는 모습 뵈니 이제 좀 안심이 되어요. 며칠간 얼마나 걱정했는지 몰라요. 안쓰럽기도 하고, 걱정도 되고, 어떻게 해드려야 할지 몰라 옆에서 참 힘들었거든요……."

햇살이 웃으며 말한다.

"햇살 님, 죄송해요. 그동안 저를 참 많이 챙겨주셨는데, 고맙단 말씀도 제대로 못 드리고……."

"바람 님, 지금 기분이 어떠신가요?"

다시 내가 묻는다.

"마음이 많이 편해졌어요. 이제 님들의 얼굴을 쳐다볼 수 있을 것 같아요."

"그럼 한 분씩 님들과 눈을 맞춰보시겠어요?"

나의 제안에 바람은 님들과 한 사람씩 차례로 눈을 맞춘다. 님들의 따뜻한 미소를 받으면서 그녀의 얼굴은 아침 해를 맞이하는 나팔꽃처럼 활짝 피어난다.

"바람 님 참 예뻐요. 지금 있는 모습 그대로 너무 사랑스러워요."

새벽이 말한다.

"동감이에요. 정말 예뻐요. 이렇게 다시 웃음을 되찾는 것을 보니 제가 다 행복해요."

봄비가 눈물을 닦으며 말한다.

나는 지금 문득 광막한 우주 공간을 정처 없이 떠돌던 한 척의 우주선을 떠올린다. 천신만고 끝에 조그만 행성에 도착했다. 이 행성에도 태양처럼 밝게 빛나는 별이 있어 지금 막 어둠을 헤치며 지평선 위로 떠오르고 있다. 우주선은 양 날개를 활짝 펴서 온몸 가득 햇빛을 받으며 방전된 배터리를 충전시키고 있다. 주변에는 색깔은 서로 다르지만 비슷하게 생긴 우주선들이 아홉 개가 더 있다. 우주선들은 서로 긴 팔들로 연결되어 필요한 것들을 교환하고 있다. 지금 도착한 우주선 옆에 있는 우주선에서 팔이 하나 쑤욱 뻗어 나온다. 이 우주선에서도 팔이 나가서 서로 중간 지점에서 만난다. 열 개의 우주선들이 마치 시냅스를 통해 서로 연결된 뉴런 다발처럼 보인다. 뉴런들이 정답게 손잡고 서로의 존재를 확인하고 기뻐하는 모습이 꿈결처럼 아름답게 느껴진다. 불과 몇 십분 전까지만 해도 끊임없이 슬픔이 흘러나오던 바닥 모를 그 심연으로부터 지금은 따뜻한 행복의 샘물이 몽글몽글 솟아오르고 있는 이 현상은 어떤 과학 이론으로 설명할 수 있을까? 그저 놀랍고 신기할 뿐이다.

"바람 님의 얼굴이 방금 하늘에서 내려온 천사처럼 보여요. 너무 아름답고 순수해 보여요."

얼굴이 환히 빛나며 내가 말한다.

"제 동생 같아요. 착하고 순수하고, 때 묻지 않았어요."

흐뭇한 표정을 지으며 바위가 이어 말한다.

"님들께서 해주시는 말씀들이 얼었던 제 몸을 따뜻하게 녹여주는 것 같아요. 참 행복하네요. 정말 고마워요."

바람의 목소리가 겨울 산을 막 넘어온 봄바람의 속삭임 같다. 잠시 고요한 정적이 흐른다. 창밖에 귀뚤귀뚤 귀뚤귀뚤… 귀뚜라미 소리가 들린다.

"제가 말씀을 좀 드리겠습니다."

정적을 깨뜨리며 수선화가 말한다. 님들이 일제히 그녀에게 시선을 돌린다.

"아까 제가 바람 님에게 '만약 바람 님이 어떻게 되셨으면 저 자신을 용서하지 못했을 거예요.'라고 말하고 나서 제 스스로 놀랐습니다. 제가 왜 그런 말을 했는지 곰곰이 생각해봤습니다."

이렇게 말하는 그녀의 표정이 비장해 보인다. 님들의 손에 힘이 들어간다.

"저는 바람 님과 제가 생각이나 행동 면에서 매우 비슷한 사람이라고 느껴왔습니다. 독립적이고 의지가 강하지만, 자기 속내를 잘 안 내보여 항상 외롭고 힘들어하는 모습에서요. 저는 바람 님의 그런 모습이 안타까우면서도 다른 한편으로는 묘한 동지의식 같은 것이 있어 좋았습니다. 아니 즐겼다고 말하는 것이 더 솔직할 것 같습니다……. 그런데 그날 비명 소리를 듣고 달려가 피범벅이 된 바람 님을 보면서 얼마나 놀랬는지……. 그러면서 '바람 님이 어떻게 된다면 절대 나를 용서할 수 없어.'란 생각이 들었습니다. 왜냐하면 바람 님의 외로움을 알고 있으면서 제가 방치했다는 생각이……."

그녀는 말을 하다 갑자기 울컥해서 입에다 손을 갖다 댄다. 님들이 놀라서 그녀를 쳐다본다. 그녀는 감정을 추스르고 다시 말을 잇는다.

"병원에 다녀 온 후 며칠간 바람 님을 보면서 참으로 마음이 아팠습니다. 너무 외롭고 슬퍼 보였어요. 바람 님이 우주에 혼자 버려진 것 같고, 외롭고 공허해서 다시 폭식을 했고, 그러고 나서 자신이 인간처럼 안 느껴졌다는 말씀을 하셨을 때는 가슴이 정말 찢어질 것 같았어요……. 저도 그랬거든요."

다시 말을 멈춘 그녀는 또 한 번 울컥한다.

"죄송해요. 자꾸 감정이 올라와서……. 그런데 바람 님이 오늘 자신의 이야기를 하고, 님들의 따뜻한 보살핌을 받아 회복되는 것을 보며 안도감이 들었습니다. 그러면서 제 자신을 돌아보니 저는 바람 님만큼 용기가 없다는 생각에 부끄러웠어요. 만일 지금 용기를 내지 않으면 나중에 제 자신을 용서하기 어려울 것 같다는 생각이 들어 말씀드리려고 합니다."

그녀는 다시 비장한 얼굴이 된다.

"저는 초등학교 2학년 때 학교 선생님으로부터 성추행을 당한 경험이 있어요……. 제 잘못이라고 비난받을 것 같아 누구에게도 말 못하고 혼자 담아두었어요. 참 외롭고 힘들었습니다. …무엇보다 힘들었던 것은 저만 다른 사람과 다르다는 생각 때문에 스스로 자신을 소외시키며 산 것이었어요. 나그네 님과 개인 상담을 받으면서 많이 도움받았고, 그래서 괜찮아진 것 같았습니다. 창모에서 굳이 이야기를 하지 않아도 될 것 같았습니다. 그러나 자세히 보니까 님들과 제 사이에 벽이 있었습니다. 제가 만든 것이었어요. 님들과 제 자신에게 모두 미안했습니다. 님들을 믿지 못했고, 제 자신을 다시 가두고 있었다는 걸 느꼈어요."

말을 마친 수선화의 표정이 참회를 마친 수도승의 모습 같다. 님들이 숙연한 얼굴로 그녀를 바라본다. 바람이 한 손으로 바닥을 짚으며 일어서더니 수선화에게 다가간다.

"수선화 언니, 고마워요. 이렇게 용기를 내주셔서. 저도 언니에게 그동안 늘 비슷한 걸 느꼈어요. 그래서 언니를 더 좋아했는지 모르겠어요. 이야기 들려주셔서 감사해요."

그녀는 한 손으로 수선화의 손을 잡아주고는 일어나서 자기 자리로 돌아간다.

"얼마나 힘들었을까 싶어 마음이 아려요. 쉽지 않으셨을 텐데 이렇게 용기 내어 이야기해주신 것 정말 고마워요. 수선화 님 멋있으세요."

봄비가 다정하게 말한다. 봄비 옆에서 손수건을 꺼내 눈물을 닦고 있던 햇살이 이어서 말한다.

"마음이 너무 아파요. 얼마나 외로우셨을까 싶어 가슴이 저려요. 한번 안아드리고 싶어요."

자리에서 일어난 그녀는 수선화 앞으로 걸어가더니 그녀를 덥석 안는다. 둘은 한 덩어리가 되어 함께 소리 내어 운다. 잠시 후 봄비도 달려가 셋이서 부둥켜안고 운다. 보고 있는 님들이 다 눈물을 흘린다. 한참을 운 뒤 수선화가 눈물을 닦으며 말한다.

"햇살 님, 감사해요. 봄비 님도요……."

"아니에요. 제가 감사해요."

수선화와 눈을 맞추며 햇살이 말한다.

"정말이에요. 저희가 감사해요."

봄비가 수선화의 볼을 쓰다듬어주며 다정하게 말한다.

햇살과 봄비가 각자 자리로 돌아간다. 그러자 민희가 수선화 앞으로 가 앉더니 그녀의 두 손을 잡으며 말한다.

"수선화 님, 그동안 얼마나 힘드셨을까 싶어 마음이 아팠습니다. 오늘 이렇게 말씀해주셔서 너무 고마워요. 수선화 님, 사랑해요."

민희가 자리로 돌아가자 아버지 같은 인자한 목소리로 새벽이 말한다.

"그동안 얼마나 힘드셨을까 생각하니 가슴이 미어지는 것 같아요. 그 선생님이 많이 밉네요. 오늘 저희에게 이야기해주셔서 정말 고마워요. 수선화 님 지금 모습 이대로 아름다워요."

"수선화 누나, 정말 마음이 많이 아파요. 고마워요. 이야기해주셔서……."

휴지로 눈물을 닦으며 오아시스가 말한다.

"뭐라고 말씀드려야 할지 모르겠어요. 화가 나요. 그놈을 발로 밟아죽이고 싶어요."

평화가 화난 표정으로 말한다. 수선화의 눈에 눈물이 살짝 비친다. 잠시 방 안에 침묵이 커튼처럼 드리운다.

"저도 정말 화가 납니다. 그자를 용서해서는 안 될 것 같아요. 그동안 얼마나 힘드셨을까 싶어 마음이 아려요."

바위가 화난 목소리로 말한다. 긴 침묵이 흐른다.

"수선화 님, 제가 손을 한 번 잡아드리고 싶은데 괜찮을까요?"

바위의 목소리다. 생전 처음 보는 낯선 동물의 소리처럼 생경하다. 수선화가 잠시 그를 쳐다보더니 보일락 말락 고개를 끄덕여 동의한다. 그가 자리에서 일어나 천천히 그녀 앞으로 걸어가더니 양손을 내민다. 그녀는 그가 내민 손 위에 자기 손을 살짝 포갠다. 그는 떨리는 손으로 그녀의 손을 잡은 채 말한다.

"수선화 님, 지금 모습 이대로 좋습니다. 아름답습니다."

그의 입에서 이런 말이 튀어나올 줄은 아무도 예상치 못했다. 바위 자신도 놀랐을지 모르겠다. 둘은 놀란 눈으로 서로를 쳐다본다. 수선화의 눈에서 눈물이 핑 돈다.

"한번 안아드려도 될까요?"

또 한 번 바위의 입에서 놀라운 말이 튀어 나온다. 그녀가 약간 놀라는 것 같더니 고개를 끄덕인다. 둘은 서로 따뜻하게 포옹한다. 잠시 후 그가 수선화의 눈을 보며 말한다.

"이제 더 이상 아프지 않으셨으면 좋겠어요."

"고마워요. 바위 님."

수선화가 고개를 끄덕이며 말한다. 그가 일어나서 자리로 돌아간다.

"새벽 님, 오아시스 님, 평화 님, 바위 님 모두 감사해요. 모두 제 부모 형제 같아요……."

수선화가 고개를 들어 남자들의 얼굴을 편안히 바라보며 말한다. 그녀가 님들을 지칭하여 부모 형제란 말을 쓴 것도 처음이지만, 바위의 이름을 직접 언급하면서 친밀감을 표현한 것도 처음이다. 그녀에게 큰 변화가 찾아온 것임에 틀림없다. 뉴런하우스에 처음 왔을 때만 해도 그녀는 늘 인상을 찌푸리고 있었고, 무언중에 적개심을 드러냈다. 언제나 경계 태세를 취한 채 침입자를 물리칠 준비가 되어 있어 보였다. 그러나 지금 그녀는 모든 방어를 내려놓고 님들의 품에 편안히 안겨 있다.

"수선화 님, 지금 기분이 어떠신가요?"

내가 묻는다.

"편안합니다. 모든 님들이 저를 따뜻하게 안아주시는 느낌이에요."

"정말 다행입니다. 모두가 부모 형제 같다는 수선화 님의 말씀이 뭉클하네요. 이 공간이 참 아늑하게 느껴집니다."

나는 그녀를 바라보며 말하고는 벽에 걸린 시계를 올려다본다. 아직 10분 남짓 남았다. 어떻게 할까 잠시 망설인다. 각자의 소감을 말하게 하고 그냥 마쳐도 좋을 것이다. 그러나 나는 뭔가 해소가 덜 된 에너지를 느낀다. 잠시 내 신체의 느낌에 집중해본다. 안에서 꿈틀거리는 움직임이 있다. 나는 그 에너지에게 물어본다. 지금 뭘 하고 싶니? 잘 모르겠어. 그냥 표현하고 싶어. 어떤 걸? 아픔과 슬픔, 분노와 두려움, 그리움, 아름다움, 고결함… 여러 가지가 섞여 있어… 밖으로 뛰쳐나가고 싶어… 문득 레지스탕스를 위해 작곡했다는 이별 노래, 테오도라키스의 '기차는 8시에 떠나네'가 떠오른다. 나는 블루투스스피커를 연결해 조수미가 부른 노래를 준비한다.

"아직 시간이 10분쯤 남았네요. 모두 잠시 자리에서 일어나주세요. 음악을 들으면서 방 안을 천천히 걸어보겠습니다."

나의 말에 님들이 모두 자리에서 일어나 천천히 방 안을 거닌다. 음악이 흘러나온다.

"음악의 선율에 몸을 맡겨보십시오. 걸으시면서 몸이 원하는 움직임을 허용해보세요. 팔과 다리, 목과 머리, 상체와 하체를 자유롭게 놓아주십시오. 음악을 흐르는 강물이라고 상상하시면서 몸을 그 위에 가볍게 실어보세요."

오아시스가 맨 먼저 두 팔을 들어 올리고 상체를 흔들며 바람에 흔들리는 나뭇가지의 움직임을 만들어낸다. 뒤를 이어 바람이 느린 몸동작으로 물고기처럼 방안을 헤엄쳐 다닌다. 처음엔 조금 어색해하던 님들이 차츰 음악의 흐름을 타면서 함께 방 안을 자유롭게 왔다 갔다 하며 다양한 움직임을 만들어낸다. 평화는 제자리에 선 채 상체만을 사용하여 좌우로 느린 위빙 동작을 한다. 수선화는 양손을 천천히 가슴에 댔다 떼며 애잔한 느낌의 움직임을 연출하다가 손을 들어 허공에 그림을 그리는 동작을 한다. 민희도 하늘을 향해 팔을 뻗어 크게 원을 그리는가 싶더니 다음 순간 고통스런 표정을 지으며 가슴에 두 손을 올리고는 종종걸음으로 방 안을 달린다. 나는 평화와 호흡을 맞추어 함께 서로의 동작에 대비되는 움직임을 연출한다.

시간이 흐르면서 님들의 동작이 점점 더 자유롭고 대담해진다. 서로 눈빛을 교환하며 움직임을 조율하는가 하면 새롭고 과감한 표현을 하기도 한다. 순간순간 자신의 감정에 몰입하여 때로는 슬픔을, 때로는 애타는 그리움을, 때로는 환희와 열정을 여과 없이 드러낸다. 여운을 남기며 음악이 천천히 끝난다. 둘러보니 님들의 표정이 많은 것들을 비워낸 모습이다.

"모두 자리에 앉아 정좌해주십시오. 잠시 눈을 감고 몸을 느껴보십시오. 아직 몸에 움직임이 남아 있는지, 파동이 느껴지는지 알아차려보십시오. 이제 가만히 호흡을 바라보십시오."

나는 잠시 기다렸다가 막대기를 들어 종을 친다. 뎅, 긴 여운을 남기며 종소리가 방안 가득 그리고 몸속 깊숙이 스며든다. 님들이 조용히 일어나 방을 나간다.

꽃밭에서

오늘은 아침 일찍 민희네 집에 왔다. 우리는 가볍게 입을 옷가지들과 음료수, 간식을 챙긴 캐리어와 배낭을 들고 집을 나선다. 함께 택시를 타고 상봉역으로 간다. 하린이는 택시 안에서 기분이 좋아서 재잘거린다.

"엄마, 우리 오늘 어디 가는 거야?"

"음, 할아버지하고 남양주 수동면에 있는 축령산으로 휴가 떠나는 거야."

"병원에는 안 가도 돼?"

"음, 내일모레까지 휴가를 내서 안 가도 돼."

"와 좋다. 나도 유치원 안 가도 돼?"

"음, 안 가도 돼. 원장선생님께 말씀드려놓았어."

"할아버지, 할아버지도 뉴런하우스 안 가셔도 돼요?"

"음, 그래. 나도 내일모레까지 쉬기로 했어."

"와, 좋다. 그런데 할아버지 우리 축령산에 가면 뭐 하고 놀아?"

"글쎄다. 꽃도 보고 새도 보고… 그림도 그리고. 또 뭘 하면 좋을까?"

"숨바꼭질해요. 할아버지랑 숨바꼭질 재미있어요."

"그래 알았다. 숨바꼭질하자."

상봉역에 도착하니 운 좋게 바로 춘천 행 전철을 탈 수 있었다. 하린이뿐 아니라 민희와 나도 이 노선은 처음 타보는 터라 달리는 창밖을 내다보며 들뜬 기분을 숨기지 못한다. 마석까지 눈 깜빡할 새 도착하는 것이 아쉬울 정도였다. 마석에서 축령산까지 가는 버스가 있었으나 한참 기다려야 해서 우리는 택시를 타고 축령산 자락에 예약해놓은 펜션으로 간다. 꼬불꼬불 돌아가는 산길이 정겹다. 울긋불긋 단풍잎들이 깊어가는 가을을 곱게 채색하고 있다. 택시는 풍경 속을 헤엄쳐 어느 새 예쁜 집들이 옹기종기 모여 있는 펜션 마을에 도착한다.

"우와, 할아버지 저기 개울물이 흘러요. 단풍잎도 물에 떠 있어요."

하린이가 기뻐서 외친다.

"그렇구나. 예쁜 단풍잎들이네? 나중에 우리 단풍잎 그리자."

"네, 할아버지. 개울물도 그려요."

"그래 알았다."

택시는 우리를 펜션 앞마당에 내려주고는 오색 물감을 풀어놓은 숲속으로 사라진다. 주인아주머니가 나와서 우리를 반갑게 맞아주고,

집 안내를 해준 다음 돌아간다.

"아빠, 집이 참 예뻐요. 방들이 깨끗해요."

민희가 펜션 안을 둘러보며 말한다.

"그렇구나. 커튼도 참 맵시 있게 달았네."

내가 거실 창가에 서서 말한다.

"할아버지, 우리 숨바꼭질해요."

"그럴까?"

"할아버지 이제 찾으러 오세요."

안방 문 뒤에 숨어서 하린이가 외친다.

"하린이가 어디 갔을까? 못 찾겠는데……."

내가 작은방 쪽으로 들어가며 말한다.

"나 여기 있는데… 킥킥!"

문 뒤에서 하린이 웃음소리가 들린다.

"와, 하린이 여기 있었구나."

하린이와 내가 동시에 깔깔깔 웃는다. 하린이와 나는 한참 동안 숨바꼭질을 한다.

"아빠, 우리 밖으로 한번 나가봐요."

민희가 말한다.

"그래, 알았다. 겉옷 하나씩 챙기고 물병도 갖고 가자."

우리는 펜션을 나와 주변을 둘러보다 축령산으로 올라가는 임도를 하나 발견한다.

"민희야, 저기 임도가 나 있네? 우리 저 길을 한번 따라가볼까?"

"네, 좋아요. 경치가 참 좋네요."

하린이는 임도를 달음박질해 앞으로 달려 나갔다 되돌아오기를 반복한다. 단풍잎을 주워 와 보여주기도 한다.

"할아버지, 이것 보세요."

"오, 예쁘네. 이건 벚나무 잎이고, 이건 가만 있자… 산뽕나무 잎 같구나."

하린이는 씽긋 웃고는 다시 뛰어간다.

"아빠, 이렇게 나오니 참 좋아요."

"그래 나도 참 좋구나."

"아빠, 팔짱 껴도 돼요?"

"그럼, 당연히 되지."

민희는 내 왼편에 서서 팔짱을 낀 채 걷는다.

"저 요즘 너무 행복해요."

"그렇구나. 뭐가 행복해?"

"아빠를 만난 게 꿈 같아요. 늘 그리워했거든요……."

"미안하구나."

"아니에요. 아빤 모르셨잖아요?"

"그래도……."

"이런 날이 오리라고는 상상도 못 했어요. 언젠가는 독일로 가시겠지만, 그건 생각 안 할래요. 지금 이 순간만 생각할래요."

"그래. 그러자."

"아빠, 제가 왜 혼자 사는지 궁금하지 않으세요?"

"당연히 궁금하지."

"저, 남편 있어요."

"뭐라고? 그럼 왜 소개를 안 하는 거야?"

"지금 우리나라에 없어요."

"점점 더 수수께끼 같구나."

"고등학교 때 같은 반 친구였어요. 제가 폭식증이 있었거든요. 늘 마음이 허전해서 먹는 것으로 풀었어요. 바람 님처럼 목구멍에 손가락 집어넣어 토하고, 그런 제 자신이 인간으로 안 느껴지고……. 자해도 한 적 있었어요."

나는 걸음을 멈추고 민희의 얼굴을 물끄러미 본다. 그녀의 눈은 해맑게 웃고 있다.

"그래서?"

"그때 걔가 다가와줬어요. 걔가 없었으면 청소년기를 어떻게 보냈을까 상상이 안 돼요. 걔는 어렸을 때 부모님이 이혼해서 할아버지 할머니 손에 자랐어요. 저처럼 외로웠대요. 서로 많이 의지하는 좋은 친구였어요."

"그랬구나. 다행이다."

"그런데 걔가 도중에 학교를 그만두었어요. 제가 말렸지만 고집을 꺾을 수가 없었어요."

"아니 학교를 왜 그만둬?"

"입시제도, 경쟁 뭐 그런 게 싫었나 봐요."

"할아버지, 저기 새가 죽어 있어요!"

하린이가 숨을 헐떡이며 달려와 외친다.

"어디? 가보자."

민희와 내가 하린이가 가리키는 곳으로 함께 달려간다.

"아, 정말 새가 죽었구나. 불쌍하다."

자세히 보니 참 예쁘게 생겼다. 머리와 등은 잿빛이고, 배는 오렌지색이고, 날개는 검정색에 흰 무늬가 있다.

"할아버지 이 새 이름이 뭐예요?"

"딱새란다. 수컷이네."

"할아버지, 우리 묻어줘요."

"그래. 그러자꾸나."

나는 나무막대기를 주워 와 길옆에 조그만 구덩이를 판 다음 새를 묻어준다.

"자, 이제 다 됐다. 새 무덤에 꽃을 꽂아주자."

"알았어요."

하린이가 달려간다. 잠시 후 쑥부쟁이, 산국을 꺾어서 가져온다.

"야, 예쁜 꽃들을 가져왔네? 단풍잎도 좀 주워올래?"

잠시 후 하린이는 곱게 물든 단풍잎 몇 개를 가져온다. 민희는 구절초를 몇 개 꺾어온다. 우리는 딱새 무덤 앞에 꽃과 단풍잎을 놓아두고, 딱새가 천국에 가기를 빌어준다.

"자, 우리 조금만 더 걸을까?"

하린이는 벌써 저만치 앞으로 달려 나간다.

"그 아이는 자퇴한 뒤 어떻게 됐니?"

"몇 년 동안 소식도 모르다 어느 날 불쑥 나타났어요. 제가 직장다닐 때였어요. 스님이 되어 있더라고요."

"그래? 왜 찾아왔다고 그러던?"

"자꾸 제 생각이 나서 오고 싶었대요. 찾아와준 게 너무 고마웠어

293

요. 몇 달 동안 자주 만났어요. 어느 날 다시 떠나겠대요.”

“그래서?”

“아이 하나 낳아주고 가라고 그랬어요.”

“…….”

“그랬더니 자기는 가장의 책임을 질 수가 없대요.”

“그래서?”

“괜찮다고 했어요.”

“그랬구나…….”

“아빠, 놀라셨나요?”

“놀라긴 했다. 그러나 왠지 네 마음을 알 것도 같구나.”

“아빠, 고마워요.”

나는 민희의 옆얼굴을 본다. 그녀는 꿈꾸듯 산 능선을 올려다본다.

“아까 묻어준 딱새 있잖아요?”

“그래, 그 새가 왜?”

“저는 그 새가 불쌍하지 않았어요.”

“어째서?”

“자기 마음대로 하늘을 훨훨 날아다니며 자유롭게 살다가 죽었잖
아요.”

“그렇구나. 그렇게 생각할 수도 있겠네.”

“하린이 아빠도 그 새처럼 날아다니고 있어요.”

“보고 싶지 않니?”

“보고 싶어요. 하지만 괜찮아요. 언젠가 다시 만날 것을 생각하면
좋아요.”

"어떤 마음인지 알 것 같다."

나는 잠시 걸음을 멈추고 민희를 꼭 안아준다. 민희는 내게 안긴 채 말한다.

"아빠를 그리워하며 기다린 세월이 없었다면, 전 지금 아무 느낌도 없겠죠?"

"그러게. 기다림은 아프지만 헛된 것은 아닌 것 같아."

희정 씨 생각이 떠오르면서 지난 세월이 주마등처럼 지나간다. 단풍잎들이 머리 위로 우수수 떨어진다. 고개를 들어 하늘을 쳐다보니 흰 구름이 둥실 떠가고 있다.

"할아버지, 도깨비가 나타났어요."

하린이가 하얀 억새꽃을 꺾어 와 내게 갖다 대며 외친다. 나는 무섭다며 도망친다. 그러자 하린이가 깔깔대며 웃는다. 재미있는지 자꾸 나를 쫓아오며 억새꽃을 들이댄다. 나는 기겁해서 도망가는 척하고, 하린이는 즐거워하며 쫓아온다. 한참을 그러다가 내게 와서 묻는다.

"할아버지, 이거 도깨비 아니고 하린이였는데 몰랐어요?"

"그랬어? 몰랐네."

"하하하 그거 하린이였어요."

하린이와 나는 함께 큰 소리로 깔깔깔 웃는다.

"아빠, 이제 돌아갈까요? 저 배고파요."

"음, 그래. 그러자꾸나."

우리는 펜션 근처에 있는 식당으로 가서 늦은 점심을 먹고 펜션으로 돌아온다. 하린이는 아침 일찍부터 실컷 뛰어다녀선지 피곤해

하며 금세 잠이 들었다. 나는 하린이를 침대에 눕히고 나서 민희와
함께 데크 의자에 앉아 커피를 마시며 대화를 나눈다.

"아빠는 왜 한나 아줌마와 결혼을 안 하셨나요?"

"글쎄다. 나도 생각을 많이 해봤는데, 잘 모르겠어. 한나도 딱히
말이 없었고, 나도 마음을 정하지 못하고 늘 뭔가를 찾아 헤맸던 것
같아."

"아빠가 찾으려고 하신 게 뭐였나요?"

"음, 좀 이상하게 들릴지 모르지만 아직도 잘 모르겠어. 독일에 살
면서 지난 38년간 참 열심히 살았어. 나름대로 성공도 거두고 인정도
받았지. 그런데 내가 진정으로 원했던 건 그런 게 아니었던 것 같아."

"뭔지 잘 모르지만, 어쩌면 이해할 수도 있을 것 같아요."

"그래? 어떻게?"

"하린이 아빠에게서 느끼던 분위기가 있어요. 약간 이 세상 사람
이 아닌 듯한 느낌 있죠?"

"그랬구나. 어릴 때 부모님이 이혼하셨다니 상처가 많았을 것 같
구나."

"네. 그랬어요."

"할아버지, 우리 상상놀이 해요."

하린이가 눈을 부비며 와서 내게 말한다.

"아이구, 하린이 깼구나. 잘 잤어?"

"네. 어서 놀아요."

"그래 알았다. 목마르지? 우선 물이나 한
잔 마시자."

나는 하린이를 부엌으로 데려가서 컵에 물을 따라준 다음, 거실에 있는 소품들을 둘러본다.

"하린아, 그래 무슨 놀이할까?"

"나비 놀이해요."

"그거 어떻게 하는 건데?"

"이렇게 하는 거예요."

하린이가 양 손목을 교차해 손바닥으로 나비 모양을 만든 뒤, 양손을 상하로 움직이면서 나비 흉내를 낸다.

"와, 나비구나. 그럼 나도 나비가 되어야지."

나는 하린이와 함께 손을 팔랑거리며 나비가 된다.

"할아버지, 이제 꽃밭으로 가요."

"그러자."

하린이와 나는 나란히 날아서 꽃밭으로 간다. 이 꽃 저 꽃에 앉아서 꿀을 맛있게 먹는다.

"할아버지, 이건 무슨 꽃이에요?"

하린이가 탁자 위에 놓인 컵받침을 가리키며 묻는다.

"아, 노란색이네. 이건 달맞이꽃이야. 노란색 꿀이 나온다. 맛있겠다. 냠냠."

"할아버지, 이건요?"

"이건 보라색이구나. 도라지꽃이야. 보라색 꿀이 나온다. 냠냠냠."

"냠냠… 할아버지, 여기 분홍색 꽃도 있어요."

"음, 그렇구나. 이건 백일홍이야. 이 꿀도 맛있겠다. 냠냠냠."

"할아버지, 이제 꿀을 그릇에 담아 모아요."

"음, 그거 좋은 생각이야. 저기 창가에다 모아두자."

우리는 함께 날개를 팔랑거리며 창가로 가 그릇에다 꿀을 쏟아놓는다. 그러고는 한참 동안 꽃밭과 창가를 왔다 갔다 한다.

"하린아, 우리 이제 꿀로 그림을 그려볼까?"

"네, 좋아요."

우리는 손가락으로 색색의 꿀을 찍어 유리창에다 그림을 그린다. 산도 그리고 나무도 그린다. 하늘과 구름도 그린다. 색깔별로 알록달록 예쁜 그림이 태어난다.

"할아버지, 바람은 무슨 색깔로 그려요?"

"네가 원하는 색으로 그리면 돼."

"알았어요. 분홍색으로 그리고 싶어요."

"그래 예쁘겠다."

"할아버지 그런데 분홍색이 다 떨어졌어요."

"그래? 그럼 백일홍 꽃밭으로 가자."

"네, 알았어요."

우리는 함께 백일홍 꽃밭으로 날아간다. 양손을 팔랑이며 서로 보조를 맞춰 사이좋게 날아간다. 곱게 날갯짓을 하는 우리는 한마음이다. 어느 순간 하린이와 나는 동갑이 된다. 아이가 자라서 어른이 된다는 것이 사실일까? 만일 그렇다면 어른이 아이 마음이 되는 것은 무엇일까? 어릴 때 어머니가 깨끗이 빨아 널어놓으신 하얀 이불 홑청이 햇빛을 받아 반짝이던 장면을 경이롭게 바라보던 내가 떠오른다.

그것은 단지 지나간 나의 기억에 불과한가? 아니면 지금 하린이와 함께 나비가 되어 날아다니는 나와 그 아이가 같은 사람인가? 성리학에서 말하는 때 묻지 않은 순선한 본연지성을 발하고 있는 아이가 오히려 어른의 거울이 아닌가? 하린이와의 놀이는 생명의 신비에 대한 깊은 경외심으로 나를 이끈다. 오늘 밤에는 우리 셋이 함께 별을 바라보고 싶다. 우리가 온 고향을 다시 만날 수 있을까?

······

오늘은 휴가를 다녀와서 처음 만나는 창모인데, 새벽의 제안으로 앞으로 2주에 한 번 토요일 창모는 아이들도 함께하기로 뜻을 모았다. 님들을 한 주 만에 다시 만난 데다 윤서와 하린이까지 오는 바람에 매우 들뜬 분위기다. 나는 아이들과 함께하기 위해 고안한 활동을 안내한다.

"여러분 모두 잠시 자리에서 일어나주십시오. 눈을 감고 천천히 방 안을 걸어보겠습니다. 이제 음악을 한 곡 들려드리겠습니다. 걸으면서 몸을 느껴보십시오. 선율에 몸을 내맡기면서 지금 이 순간의 느낌을 알아차려보십시오."

나는 차이콥스키의 '안단테 칸타빌레'를 들려준다. 님들은 방 안을 천천히 거닐며 감미로운 멜로디에 젖어든다. 아이들은 팔을 벌리고 방 안을 자유롭게 돌아다닌다. 님들도 조금씩 어색함을 벗어버리고 자유롭게 흐름을 타기 시작한다.

"한 마리 새가 되거나 나비가 되어보세요. 물고기도 좋고요. 나무가 되어 바람에 흔들려보는 것도 괜찮겠네요."

아이들과 님들이 하나가 되어 방안을 빙글빙글 돌아다니며 물고기가 되었다 새가 되었다 하며 무아지경이 된다. 우아하고 생동감 넘치는 동작들로 님들의 얼굴에 빛이 난다. 살짝 감은 눈가에서 번져 나오는 미소들은 천국에서 흘러나오는 빛 같다.

"네, 좋습니다. 자, 이제 모두 방바닥에 앉아주세요. 제가 작업 준비를 하는 동안 잠시 음악에 귀를 기울여주십시오."

나는 이렇게 말하고 나서 드보르작의 '신세계 교향곡'을 튼다. 눈을 감고 듣는 님들도 있고, 눈을 뜨고 듣는 님들도 있다. 그 사이 나는 방 가운데다 모조전지 네 장을 붙여서 큰 화폭을 하나 만들어 바닥에 펴놓고, 님들 앞에 크레파스 한 통씩을 가져다 놓는다. 준비가 끝나자 나는 다시 멘트를 한다.

"자, 이제 눈을 뜨고 계속 음악을 들으시면서 함께 그림을 그려보겠습니다. 뭐든지 떠오르는 대로 그리시면 됩니다. 말씀은 하지 마시고 지금 이 순간을 알아차리면서 그리시면 됩니다."

님들이 잠시 머뭇거리고 있는 사이에 오아시스가 크레파스를 잡더니 화폭 한가운데를 중심으로 모래 언덕을 그리기 시작한다. 그것을 보고 있던 평화가 모래 언덕 아래에 야자수 숲과 작은 호수를 하나 그린다. 곁에 있던 봄비가 호숫가에 풀과 꽃들을 그리기 시작한다.

"그림을 그리면서 자리를 옮겨 다니셔도 괜찮습니다. 춤을 추고 싶으면 일어나 추셔도 괜찮습니다."

내 말이 끝나자마자 오아시스가 자리에서 벌떡 일어나더니 방 안을 걸어 다니며 선율에 몸을 내맡긴다. 바람도 함께 일어나 흐름을 타고 날아다닌다. 민희와 아이들은 봄비 곁으로 가서 꽃이랑 벌, 나비들을 그린다. 새벽은 물가에 집을 두 채 짓고, 지붕을 빨강과 하얀색으로 칠한다. 평화는 집 앞에 개 두 마리와 아이들을 그린다.

맞은편에서 수선화는 화폭의 가장자리에 바다를 그리고 있다. 거센 풍랑이 일어 배가 난파되어 바닷가에 뒤집혀 있고, 만신창이가 된 승객들이 쓰러져 있는 모습들이 보인다. 수선화 옆에 앉은 바위가 낙타를 타고 줄지어 지나가는 카라반을 그린다. 햇살이 카라반 무리 중 몇 사람이 승객들을 구하러 오는 모습을 그린다. 바람은 자리로 돌아와 하늘을 나는 새와 구름을 그리고, 오아시스는 방바닥에 엎드려 모래 언덕에 뱀과 전갈을 그린다.

2악장이 끝날 때쯤 내가 말한다.

"자, 이제 잠시 중단하시고 일어나 만드신 작품을 한번 둘러보며 감상해보시기 바랍니다."

나의 제안에도 오아시스는 그림을 마무리하느라 한동안 계속 엎드려 있다. 님들은 왁자지껄 떠들며 큰 소리로 대화를 나눈다. 여기저기 웃음소리와 탄성이 들린다. 윤서와 하린이도 봄비에게 자기 그림을 가리키며 설명하느라 바쁘다.

"자, 이제 모여서 한 분씩 돌아가며 어떤 경험을 하셨는지 말씀해주세요."

"그림 그리는 것 재미있었어요. 신났어요."

윤서가 쾌활하게 웃으며 말한다.

"나도 재미있었어요. 다음에 또 해요."

하린이의 말에 님들이 한꺼번에 와 웃는다.

"저는 모래 언덕을 그리고 있을 때만 해도 별 생각이 없었습니다. 그런데 평화 님이 제 옆에서 야자수와 호수를 그려주셔서 기분이 좋아졌습니다. 게다가 옆에서 봄비 님이 풀과 꽃까지 그려주시니 기분이 짱이었습니다. 그래서 춤을 췄죠. 바람 님이 함께해주셔서 정말 행복했어요."

오아시스가 들떠서 말한다.

"저도 참 좋은 경험을 했습니다. 제가 난파선을 그릴 때는 그냥 떠오르는 이미지를 그렸을 뿐인데, 곁에 앉으신 바위 님이 낙타를 타고 지나가는 카라반을 그려주셔서 깜짝 놀랐습니다. 말은 하지 않고 있었지만 우리가 서로 연결되어 있구나,란 걸 느꼈습니다. 햇살 님이 도와주러 오는 사람들을 그렸을 때는 살짝 눈물까지 났습니다."

수선화가 창모에서 이처럼 적극적으로 나서는 것도 드문 일이지만, 바위나 햇살에게 이렇게 다정하게 말하는 모습 또한 처음 본다. 지난 시간 이후로 정말 많이 편해진 모습이다.

"수선화 님이 제 마음을 알아주시니 정말 기쁩니다. 난파선과 쓰러진 승객들을 보며 뭔가 해야겠다는 생각을 했습니다. 햇살 님이 함께 도와주셔서 고마웠습니다."

바위가 수선화와 햇살의 얼굴을 번갈아 보며 아이처럼 해맑게 웃는다.

"저도 새가 되어 하늘을 날면서 난파선에서 튕겨져 나와 쓰러져 있는 승객들을 보고 있었어요. 마침 지나가는 카라반 무리가 있어 제가 난파선 소식을 알려줬어요. 그들이 승객들을 저기 보이는 오아시스로 안전하게 인도해줄 거예요."

바람이 봄바람처럼 부드럽게 말한다. 나는 놀라서 그녀를 바라본다. 불과 몇 주 사이에 연한 배처럼 변한 그녀의 말씨며, 행동이 믿기지가 않아서다.

"그림 그리면서 정말 행복했어요. 마치 뉴런하우스 같았어요. 황량한 사막 메마른 모래땅에 평화 님이 호수와 야자수 숲을 그려주시고, 새벽 님이 집을 두 채씩이나 지어주시는 바람에 얼마나 감사했는지 몰라요. 참꽃 님과 하린이, 윤서와 함께 꽃과 벌, 나비들을 그리면서 정말 즐거웠어요."

봄비의 목소리가 꿈꾸는 것 같다.

"정말 공감해요. 아이들과 함께 꽃과 벌, 나비들을 그리며 참 행복했어요. 저희들의 꿈과 희망을 모두 화폭에 담았다는 생각이 들어 참 뿌듯해요."

민희가 기도하듯 두 손을 모아 가슴에 가져다대며 말한다.

"난파선 승객들과 카라반이 새들의 안내를 받아 오아시스에 무사히 도착해 함께 행복하게 살았으면 좋겠어요. 저희들처럼 사이좋게요."

햇살이 수줍게 웃으며 말한다.

"저는 길손들을 위해 집을 한 채 더 지어놓기를 참 잘했구나,란 생각이 듭니다. 카라반과 난파선 승객들이 도착하면 먹을 음식과 덮고 잘 이부자리들을 넉넉하게 준비해야겠어요. 그림 그리면서 이렇게 즐거울 줄은 미처 상상도 못 했습니다. 하하하."

새벽이 크게 너털웃음을 웃는다. 잠시 후 나의 제안으로 님들은 모두 일어서서 그림 주변을 빙글빙글 돌며 춤을 추기 시작한다. 깊어가는 가을밤 우리는 음악에 몸을 실어 밝은 달이 떠 있는 지붕 위로 둥실 둥실 날아오른다. 마당에 불 피워놓고 밤새 춤추고 노래하며 축제를 벌이는 토인 부락처럼 뉴런하우스의 밤도 그렇게 깊어갔다.

그리움

월요일 오후, 한나에게서 편지 한 통이 도착한다. 독일연방우체국 소인이 선명하게 찍힌 항공 편지다. 한눈에 알아볼 수 있는 한나의 글씨체가 반가움과 동시에 형언하기 어려운 묘한 불안을 불러 온다. 무슨 일일까? 이메일이 아닌 손 편지를 보내다니? 나는 커터 칼을 사용하여 조심스럽게 편지를 개봉한다.

사랑하는 영민에게,

지금 넌 뭘 하고 있을까? 늦은 밤인데 잠이 안 올 것 같아 펜을 들었어. 내가 이렇게 글을 쓰는 것이 참 오랜만이지? 네가 한국에 도착해서 내게 보낸 첫 편지를 수도 없이 읽어보았다는 걸 지금 고백하고 싶어. 지난 한 주 동안은 매일 두세 번씩 읽었어. 그것도 울면서 말이야. 나는 네 편지가 이메일이 아니라 손 편지였으면 얼마나 좋았을까, 너를 원망하기도 했어. 그랬다면 네 편지를 내 입술에 갖다 댈 수도 있고, 뺨에 부빌 수도 있고, 가슴에 안을 수도 있었을 텐데,란 생각을 하면서 말이야.

영민, 제발 나에게 우울증이란 딱딱한 의학 용어는 사용하지 말아주기를 바라. 나는 단지 네가 몹시 그립고 보고 싶은 것뿐이야. 네가 말한 것처럼 나도 너의 부재를 통해 네 존재를 더욱 가깝고 선명하게 느껴. 그런데 안타깝게도 나는 너처럼 감정을 떨어뜨려놓고 바라보며 기쁨으로 승화시키지 못하고 있어. 약한 모습 보이는 것 같아 정말 미안해.

마리아 고모가 지난주에 돌아가셨어. 너도 알다시피 내겐 둘도 없는 친구 같은 존재였잖아? 오래전부터 떠나보낼 마음의 준비를 해왔음에도 막상 고모가 가시고 나니까 이제 뭘 해야 할지 모르겠어. 모든 것이 무의미하게 느껴져⋯⋯. 고모가 없는 베를린은 단지 거대한 무덤으로밖에 안 느껴져. 친구들이 없는 것도 아닌데, 자꾸 소용없단 생각만 들어.

부끄럽지만 고백할 게 하나 있어. 처음 민희 소식을 전해 들었을 때 정말 기뻤어. 누구보다 먼저 축하해주고 싶었고, 실제로 그렇게 했지. 그런데 이해할 수 없는 건 시간이 지나면서 자꾸 네가 내게서 떠날 것 같은 생각이 들면서 민희가 몹시도 미워지는 거야. 그런 내 자신을 보며 놀랍기도 하고 실망스럽기도 했어. 이번 가을에 한국 다녀올 계획이었잖아? 마리아 고모 일도 있었지만, 이런 마음 상태로는 도저히 갈 수가 없었어.

영민, 나는 지금 완전히 길을 잃은 것 같아. 이 편지를 쓰는 것, 정말 부끄럽고 많이 망설였어. 하지만 사랑하는 사람 사이에 비밀이 있어서는 안 된다고 생각했어. 나를 바보 같다고 나무라도 괜찮아. 네게 진실을 말하고 나니 참 홀가분하네. 오늘 밤은 모처럼 잠을 잘 수 있을 것 같아. 사랑해.

안녕,
너의 한나로부터

가슴이 쿵하고 내려앉는다. 왜 진작 그 생각을 못했을까? 한나가 외로움을 많이 타는 줄 알면서 민희 얘기를 왜 좀 더 조심스럽게 하지 못했을까? 마리아 고모까지 돌아가셨으니 한나 심정이 어땠을지 가슴이 저려온다. 이번 편지에 언급은 안 했지만, 연구소도 문제가 있는 것 같은데……. 정말 내가 무심했구나, 미안하다.

오후 내내 일이 손에 안 잡힌다. 내담자 이야기가 귀에 들어왔다 안 들어왔다 한다. 가슴이 먹먹하고 혼자 있을 땐 자꾸 눈물이 난다. 어떻게 할까? 전화를 할까, 메일을 쓸까? 아마 소용없겠지. 어쩐다? 오늘따라 새벽 님이 늦게까지 집에 들어오지 않는다. 잠자리에 누웠으나 쉽게 잠이 안 온다. 이 생각 저 생각에 뒤척이다 그만 깜박 잠이 들었나 보다.

눈보라가 세게 휘몰아치는 밤길을 걷고 있는데, 도로에는 차가 보이지 않는다. 희미한 가로등 불빛 사이로 버스 정류장이 보인다. 나는 외투 깃을 세우고 머리를 숙인 채 정류장을 향해 걸어간다. 그런데 정류장이 갑자기 배로 변하더니 강물을 따라 내려가버린다. 나는 허탈해서 어떻게 할지 모른다. 내 앞에 전차가 한 대 와서 선다. 나는 차에 올라탄다. 승객은 나밖에 없고, 차는 떠난다. 나는 지금 어디를 가는지 모르겠다. 인기척이 느껴져 옆으로 고개를 돌리니 까만 히잡을 쓴 여인이 앉아 있다. 여인의 눈을 들여다보니 눈에서 눈물이 뚝 떨어진다. 놀라서 보니 한나다.

나는 화들짝 놀라 꿈을 깬다. 꿈이 너무나 생생해 마치 한나가 옆에 누워 있는 것 같아 나도 모르게 이불을 끌어당겨 안는다.

"한나, 미안해. 몰랐어. 네가 그렇게 힘든 줄 몰랐어. 바보같이……."

나는 한참을 흐느껴 운다. 17년을 같이 살면서 늘 공기같이 당연히 곁에 있는 존재로만 생각했지, 그녀가 혼자서 외로움과 그토록 처절하게 싸우고 있는 줄 몰랐다. 나는 고개를 돌려 머리맡에 있는 손목시계를 찾아 들여다본다. 새벽 5시다. 나는 일어나 책상 앞에 앉아 컴퓨터를 켜고 베를린으로 가는 가장 빠른 항공편을 예약한다. 그러고 나서 내담자들에게 양해를 구하는 메일을 보낸다. 아직 6시가 채 되지 않았다.

나는 겉옷을 챙겨 입고 뉴런하우스를 나선다. 골목을 따라 내려가 민희네 집 앞에 가보지만 아직 방에 불이 안 켜져 있다. 30분은 더 기다려야 할 것 같다. 돌아서서 한양도성 옛길로 올라간다. 낙산공원에는 새벽 운동하러 나온 사람들이 여기저기 운동기구에 매달려 있다. 공원에서 내려다보이는 도시는 아직 희뿌연 연무 속에 누워 있고, 이따금 들리는 차 소리만이 새벽을 깨우고 있다.

나는 손목시계를 들여다보고 다시 길을 따라 내려가 민희네 집 앞으로 간다. 방에 불이 켜져 있다. 열쇠를 꺼내 대문을 열고 계단을 따라 2층으로 올라가 민희네 원룸 현관문의 번호키를 눌러 문을 연다.

"아빠, 웬일이세요. 오늘은 일찍 오셨네요?"

민희가 젖은 머리를 수건으로 닦으면서 내게 인사를 한다.

"하린이는 아직 자고 있지?"

"네, 자고 있어요."

"그렇구나. 민희야, 내가 독일을 좀 다녀와야겠다."

"네? 무슨 일이 있으세요?"

"한나가 많이 힘든가 봐……."

"그렇잖아도 한나 아줌마 걱정이 많이 됐어요."

"하린이 때문에 걱정이 된다."

"하린이 걱정은 마시고 잘 다녀오세요. 제가 조금 더 부지런하면 돼요."

"못 도와줘서 미안하다."

"아빠, 그런 말씀 하시지 말아요. 전 항상 아빠에게 감사해요. 되레 제가 한나 아줌마에게 미안한걸요. 잠깐만 기다리세요. 제가 차 한 잔 타올게요."

"아니 됐어. 괜찮다. 지금 가봐야 돼. 짐도 챙기고 은행도 다녀와야 하고. 오늘 아침에는 아무래도 하린이를 유치원에 못 데려다줄 것 같구나. 저녁에 창모 때 만나자꾸나."

"네, 알겠어요. 하린이는 제가 데려다줄게요."

······

하루가 금세 지나갔다. 님들이 오기 오래전부터 사랑방에 와서 기다린다.

"어, 나그네 님이 오늘은 제일 먼저 오셨네요?"

봄비와 수선화가 함께 들어오며 내게 반갑게 인사를 한다.

"네, 오늘은 다들 좀 늦으시네요?"

"아직 10분이나 남은걸요?"

봄비가 답한다.

"그렇군요."

"워매, 수선화 님 옷 색깔이 환해져부렀네요. 무슨 좋은 일 있으시 당가요?"

햇살의 손을 잡고 사랑방을 들어서던 평화가 농을 건다.

"그러지 마셔요. 잘 안 입던 옷을 꺼내 입은 터라 쑥스러운데."

"정말 잘 어울려 보여요. 이제 남자친구만 하나 생기면 딱 좋겠는 디……."

평화가 짓궂게 치근대자 햇살이 평화의 옆구리를 쿡 찌른다.

"저희가 좀 늦었나요? 나그네 님이 먼저 와 계시니 죄송하네요."

새벽이 오아시스와 함께 들어서며 말한다.

"아직 안 늦으셨어요. 어서 오세요."

내가 말한다. 바위와 바람, 민희가 뒤따라 들어온다. 다들 서로 반갑게 인사를 주고받으며 자리에 앉는다. 나는 벽시계를 올려다본 다음 막대기를 들어 종을 친다. 한동안 고요한 침묵이 흐른다. 오아시스가 두리번거리며 주변을 좀 살피더니 조심스럽게 말을 꺼낸다.

"지난 시간엔 참 즐거웠습니다. 함께 그림도 그리고, 춤도 추고, 대화도 나누고… 아늑한 고향집 같았습니다. 살면서 사람들과 이렇게 살가운 정을 느껴본 적이 없었어요. 그런데, 이런 말씀드리기가 죄송하지만… 저, 엊그제부터 새벽 님이 살짝 원망스러워지기 시작했어요…….."

말하다 말고 그는 갑자기 머리를 떨구며 감정을 누르려고 애쓴다. 님들이 모두 영문을 몰라 그를 쳐다본다. 그는 목이 메어 말을 잇지 못하고 가슴을 벌렁거린다.

"허억… 허억…."

님들이 어찌할 바를 몰라 그를 안쓰럽게 쳐다본다.

"무슨 말씀인지 좀 자세히 말씀해주실래요?"

내가 참다못해 묻는다.

"다 소용없잖아요. 얼마 안 있으면 모두 헤어지잖아요……. 허억 허억."

그는 겨우 몇 마디를 목구멍으로 밀어 올리고는 흐느낀다. 님들의 표정이 어두워진다. 이때 별안간 바람이 씩씩거리며 내뱉는다.

"씨, 맞네! 이제 어디로 가라고? 차라리 콱 죽어버릴래……."

모두 놀라는 표정을 하다가 이내 침울해진다. 벽시계 소리가 커졌다 작아졌다 한다. 나는 바람을 보며 묻는다.

"바람 님, 지금 기분이 어떠신가요?"

"모르겠어요. 그냥 엄마 얼굴이 떠올라요. 엄마하고 같이 사느니 죽는 게 낫겠다 싶어요."

"새벽 님에게 화가 나셨나요?"

"아니에요. 고마운 분이시죠. 하지만 어떻게 해야 할지 모르겠어요."

"바람 님 심정이 어떤 건지 이해할 수 있어요. 머잖아 뉴런하우스를 떠날 생각을 하면 막막하고 두려우실 것 같아요."

참꽃이 조용한 목소리로 말한다.

"참꽃 언니 말씀이 맞아요. 두려워요. 제 마음이 바로 그거예요……."

바람이 뭔가를 깨달았다는 듯이 고개를 들며 말한다.

"바람 님 심정이 와닿네요. 여기를 떠난다고 생각하니 저도 마음이 무거워져요."

평화가 나지막이 읊조린다. 다시 침묵이 흐른다.

"정말 죄송합니다. 제가 미처 그 생각까지 못했네요. 님들의 말씀을 들으니 충분히 그런 마음이 드시겠다 싶어요."

새벽이 잔잔한 목소리로 말한다.

"죄송해요. 괜히 제가 방정맞은 소리를 하는 바람에……."

오아시스가 무거워진 분위기에 죄지은 얼굴이 되어 말한다.

"그렇지 않아요. 저라도 같은 마음이었을 거예요. 저희가 그동안 가족처럼 정들었는데 억지로 헤어져야 한다면 얼마나 마음이 아프시겠어요. 그런데 조금 오해가 있으신 것 같습니다."

새벽이 다정한 목소리로 말한다.

"하지만 제 기억이 정확하다면 뉴런하우스는 1년간 한시적으로

운용한다고 들었는데요?"

평화가 따지듯이 새벽을 쳐다보며 말한다.

"맞습니다. 1년간 한시적으로 운영한다고 했었지요. 실험 주택이라는 말도 썼습니다. 뉴런하우스를 처음 계획할 당시만 하더라도 과연 이 실험이 성공할지 알 수 없었으니까요."

"성공의 기준이 무엇이었나요?"

수선화가 예리하게 질문을 던진다.

"나그네 님과 제가 구상한 창모를 과연 님들이 해내실 수 있을까, 하는 것과 님들이 이런 삶의 방식에 의미를 느끼실까, 하는 두 가지였습니다."

"그건 제가 분명하게 말씀드릴 수 있습니다. 실험은 성공했다고요. 의심의 여지가 없습니다."

평화가 가슴을 쫙 펴며 자신 있게 말한다.

"같은 생각입니다. 저는 대성공이라고 말하고 싶어요. 그리고 이렇게 사는 것에 큰 의미를 느낍니다. 태어나서 처음으로 여기서 행복을 느꼈으니까요."

오아시스가 말한다. 바위와 햇살이 고개를 크게 끄덕인다. 다른 님들도 고개를 끄덕인다.

"새벽 님, 이제 실험이 성공했으니 다음은 어떻게 됩니까?"

평화가 저돌적으로 묻는다.

"저도 실험이 대성공이라고 생각합니다. 함께 살면서 힘들고 좌절스러운 순간들도 있었지만, 모두 잘 견뎌내고 정말 소중한 관계를 일궈냈다고 봅니다. 이제 실험이 성공했으니 모두 함께 잘 사는 일만

남았어요.”

“그럼… 저희, 뉴런하우스를 안 떠나도 된다는 말씀이신가요?”

오아시스가 눈이 휘둥그레져서 묻는다.

“그럼요. 저희는 이제 한 가족입니다. 모두 함께 삽니다. 본인이 떠나신다면 몰라도.”

새벽이 빙그레 웃으며 말한다.

“새벽 님, 감사해요. 너무 좋아요. 믿어지지가 않아요. 며칠 동안 많이 힘들었었는데, 오늘 말씀드리기 너무 잘했단 생각이 들어요. 고맙습니다. 고맙습니다. 으하하하.”

오아시스가 고릴라처럼 양손으로 가슴을 마구 두들기며 기뻐 어쩔 줄을 모른다.

“저도 새벽 님께 정말 감사드려요. 생각지도 못한 후의를 베풀어 주셔서 앞으로 어떻게 보답해야 할지 모르겠습니다. 세상에 새벽 님 같은 분들이 좀 더 많아진다면 얼마나 좋을까 하는 생각이 들어요. 그런데 새벽 님 돈이 많이 드실 텐데, 저희가 언제까지 같이 살 수 있을까요?”

평화가 걱정스런 표정으로 묻는다.

“그건 저도 잘 모르겠습니다. 돈 떨어질 때까지는 해봐야죠. 나중에 어려우면 님들께 도움을 청하겠습니다.”

“그렇게 해주십시오. 저희도 힘껏 돕겠습니다.”

평화가 다시 가슴을 쫙 펴면서 말한다. 이때 옆에서 조용히 지켜보던 봄비가 말을 꺼낸다.

“새벽 님, 너무 감사해요. 지금까지 해주신 것만 해도 헤아릴 수 없을 정도인데, 앞으로도 저희를 품어주시겠다니 눈물이 나네요. 지난 다섯 달 동안 뉴런하우스에 살면서 제 인생이 바뀌었어요. 저는 이혼하는 과정에서 몸과 마음이 만신창이가 되었고, 세상은 말할 것도 없고 가족으로부터도 외면당하는 아픔을 겪었어요. 죽고 싶었어요. 여기서 새벽 님과 나그네 님을 만나면서 사랑받는 느낌, 존중받는 느낌을 처음 경험했어요. 이전에는 제가 이렇게 밝은 성격이 아니었어요. 두 분을 뵈면서 제 마음에 봄이 찾아왔어요. 노래가 나오고 춤이 추어졌어요. 부끄러운 얘기지만 윤서를 친정에 맡긴 이유 중 하나는 사는 게 너무 힘들어 아이가 눈에 들어오지 않았던 것도 있어요. 같이 살다 보면 걔를 해칠 것 같은 두려움이 있었거든요. 그런데 인자한 아버지처럼 저를 바라봐주시는 두 분의 눈길에 제 마음속에 있던 얼음이 다 녹아내렸어요. 이곳에서 살면서 매일이 행복했어요. 제가 버린 하나님을 여기서 다시 만났습니다. 저와 님들 사이로 하나님이 찾아오시는 걸 느꼈습니다. 이제 세상이 무섭지 않아요. 새벽 님과 나그네 님, 모든 님들에게 진심으로 감사드려요."

그녀가 신앙 고백 하듯 말을 쏟아내고 나더니 임종한 사람처럼 얼굴이 편안해진다.

"저는 하느님은 안 믿지만 봄비 님 말씀이 어떤 건지 알 것 같아요. 저도 두 분과 님들께 정말 감사드려요. 저는 그동안 제가 없이 살았는데, 여기서 님들이 저를 찾아주셨어요. 제가 원하는 것이 무엇인지, 제가 뭘 느끼는지도 몰랐어요. 그런 것이 소중한 줄도 몰랐어요. 저는 없고 늘 다른 사람만 있었어요. 님들 덕분에 여기서 제가 다시 태어난 것 같아요. 뉴런하우스는 제가 태어난 고향집이에요. 님들은 모두 제 형제고요. 여기서 사는 것이 너무 좋아요."

햇살이 이처럼 분명하게 자기표현하는 것을 보며 나는 놀라움과 경탄을 금치 못한다. 항상 위축되어 있고, 작은 목소리로 말하던 그녀가 이제 뚜렷한 존재감을 드러내며 다른 님들과 자연스럽게 어울리고 있기 때문이다.

잠시 후 바람이 몸을 좌우로 좀 움직이는가 싶더니 입을 연다.

"여러 님들의 말씀을 들으며 많이 부끄러웠습니다. 저도 정말 느낀 게 많고 여기 와서 제 인생이 달라졌는데, 아까는 그건 하나도 생각이 안 나고 앞이 캄캄해져 저도 모르게 화를 냈던 것 같아요. 정말 죄송해요. 그동안 저는 늘 긴장 속에 살았던 것 같아요. 항상 다른 아이들보다 잘해야 하고, 인정받아야 한다는 생각에 늘 불안했어요. 뉴런하우스에 와서는 제가 뭔가를 잘하지 않아도, 그냥 가만히 있어도 있는 그대로 존중받고 수용받는 느낌이 들었어요. 사람이 이렇게 살 수도 있구나,란 걸 처음 느꼈어요. 저도 삶을 조금씩 긍정적으로 보게 되는 것 같아서 참 좋아요. 두 분과 모든 님들께 진심으로 감사드려요."

바람의 말이 끝나자 바로 바위가 입을 연다. 여느 때와는 달리 무척 상기된 목소리다.

"저는 새벽 님을 늘 든든한 아버지처럼 생각하고, 믿고 의지하는 마음이 있어왔지만 오늘 말씀을 들으면서는 이루 말할 수 없는 감사와 존경심이 밀려들면서 가슴이 벅차올랐어요. 새벽 님과 나그네 님 그리고 여러 님들을 만난 인연이 너무나 소중하고 귀하게 느껴집니다."

"아, 이거 제가 몸 둘 바를 모르겠네요. 님들이 다들 이렇게 기뻐하시니 저도 참 기쁘네요. 하지만 제가 괜히 공치사한 것 같아 민망

하네요. 저는 그저 제가 좋아서 한 것뿐인데…….”

새벽이 민망해하며 말한다.

“알아요. 새벽 님. 말씀 안 하셔도 느낄 수 있어요. 새벽 님은 이렇게 저희와 함께 사는 것을 진심으로 좋아하시는 것 같아요. 그래서 더욱 존경심이 일어요. 저도 다른 님들이 하신 말씀에 많이 공감해요. 새벽 님과 나그네 님 두 분께서 저희에게 포근한 고향집을 만들어주신 것 같아요. 사막의 오아시스 같은 곳 말이에요. 뉴런하우스에서 저는 다시 살아나기 시작한 것 같아요. 죽어가던 나뭇가지에 물이 오르고, 싹이 움터 나오는 걸 느껴요. 사는 것이 즐겁고 기쁠 수 있다는 걸 요즘 처음 느껴요. 두 분과 모든 님들께 진심으로 감사드려요.”

나는 수선화의 고백을 들으며 온몸에 전율을 느낀다. 사람이 이렇게도 변하는구나 싶어 울컥한다. 나도 모르게 말이 목구멍을 밀고 올라온다.

“너무나 감동스럽네요. 님들의 말씀을 들으며 제 가슴이 마구 요동치는 걸 느낍니다. 한 분 한 분 님들께서 여기 뉴런하우스에서 경험하신 것과 변화에 대해 말씀해주시는 걸 들으면서, 사람들이 더 이상 꾸지 않는 꿈을 저희는 감히 꾸었고, 매일 매일 조금씩 이루어왔구나,란 생각이 들어 감개무량합니다. 서로 남남으로 만난 것이 엊그제 같은데, 지금은 안 보이면 서로 찾게 되고, 눈 감고 떠올리면 따스한 미소가 지어지는 사이로 변했다는 사실이 믿기지 않을 정도입니다. 저는 님들이 정말 자랑스럽고, 고맙습니다. 님들과 함께 살면서 저 자신에게도 큰 변화가 있었습니다. 민희와 하린이를 만난 건 큰 사건이었지만 그것만으로는 설명하기 힘든 무언가 더 큰 변화가 온 것 같습니다. 그것이 무엇인지는 좀 더 살펴봐야겠습니다. 아무튼 새벽 님과 여러 님들을 만난 것은 제 인생에서 하나의 전환점이 될 것 같습니다. 모든 님들께 깊이 감사드립니다."

내가 말을 마치자 새벽이 눈물이 그렁그렁한 눈으로 나를 쳐다보며 말한다.

"나그네 님이 아니었으면 지금 저희가 이렇게 뜻깊은 시간을 가질 수 있었을까,라는 생각이 들어 나그네 님께 참으로 감사하단 말씀을 드리고 싶어요."

"네, 정말이에요. 나그네 님이 이끌어주시지 않았으면 실험이 어떻게 됐을지 상상이 안 돼요. 나그네 님을 만난 것이 저희 모두에게 큰 행운이었어요."

평화가 진심 어린 눈으로 나를 보며 말한다. 님들이 함께 고개를 끄덕인다.

"새벽 님, 평화 님께서 그렇게 말씀해주시니 참 고맙습니다. 저도 최선을 다했지만, 님들도 저를 믿고 많은 용기를 내주셨기에 저희가 모두 함께해낸 거라 생각합니다. 아직도 갈 길이 많이 남아 있지만 지금처럼 서로 진실한 마음으로 만난다면, 어떤 난관도 헤쳐 나갈 수 있으리라 믿습니다."

"나그네 님, 그런데 아까부터 손에 든 봉투를 자꾸 만지작거리시는데 그게 뭔가요?"

내 말이 끝나자 기다렸다는 듯이 오아시스가 묻는다.

"아, 이거요? 그렇잖아도 막 말씀드릴 참이었어요. 독일에 있는 제 여자 친구 한나에게서 온 편집니다. 어제 오후에 받았는데, 지금 여러

가지로 안 좋은 상황이라 많이 힘든가 봐요. 아무래도 제가 독일을 좀 다녀와야 할 것 같아요."

"네? 어디가 편찮으신가요?"

평화가 걱정스런 표정으로 내게 묻는다.

"정확히는 잘 모르겠는데, 많이 외롭고 힘든 것 같아요. 마지막으로 남아 있던 혈육인 마리아 고모마저 지난주에 돌아가셨다고 하네요."

"나그네 님 많이 걱정되시겠어요."

봄비가 염려스런 표정을 지으며 말한다.

"네, 걱정이 되네요."

"한 얼마 동안이나 다녀오실 생각이신가요?"

바위가 묻는다.

"글쎄요. 그게… 가봐야 알 것 같습니다. 연구소에도 일이 좀 생긴 것 같고……."

한동안 침묵이 흐른다.

"만일 오래 걸리시면 저희들 창모는 어떻게 되나요?"

오아시스가 걱정스런 표정을 지으며 묻는다.

"되도록 빨리 돌아올게요. 하지만 만일을 위해 님들은 창모를 계속하시는 게 좋겠어요."

"저희들끼리요?"

평화가 놀라며 묻는다.

"좋은 기회가 아닐까요? 어차피 언젠가는 님들끼리 할 수 있어야 해요."

"참꽃 언니가 나그네 님 오실 때까지 리더를 맡으면 좋을 것 같아요. 임상심리사시잖아요?"

민희를 쳐다보며 바람이 말한다.

"맞아요. 참꽃 님이 하시면 좋을 것 같아요."

봄비가 반색하며 말한다.

"제 생각도 같습니다. 참꽃 님이 나그네 님 돌아오실 때까지 맡아 주시면 좋겠어요."

민희를 쳐다보며 새벽이 말한다.

"제가 경험이 부족해서 잘할 수 있을지 모르겠어요."

민희가 자신 없는 투로 말한다.

"창모는 리더 혼자서 이끄는 게 아니고, 모두 함께하는 거니까 너무 부담 갖지 않으셔도 돼요. 님들이 도와주실 거예요."

내가 민희를 보며 말한다.

"여기 남은 저희는 어떻게든 꾸려나가겠지만, 나그네 님이 걱정돼요. 독일 가서서 너무 힘들지 않으셨으면 좋겠어요."

걱정스런 표정을 지으며 봄비가 말한다.

"나그네 님 그동안 많이 정들었었는데, 보고 싶을 것 같아요."

햇살이 눈시울을 붉히며 말한다.

"저도 보고 싶을 것 같아요. 많이 보고 싶으면 독일 방문해도 되죠?"

바람이 나를 보며 씩씩하게 말한다.

"그럼요. 언제든지 환영입니다."

"그런데 참꽃 님 마음이 어떠실지 걱정돼요."

수선화가 민희를 살피며 말한다.

"고마워요. 수선화 님. 저는 괜찮아요. 보고 싶겠지만, 다시 뵐 수 있으니까요."

민희의 목소리가 가늘게 떨린다.

"참꽃 님이 슬프신 것 같아서 제 마음이 아파요."

오아시스다.

"제 마음도 짠하네요. 하지만 저희가 있잖아요. 참꽃 님 힘내세요."

새벽이 민희를 다정하게 바라보며 말한다.

"새벽 님, 감사해요. 저도 그렇게 생각해요. 하린이와 저만 남겨진다면 너무 슬플 것 같아요. 하지만 님들과 함께 있다고 생각하니 안심되고, 든든해요."

"그러면 나그네 님 언제쯤 떠나실 예정인가요?"

새벽이 내게 묻는다.

"미리 말씀 못 드려 죄송합니다. 내일 아침 일찍 바로 떠날까 합니다."

"아, 그렇게 빨리요? 송별회도 못 해드리고 섭섭해서 어떡하죠?"

"말씀만 들어도 감사합니다."

나는 벽에 걸린 시계를 올려다본다. 마칠 시간이다. 나는 막대기를 들어 종을 친다. 뎅.

종소리가 오늘 따라 긴 여운을 남긴다. 창모가 끝나자 님들이 우루루 몰려와 내 손을 잡아주며 작별인사들을 나눈다.

선물

 나는 다음 날 저녁에 베를린에 도착한다. 한국에서 베를린까지는 직항이 없어 프랑크푸르트를 거쳐 오느라 꼬박 18시간이 걸렸다. 공항에서 한나에게 전화를 했으나 받지 않아 걱정이 된다. 한국에서도 전화를 몇 번 시도했는데 통화가 되지 않았다. 무슨 일인지 모르겠다. 아직 잘 시간은 아닌데. 택시를 타고 집으로 가는 길에 몇 차례 더 전화를 걸어보지만 받지 않는다. 비가 부슬부슬 내리는 길거리엔 가끔 우산을 쓰고 지나가는 행인들이 보일 뿐 인적이 드물다. 비에 젖은 아스팔트 위를 주행하는 승용차들의 전조등 불빛이 비늘을 번쩍이며 유영하는 갈치 떼처럼 차가운 유리창에 번진다. 모두 어디로들 가는 걸까?

 택시에서 내려 현관까지 가닿는 몇 걸음이 이렇게 초조하고 불안하게 느껴진 적이 없었던 것 같다. 초인종을 누른다. 아무 소리가 안 난다. 잠시 후 다시 누른다. 여전히 아무런 기척이 없다. 잠시 후 다시 한 번 누른다. 아무 소리도 없다. 어떻게 할까? 복도에다 캐리어를 눕혀놓고, 지퍼를 열어 짐들을 이리저리 뒤적여 열쇠가 든 지갑을 찾지만 보이지 않는다. 분명히 여기 있을 텐데? 고개를 갸웃거리다 작은 가방도 열어서 뒤져본다. 그때 문이 열리며 잠옷을 입은 한나가 복도에 쪼그려 앉은 나를 발견한다.

"오, 하느님. 이게 누구야! 영민, 어떻게 왔어?"

"음, 집에 있었구나. 걱정했어. 전화를 여러 번 했어."

"미안해. 약을 먹고 잠들었어……."

"그랬구나. 다행이다. 별일 없었구나."

나는 복도에 선 채 한나를 꼭 안아준다. 그녀는 내게 안겨서 눈물을 흘린다.

"영민, 들어와… 저녁은?"

"안 먹어도 돼. 비행기에서 간단히 먹었어."

나는 짐을 챙겨 안으로 들어간다. 밝은 데서 보니 한나의 얼굴이 많이 수척해 있다. 음식을 제대로 안 챙겨먹은 것 같다. 얼마나 힘들었길래 이토록 축났을까 싶어 마음이 짠하다.

"무척 여위었다. 많이 힘들었나 보네?"

나는 소파에 앉아 그녀를 안아주며 말한다.

"와줘서 고마워……."

그녀가 눈에 눈물을 담고 말한다.

"당연히 와야지. 왜 좀 더 일찍 말하지 않았어?"

"견딜 수 있을 것 같았어. 그리고 네 행복을 가로채고 싶지 않았어."

"어리석긴……."

"미안해……."

"뭐가?"

"좀 더 씩씩한 모습을 보여줘야 하는 건데……."

"너, 한국 여자처럼 말하는구나?"

"그럴지도 모르지……."

"무슨 뜻이야?"

"나, 너 없는 동안 한국어 연습 많이 했어."

"뭐라고? 왜?"

"나도 창모에 참여해보려고."

"우하하하… 그거 좋은 생각인데?"

나는 그녀와 함께 큰 소리로 깔깔 웃는다. 병색이 완연한 얼굴에 잠시 살구꽃이 피어난다. 천진난만하게 웃는 그녀는 열일곱 살 소녀 같다.

"웃는 모습이 참 예쁘다. 나 많이 보고 싶었지?"

"응……."

내 품에 안긴 그녀의 숨소리가 아빠 품에 안긴 아이처럼 새근거린다. 한나를 오랫동안 방치해둔 게 정말 미안하다.

"한나, 미안해. 내가 좀 더 일찍 왔어야 하는 건데……."

"아니야, 넌 그럴 수가 없었어……."

"그런데 연구소는 별일 없어?"

"귄터와 모니카가 독립해 나갔어. 그래서 이번 학기부터는 수련생도 안 받았어.”

“음, 그랬구나. 그 일로 마음이 상했겠다.”

“처음엔 좀 그랬어. 그러나 지금은 상관없어. 어차피 모든 게 의미 없어졌거든…….”

말하는 그녀의 얼굴에 살짝 그림자가 드리운다. 나는 다시 그녀를 꼭 안는다. 그녀는 둥지 안의 새끼 새처럼 내 품 안으로 파고든다.

“그래, 많이 힘들었구나. 괜찮아질 거야. 아무 걱정 마.”

“정말 괜찮아질까?”

그녀의 목소리가 가냘프게 떨린다.

“그럼. 괜찮아지고말고.”

“나, 연구소 안 나간 지 한 달도 넘었어. 일을 못 하겠어.”

“그렇구나. 괜찮아. 좀 쉬어도 돼.”

그녀는 나의 말에 한동안 가만히 있더니 불쑥 화제를 바꾼다.

“마리아 고모는 내게 특별한 분이었어.”

“어떻게?”

“내가 바움하우스 이야기했던 것 기억나?”

“한스 삼촌하고 너하고 셋이서 지었다던 나무 위의 집?”

“그래 맞아. 한스 삼촌과 마리아 고모가 아이펠 우리 집에서 함께 살 때였어. 한스 삼촌이 높은 나무 위에다 집을 짓는데, 마리아 고모와 내가 열심히 도왔어. 나무도 갖다 나르고, 도시락도 만들어 가져가기도 했어…….”

그녀는 꿈꾸는 듯 눈을 가슴츠레 뜨고 천정을 바라보며 중얼거린다.

“그래, 재미있었겠다.”

"정말 재미있었어."

"마리아 고모가 네게 어떻게 특별했었니?"

"우리 셋은 너무 좋은 친구였어. 한스 삼촌과 마리아 고모를 빼면 내 고향 아이펠을 떠올릴 수가 없을 정도로. 바움하우스를 다 짓고 나서 우리는 시간만 나면 사다리를 타고 올라가 거기서 놀았어. 이야기도 하고, 노래도 부르고, 춤도 췄어. 아이들이 자주 놀러왔었어."

"그랬구나. 정말 재미있었겠다."

"바움하우스는 어른들이 오지 못하는 우리들만의 세계였어!"

"때 묻지 않은 동심의 세계였구나."

"그런데 어느 날 큰길이 나면서 일꾼들이 와서 그 나무를 베야 한다는 거야. 한스 삼촌이 바움하우스에 올라가 두 달을 지켰어. 신문에도 났어. 결국 강제로 끌려내려 왔는데, 그 후로 삼촌은 시름시름 앓다가 죽었어."

"그 얘기는 처음 듣는데?"

"음, 그 이야기는 하지 않았어. 너무 슬픈 이야기라서."

"그래, 마리아 고모하고 너만 남았겠구나?"

"마리아 고모가 없었으면, 아마 나도 그때 한스 삼촌과 같이 죽었을지도 몰라."

"둘이서 서로 의지하며 힘든 세월을 이겨냈겠구나?"

"맞아. 그랬어. 내가 베를린으로 오게 된 것도 마리아 고모 때문이었어."

"그랬구나. 마리아 고모는 마치 네 고향 같은 존재였겠다."

"맞아. 그런데 이제 그 고향마저 잃어버린 거야."

"그러네?"

나는 그녀를 꼭 안아준다. 그녀는 내 품에 안겨 흐느껴 운다.

......

구수한 커피향이 나를 깨운다. 낯익은 가구와 벽지들이 눈에 들어온다. 다섯 달의 틈이 순식간에 눈앞에서 삭제되며, 마치 타임머신을 타고 외계를 다녀온 것 같은 느낌이 든다. 여기가 꿈인가? 아니면 거기가 꿈이었던가?

"이제 깼구나. 아침 식사 준비 다 됐어."

한나의 목소리가 마치 모차르트 음악처럼 경쾌하게 들려온다.

"어, 벌써 일어났어? 기분이 좋아 보이네?"

"자고 났더니 바뀌었어. 이런 기분 정말 오랜만이야. 네 덕분이야."

나는 침대에서 내려와 한나를 꼭 안아준다.

"네가 이렇게 밝아지니 나도 기분이 좋아."

우리는 식탁에 앉아 둘이서 오랜만에 함께 아침 식사를 한다.

"얼마나 있을 거야?"

"네가 필요로 하는 만큼."

"정말?"

"그럼."

"뉴런하우스는 어떡하고?"

"지금은 네 생각만 하려고."

"고마워."

"음, 괜찮아. 그런데 병원에 좀 안 가도 돼?"

"다녀왔는데, 별거 없대. 그냥 푹 쉬래."

"그래, 다행이다. 뭐 하고 싶은 것 없어?"

"여기를 떠나고 싶어. 고모가 가신 뒤로, 이 춥고 음산한 도시를 더 이상 견딜 수가 없어."

"그렇구나. 알겠어. 어디로 갈지 천천히 생각해보자."

"……."

나는 이렇게 말하며 한나의 표정을 살핀다. 그녀의 눈은 이미 먼 곳을 향하고 있다. 꿈에 본 장면이 겹쳐진다. 눈보라 치는 밤길을 걷다 전차에서 만난 까만 히잡을 쓴 여인의 슬픈 눈과 눈물이 떠오른다.

"지금 무슨 생각하고 있니?"

내가 걱정이 되어 묻는다.

"응? 음, 어릴 적 아이펠에서 살 때……."

"우리 아이펠에 한 번 다녀올까?"

"아니, 싫어. 한스 삼촌과 함께 우리는 이미 그곳을 떠났어."

오랜 시간을 같이 살았지만, 한나의 단호함은 때로는 혀를 내두른다. 한 번 아니라고 하면 절대 아니다. 다시 물으면 안 된다는 걸 알기에 나는 그저 바라만 볼 뿐이다. 그녀에게 고향은 절대 더럽힐 수 없는 신성한 정신적 공간이 된 것 같다. 그녀와 한스 삼촌, 마리아 고모가 삼위일체가 되어 창조한 청정무구한 천상의 세계 같은 곳 말이다. 악의 세력인 건설업자에 맞서 결사 항전한 한스 삼촌은 순교함으로써 고향을 하늘나라로 옮겨버렸으므로 아이펠이라는 물리적 공간은 그들에게 더 이상 의미가 없어져버린 것일까?

......

　집에 돌아온 지 벌써 한 달이 훌쩍 지났다. 그동안 한나의 건강은 눈에 띄게 좋아졌다. 매일 나와 함께 산책을 다니고 장 보러 가고 책도 읽는다. 가끔 혼자 친구를 만나러 외출도 한다. 겉으로 보기엔 이제 예전의 일상을 완전히 회복한 것 같다. 그러던 어느 날 산책길에서 그녀가 불쑥 말을 꺼낸다.

　"우리 이태리 여행 다녀올까?"

　"좋지. 이태리 어디로?"

　"나폴리, 카프리 섬"

　나는 깜짝 놀란다. 카프리 섬은 유럽인들 특히 북쪽 지방에 사는 독일인들이 가장 동경하는 휴양지다. 푸른 지중해에 사계절 밝은 태양이 비치는 환상의 섬. 한나와 내가 처음으로 함께 휴가를 갔던 곳이다. 한나가 왜 갑자기 그곳을 가고 싶다고 하는 걸까 궁금해진다.

　"좋아. 거기서 얼마나 있고 싶어?"

　"한 달쯤 가도 괜찮을까?"

　"아마 괜찮을 거야. 민희가 차분해서 창모를 잘 이끌 거라고 믿어."

　"아, 다행이다."

　"그런데 네가 없어도 우리 연구소는 괜찮을까?"

　"그렇잖아도 그 문제를 의논하고 싶었는데… 우리, 베를린을 떠나면 안 될까?"

　나는 걸음을 멈추고 그녀를 쳐다본다. 한스 삼촌이 죽은 후 고모와 그녀가 아이펠을 떠났듯이 이제 마리아 고모가 없는 베를린도 더 이상 견딜 수 없다는 건가? 나는 그녀를 막을 수 없다는 걸 안다.

"그래, 어디로 가고 싶어?"

"그건 아직 생각 중이야."

"마음이 정해지면 말해줘."

"응 알겠어."

나는 우리가 지금 걷고 있는 산책길을 앞으로 몇 번이나 더 올 수 있을까 생각하며 주변 풍경을 마음속에 담으며 걷는다. 12월 초순인데도 잔디는 파릇파릇하다. 나는 다른 건 몰라도 파란 잔디는 안 그리울 것 같다는 생각을 한다.

한나는 한 번 마음을 정하면 뭐든지 신속하고 결단력 있게 행동한다. 그녀는 바로 다음 날 집주인에게 서면으로 이사 계획을 알리고, 연구소 동료 직원들에게는 전화를 해서 곧 연구소를 폐쇄할 예정이니 각자 준비를 하라고 통보한다.

"이제 준비가 끝났어. 카프리 섬의 민박집을 예약했어. 네가 원하는 바다가 보이는 큰 창이 달린 거실이 있는 곳이야. 깨끗하고 값도 저렴해. 항공권도 구매했어."

활기찬 옛날 모습을 되찾은 한나를 보며 나는 속으로 감탄한다.

"그렇게 빨리? 잘했어. 어서 짐을 꾸려야겠네?"

"거기에 웬만한 건 다 있으니, 간단한 소지품만 가져가면 돼."

"그렇구나. 알겠어. 초등학교 때 소풍 가던 생각이 난다."

"나도 그래."

‥‥‥‥

　카프리 섬에 도착한 날 우리는 어린 아이들처럼 신이 나서 민박집에 대충 짐을 던져놓고는 여기저기 돌아다니며 구경을 한다. 끝없이 펼쳐진 파란 바다 위로 밝은 태양이 레이저 광선 같은 하얀 빛을 마구 쏟아붓고 있다. 갈매기들은 절벽 사이로 끼룩 끼룩 소리를 내며 날고 있고, 불어오는 시원한 바닷바람이 얼굴을 살살 간지럽힌다.

　"영민, 저 하늘 좀 봐. 멋지지 않아?"

　"그래 정말 좋다. 파란 잉크를 부어놓은 것 같은 저 바다색도 좀 봐!"

　"정말 믿을 수 없어!"

　"맞아. 어떻게 이럴 수가 있어?"

　우리는 어린아이들처럼 기뻐 함께 탄성을 지른다. 몇 달씩 계속되는 춥고 음산한 베를린 날씨에 익숙해진 우리에게 카프리 섬의 눈부신 하늘과 바다는 우리가 지금 마술에 걸린 것이 아닐까, 하는 의구심마저 불러일으킨다.

　카프리 섬에서의 생활은 여유로웠다. 날마다 파란 바다 위에 펼쳐지는 눈부신 빛들의 향연에 눈을 부비고 기지개를 켜며 일어나, 늦은 아침을 먹고 어슬렁어슬렁 좁은 골목길을 따라 산을 내려오며 어디를 가나 내려다보이는 아름다운 지중해를 감상하는 즐거움에 흠뻑 빠져 살았다. 이따금 골목에서 만나는 고양이조차 보석 같은 이 섬의 빼놓을 수 없는 장식처럼 보였다. 하늘과 바다, 집과 골목들 모두가 마땅히 있어야 할 장소에 정확히 배치돼 있는 완벽한 예술작품 같다.

여기에 온 지 벌써 보름이 지나갔다.

"영민, 너에게 할 말이 있어."

바다가 한눈에 내려다보이는 어느 카페의 창가에 앉아 차를 마시던 한나가 말한다.

"뭔데 그렇게 심각한 얼굴로 말해?"

"나와 결혼해줄래?"

"뭐라고?"

나는 깜짝 놀란다. 한나에게 처음 듣는 말이기 때문이다.

"나, 오래전부터 생각해온 거였어."

"그런데, 왜 이제 이야기하는 거야?"

"넌 항상 희정 씨를 못 잊고 있었잖아?"

한나의 말에 나는 몸이 움찔한다. 그리고 잠시 생각에 잠긴다. 희정 씨를 못 잊고 있었던 것은 사실이다. 하지만 그것이 한나와의 관계에도 영향을 미칠 거란 생각은 못 했다.

"음, 네가 그렇게 신경 쓰고 있었다는 걸 몰랐어. 미안해!"

"네가 그녀를 못 잊는 건 네 자신도 어쩔 수 없을 거라 생각했어."

"이해해줘서 고마워. 아무튼 갑작스런 프러포즈라 좀 당황스럽네."

"천천히 답해도 괜찮아."

나는 그녀의 눈을 쳐다본다. 파란 눈이 지중해의 빛과 닮아 있다. 그녀를 처음 만난 것은 내가 아직 박사과정 학생일 때였다. 중부 독일의 어느 호수를 끼고 있는 숲속의 아름다운 교육 시설에서 열린 심리치료 워크숍에 참여했다. 휴식 시간에 우연히 함께 산책을 하게 되었고, 서로에게 끌렸다. 우리를 가깝게 해준 것은 둘 다 연애의 상처가 있었다는 공감대 외에도 성향이 비슷하다는 점 때문이었다. 이후 함께 교육을 받으러 다니며 점차 가까워져 10년의 연애 끝에 동거를 하게 된 거였다. 그러니 그녀를 만난 지 27년이 됐다.

"그래, 알겠어. 생각해보고 대답할게."

우리는 관광객들과 뒤섞여 물건들을 진열해놓은 상점들을 기웃 거리며 또 하루를 한가롭게 보내고, 저녁에야 숙소로 돌아왔다. 나는 자기 전에 노트북을 열어 메일 한 통을 확인한다. 새벽 님으로부터 온 것이다.

존경하는 나그네 님,

그간 별일 없으신지요? 한나 님 건강은 좀 어떠신지요? 저희 뉴 런하우스 님들은 모두 잘 있습니다. 저희는 나그네 님이 떠나신 후 로 벌써 열두 번의 창모를 했습니다. 참꽃 님으로부터 소식을 들으 셨는지 모르겠습니다만, 처음엔 걱정이 좀 됐으나 참꽃 님이 얼마나 잘 이끌어주시는지 창모가 참 잘 굴러가고 있습니다. 물론 나그네 님께서 이끄실 때와 똑같지는 않겠지만, 좌충우돌하면서도 결국에 는 언제나 좀 더 깊은 자기 성찰과 상호 수용에 이르는 것 같습니다. 시간이 지날수록 님들이 서로 친형제처럼 허물없이 대하는 따뜻한 공동체가 되어가는 것 같아 참으로 뿌듯합니다. 모두 나그네 님께서 기초를 잘 다져주신 덕분이라 생각합니다.

제 개인적으로는 과연 제 삶에서 이렇게 행복했던 적이 있었나 싶을 정도입니다. 지난 몇 달 동안 한 번도 외롭다거나, 미래가 불안하다거나, 누군가가 밉다거나 하는 감정을 못 느낀 것 같습니다. 님들과 살면서 그동안 제가 얼마나 삭막한 삶을 살았는지 새삼 돌아보게 됩니다.

생각해보면 그동안 늘 가면을 쓰고 살았던 것 같습니다. 보여주는 저와 제 자신이 느끼는 제가 다른 이중생활이 참 괴로웠습니다. 그런데 여기서의 삶은 저와 제 자신이 일치되어 참 떳떳하고 홀가분한 느낌이 듭니다. 물론 제가 항상 이렇게 느끼는 건 아닙니다. 솔직히 아직도 종종 다른 사람과 나를 비교하는 마음이 들 때면 제 자신이 초라하게 느껴지기도 합니다. 하지만 다시 창모에서 님들을 만나면 그런 마음이 순식간에 사라집니다. 그것들은 허깨비에 불과하고 여기서의 삶이 참 현실이란 걸 느낍니다.

나그네 님께 의논드릴 일이 하나 있습니다. 다름 아니오라 뉴런하우스 2호점을 오픈하려고 합니다. 부지와 건물은 제가 소유하고 있던 것을 리모델링하여 사용할 계획인데, 이미 공사가 거의 마무리되어 내년 3월이면 입주 가능한 상태입니다. 장소는 뉴런하우스에서 걸어서 5분 거리에 있습니다. 제가 2호점을 만들려는 이유는 하도 주변에서 요청이 많아서였습니다. 뉴런하우스가 둘이 생기면 부부처럼 서로 의지하며 함께 아름다운 꿈을 가꾸어 나갈 수 있지 않을까 생각합니다.

나그네 님께서 뉴런하우스를 잘 일으켜 세워주신 것처럼 부디 2호점도 맡으셔서 기반을 닦아주신다면 큰 은혜가 될 것 같습니다. 제 짧은 소견이지만, 양쪽을 다 맡기 힘드시면 1호점은 참꽃 님에게 맡기셔도 되지 않을까 합니다.

그럼 오늘은 이만 줄이겠습니다. 아무쪼록 동절기에 건강 잘 보살피시고 속히 뵈올 수 있기를 고대합니다.

새벽 올림

높은 담장이 성벽처럼 양옆으로 둘러서 있는 사이로 끝없이 좁은 미로가 나타난다. 나는 안내자의 발꿈치를 쫓아 종종 걸음으로 뒤따라가다 그만 길을 잃는다. 갈림길이 나타난다. 어디로 가야 하지? 아랍 전통 복장을 한 아랍 상인이 내게 가죽 공예품을 내밀며 사라고 보챈다. 나는 도망치듯 그로부터 빠져나와 이 골목 저 골목을 헤맨다. 별안간 미로가 사라지고 나는 뉴런하우스에 와 있다.

햇빛이 눈부시게 쏟아져 내리는 마당 한가득, 색색의 백일홍들이 만발해 있다. 나는 가슴을 활짝 열고 꽃들에게 다가간다. 꽃들이 일시에 방실방실 웃으며 물결처럼 춤을 춘다. 나는 깜짝 놀라 "어머니, 꽃들이 웃고 있어요. 꽃들이 웃고 있어요."라고 외친다. 이때 머리에 흰 눈을 수북이 인 산양 한 마리가 소녀를 태우고 꽃밭으로 들어서며 말한다.

"이제 다 왔어요."

나는 산양이 그 말을 내게 하는지, 소녀에게 하는지 몰라 잠시 어리둥절한다. 소녀가 방긋 웃는다. 쳐다보니 한나다.

"오, 한나! 한나!"

나는 반가워서 소리를 지른다. 꽃들이 다시 일제히 웃는다. 살펴보니 평화와 햇살, 바위, 수선화의 얼굴이다. 놀라서 다시 자세히 보니 봄비, 바람, 오아시스, 새벽, 민희, 윤서, 하린이의 얼굴도 보인다. 모두들 얼굴에서 빛이 나며 방긋방긋 웃고 있다. 나는 기쁨에 넘쳐 외친다.

"한나, 꽃들이 웃고 있어! 꽃들이 웃고 있다고!"

"영민, 꿈꿨어?"

"응? 아, 그래 꿈꿨어."

"좋은 꿈이었나 봐? 방실방실 웃는 모습이 참 행복해 보였어."

"맞아, 정말 행복했어."

나는 한나에게 꿈 이야기를 들려준다. 한나는 나를 꼭 안아주며 함께 기뻐한다.

"그 산양 말이야."

"응, 머리에 흰 눈을 이고 나를 태우고 왔다던 그 산양?"

"아마 히말라야를 넘어 온 것 같아. 고향 다녀온 날 밤 꿈에 봤던 바로 그 녀석 같았어."

"오, 그래?"

"응. 그땐 나에게 '아직 멀었어요. 더 가야 해요.'라고 말했어."

"그런데 이번엔 다 왔다고 말하네?"

"그래, 다 왔다고 했어."

"그 말이 어떻게 들렸어?"

"수긍이 됐어. 왜냐하면 정말 다 온 것 같았거든."

"좀 더 설명해줄래?"

"꿈이 처음엔 미로를 헤매고 다니면서 자꾸 길을 잃는 내용이었잖아? 마치 지금까지 내가 살아온 여정을 축약해서 보여준 것 같았어. 낯선 곳에서 방황하면서 불안하고 혼란스러웠어. 그러다가 뉴런하우스에 섰을 때 한없이 아늑하고 포근한 느낌이 들었어. 내가 그토록 찾아 헤매던 고향에 온 것 같았어. 게다가 꽃들이 방실방실 웃어주는 것이 너무 신기하고 놀라웠어. 너무 기뻐서 어머니를 불렀었잖아?"

"맞아! 네가 '어머니, 꽃들이 웃고 있어요.'라고 잠꼬대하는 소릴 들었어."

"고향집 같아서 나도 모르게 돌아가신 어머니를 불렀던 것 같아."

"바로 그때 내가 산양을 타고 나타났다고 했지?"

"그래, 정말 뜻밖이었어. 네가 나타나서 너무 반갑고 기뻤어. 그 순간 다시 꽃들이 일제히 방긋방긋 웃기 시작했어. 그런데, 자세히 보니 그 꽃들이 모두 뉴런하우스의 님들이었어."

"그랬구나. 정말 놀랍고 반가웠을 것 같아."

"정말 그랬어. 나와 너를 환영해주는 것 같아 너무 행복했어."

"정말 아름다운 꿈이야!"

"그렇지? 정말 놀랍고 아름다운 꿈이었어!"

우리는 둘이서 다시 한 번 서로 꼭 껴안는다. 그러고 나서 함께 일어나 세수를 하고, 언덕길을 내려와 푸른 하늘과 쪽빛 바다가 한눈에 안겨오는 통유리창이 있는 카페에 들어가 브런치를 먹는다.

"한나, 이제 네 프러포즈에 답하려고 해."

한나가 커피를 마시다 말고 파란 눈을 껌뻑거리며 나를 쳐다본다.

"내게 프러포즈해줘서 정말 고마워. 나도 너와 결혼하고 싶어. 너와 함께 행복하게 살고 싶어. 한나 사랑해."

내 말이 끝나자 한나의 눈이 반짝하며 밝은 빛을 낸다. 다음 순간 얼굴이 꽃처럼 환히 피어나며 기쁨을 감추지 못한다. 그녀가 갑자기 자리에서 벌떡 일어나더니 테이블을 건너와 내 옆자리에 앉아 내게 키스를 한다. 나도 그녀를 끌어안으며 뜨거운 키스를 한다.

"고마워, 영민. 내 프러포즈를 받아줘서."

"나도 고마워. 한나. 내게 프러포즈해줘서."

"영민, 나 한국으로 가기로 결심했어."

"뭐라고. 언제?"

"이미 몇 달 전에."

"오, 맙소사. 어떻게 그런 생각을 했어?"

"네, 편지를 받고서 많이 울었다고 했었잖아?"

"음, 그랬지."

"네가 떠나고 곁에 없으니 네가 쓴 것처럼, 네 존재가 더욱 생생하게 느껴지면서 미친 듯이 보고 싶은 거야. 금방 달려가 안기고 싶었어."

"그랬었구나. 미안해."

"아냐. 처음엔 몹시 힘들었지만 시간이 흐르면서 네 말처럼 보고 싶은 감정을 가슴속에 간직하며 가만히 응시하는 것도 참 좋았어. 포도가 익어 와인이 되듯이 그리움이 달콤함으로 변할 수 있다는 걸 처음 경험했어."

"음, 마음이 짠하다."

"그러면서 놀라운 발견을 하나 했어. 내가 느낀 감정을 이렇게 표현하는 것이 만족스럽지는 않지만 일단 그리움이라고 표현해볼게. 너에 대한 나의 가슴 아프면서도 절절한, 하지만 달콤하기도 했던 그리움이란 감정이 마리아 고모와 내가 함께 한스 삼촌에 대해 평생 간직했던 그리움과 동일한 것이라는 사실을 깨달았어."

"음, 흥미로운데? 계속 말해봐."

"마리아 고모와 나는 한스 삼촌과 함께 만들었던 바움하우스를 회상하며 그 상실에 대해 아파하면서도 순진무구했던 그 시절을 그리워하며 행복해했어. 아이펠을 내가 다시 가고 싶지 않은 건 그 어린 꿈들이 파괴된 시체를 보고 싶지 않기 때문이야."

"무슨 말인지 이해할 것 같아."

"나는 마리아 고모와 함께 베를린으로 와서 새로운 둥지를 만들려고 했어. 고모는 동화를 쓰면서, 나는 너와 함께 부부가족연구소를 하면서 말이야. 그런데 너는 한국으로 가고, 고모는 돌아가시고, 연구소 동료들은 하나둘 흩어지고⋯⋯."

그녀의 눈가에 눈물이 핑 돈다.

"음, 많이 외롭고 힘들었겠다."

"응, 무엇보다 가장 힘들었던 건 희망이 안 보였기 때문이야."

"그랬었구나. 몰랐어."

"그때 문득 깨달았어. 다 접고 한국으로 가야 한다는 걸."

"무슨 뜻이야? 이해가 안 돼."

"네가 처음에 한국 간다고 했을 때만 해도 난 네가 왜 그러는지 잘 이해를 못했어. 그런데 시간이 지나면서 네게서 오는 메일들을 받으며 차츰 깨닫게 되었어. 마리아 고모와 내가 한스 삼촌과 함께 만들었던 바움하우스가 바로 네게는 뉴런하우스였다는 사실을 말이야."

"너 정말 대단해. 난 그걸 최근까지도 못 깨달았던 것 같아. 어쨌
건, 그래서?"

"네가 얼마나 많은 열정을 갖고서 새벽과 둘이 너희들만의 바움
하우스를 짓고 있는지, 또 거기서 얼마나 큰 희열을 느끼고 있는지
그려볼 수 있었어. 너를 거기서 떼어놓을 수 없으며, 떼어놓아서도 안
된다는 게 내게 분명해졌어. 그런데 놀라운 건 그걸 깨닫는 순간, 나
도 모르게 흥분하고 있는 나 자신을 발견했다는 거야. 마치 한스 삼
촌의 바움하우스로 달려가던 어린 내가 되살아난 것 같았어. 너무 흥
분이 돼서 잠을 못 이룰 정도였어."

"놀랍다. 정말 대단하다. 그런데, 그 다음에 무슨 일이 일어났어?"

"그 즈음에 민희와 하린이의 소식을 듣게 됐어. 하루아침에 모든
것이 와르르 무너지는 느낌이었어. 절망 속으로 빠져들었지. 지금 생
각하면 참 바보 같아⋯⋯."

"아냐, 충분히 그럴 수 있어. 이해해. 그러다가 내게 편지를 보냈
구나?"

"그땐 편지 보내는 것도 무서웠어. 하지만 더 이상 주저앉아 있어
선 안 될 것 같았어."

그렇게 말하며 그녀는 추운 듯 몸을 으스스 떤다. 나는 그녀를 꼭
안아주며 말한다.

"정말 잘했어."

"네가 그렇게 빨리 올 줄은 몰랐어."

"당연히 와야지 무슨 소리야?"

"그래 고마워. 쿡쿡."

내 말을 듣다 말고 그녀가 웃음을 참지 못하고 손으로 입을 가로막는다.

"아니, 갑자기 왜 그래? 우스운 이야기는 아닌데?"

"미안해, 갑자기 생각나는 것이 있어서……."

"뭔데?"

"내가 문을 열었을 때, 네가 문 앞에 쪼그리고 앉아 가방에서 뭔가를 찾고 있었잖아?"

"맞아. 그랬지. 네가 혹시 집에 없나 싶어 열쇠를 찾고 있었어."

"난 네가 엎드려 있는 뒷모습을 보고, 한스 삼촌인 줄 알고 깜짝 놀랐어."

"아, 그래? 한스 삼촌 생각을 자주 했었나 보구나?"

"음, 그랬어. 사실 돌아보면 내가 너를 한스 삼촌으로 본 것이 그때가 처음은 아니었어. 넌 한스 삼촌과 비슷한 데가 많아. 열정적인 면도 그렇고 이상주의적인 것도 그래."

"내가 보기에 너도 비슷한 것 같은데?"

"맞아, 그런 것 같아."

"음, 우리 좀 걸을까?"

"그래, 좋아."

우리는 카페를 나와 계단을 따라 카프리 섬 산정을 향해 천천히 걸어 올라간다. 서울과 베를린은 지금 한참 추울 때인데, 이곳은 밝은 태양이 쨍쨍 내리쬐는 화창한 봄 날씨다. 절벽 아래로 파란 바다가 보이고, 그 위엔 하얀 물살을 가르며 작은 배들이 장난감처럼 떠다닌

다. 흰 갈매기들이 끼룩끼룩 소리를 내며 한가롭게 돌산 사이를 헤엄
치고 다닌다. 초록의 작은 덤불숲들이 바위틈에 이끼처럼 붙어 생명
의 기운을 힘차게 뿜어내고 있다.

"한나, 네게 결혼은 어떤 의미가 있어?"

"함께 가족이 되는 거지. 사랑의 공동체로서 말이야."

"가족이란 말이 새롭게 들려. 사랑의 공동체란 말도 참 아름다워."

"너는 어떻게 생각해?"

"내 생각도 같아. '영원한'이란 말을 덧붙이고 싶어."

"완벽해! 우리들의 예쁜 바움하우스를 한국에다 만들고 싶어."

"네가 산양을 타고 내게 온 꿈이 이제 이루어졌어. 고마워 한나!"

"나도 네게 정말 고마워. 내가 다시 꿈꾸게 해줘서.

우리는 에메랄드빛 바다를 배경으로 뜨거운 포옹을 한다. 한나와
나는 며칠 동안 어딜 가나 유쾌하게 떠들며 다녔다. 주말에 나는 새
벽에게 한 통의 메일을 보낸다.

존경하는 새벽 님께,

일전에 보내주신 메일 잘 읽었습니다. 염려 덕분에 한나와 저는
잘 있습니다. 지금 저희는 휴양차 나폴리의 카프리 섬에 와 있습니
다. 제가 없어도 창모가 잘 운영되고 있는 것 같아 안심되고 기쁩니
다. 새벽 님을 중심으로 따뜻한 공동체가 형성되어가고 있는 모습이
생생하게 그려집니다. 뉴런하우스는 이제 저와 님들의 고향이 된 것
같습니다. 저는 뉴런하우스를 떠난 뒤 시간이 갈수록 그곳이 점점

더 그리워지고 있습니다.

　저는 이곳에 온 후 새벽 님과 제가 그동안 뉴런하우스를 통해 이룬 것이 무엇이었을까 곰곰이 생각해봤습니다. 솔직히 아직도 정확히 모르겠습니다. 하지만 제 개인적인으로는 큰 변화가 있었습니다. 오랫동안 시달려왔던 뭐라고 말하기 힘든 요동치던 감정이 있었는데, 올봄에는 그것이 심해져 극심한 불안과 우울로 나타났습니다. 처음엔 향수병인 줄로만 알았습니다. 하지만 고향에 가서 가족과 옛 친구를 만나고 돌아와도 달라지지 않는 걸 보고 그리 간단한 문제가 아니란 걸 깨달았습니다.

　물론 그것이 고향과 관련된 감정이었던 것은 분명합니다. 문제는 어디를 가도 고향을 만날 수 없다는 거였지요. 정말 괴로웠습니다. 마치 잘린 다리가 가려워 미칠 것 같은 심정이었다고 할까요? 그런데 뉴런하우스에서 생활하던 어느 날 가려움증이 사라지고 편안해진 걸 느꼈습니다. 그때 제가 느낀 감정이 오랫동안 객지를 돌아다니다 고향에 돌아온 사람이 느끼는 감정과 동일하다는 걸 이곳에 와 쉬면서 비로소 깨달았습니다. 이 모든 일이 이루어지도록 그동안 온갖 뒷받침을 해주신 새벽 님께 깊은 감사를 드립니다.

　뉴런하우스 2호점을 오픈하신다는 소식에 깜짝 놀랐습니다. 새벽 님의 큰 뜻에 다시 한 번 경의를 표합니다. 한국 사회가 젊은이들에게 더 이상 희망이 없는 헬조선이 된 지 오래인 이 시점에 참으로 따뜻한 소식이 아닐 수 없습니다. 사막화된 바다 밑에 인공 어초를 놓아 다시 물고기들이 살 수 있는 터전을 만드는 이 실험에 저와 한나가 기꺼이 동참하고자 합니다. 초대해주셔서 큰 영광입니다.

한나와 제가 향후 계획에 대해 의논했는데 저희가 사는 집과 연구소를 정리하고 함께 한국으로 가기로 결정했습니다. 이곳의 활동과 살림살이를 정리하는 데 시간이 좀 걸릴 것 같습니다만, 2호점이 오픈되는 시점에 맞춰 귀국할 수 있을 것 같습니다. 그리고 아직은 즐거운 상상에 불과하지만, 귀국하여 언젠가 저희도 뉴런하우스 3호점을 만들어 새벽 님과 더불어 뉴런하우스 마을 공동체를 만드는 꿈을 키워나가고 싶습니다. 뉴런하우스 모든 님들께 안부 부탁드립니다.

나그네 올림

한나와 함께 늦은 아침을 먹고 나서 소파에 앉아 차를 마시며 이야기를 나누고 있는데 내 스마트폰에서 '카톡' 하는 알림음이 들린다. 나는 스마트폰을 열어본다.

나그네 님, 엊그제 보내주신 메일 잘 받았습니다. 한나 님과 함께 한국에 오신다는 소식에 너무 기쁘고 감사했습니다. 오늘 토요일이라 님들이 모두 함께 저녁을 먹으려고 모였는데, 잠깐 페이스톡 하실 수 있을까요? 님들이 두 분을 무척 보고 싶어 합니다.

"한나, 새벽 님에게 카톡이 왔는데, 지금 우리하고 화상 통화를 하고 싶으시대. 님들도 모두 함께 계신대."
나는 옆에 앉아 있는 한나를 쳐다보며 묻는다.

"그래? 좋다고 해. 나도 만나보고 싶었거든."

한나가 반색을 하며 내 곁으로 다가앉는다.

"좋아, 그럼 내가 바로 페이스톡 요청해볼게."

나는 페이스톡 버튼에 살짝 검지를 댄다. 발신음이 경쾌하게 몇 번 울리더니 화면에 새벽의 웃는 얼굴이 나타난다.

"안녕하세요? 새벽 님. 반갑습니다. 그동안 별고 없으시죠?"

내가 새벽에게 반갑게 인사한다.

"아이고, 나그네 님. 반갑습니다. 얼굴이 좀 타셨네요?"

"네, 그렇죠? 선크림을 발라도 별 소용이 없네요. 새벽 님은 건강해 보이시네요?"

"네, 덕분에 전 건강하게 잘 지내고 있습니다. 잠깐, 하린이가 할아버지에게 보여줄 게 있대요."

이렇게 말하며 그는 스마트폰의 방향을 돌려 하린이를 비춘다.

"할아버지 이거 제가 그린 거예요."

하린이는 머리에 화관을 쓰고 알록달록 예쁜 드레스를 입은 여자아이 그림을 양손으로 들어 보인다.

"오, 예쁜 아이구나. 이게 누구니?"

"이건 하린인데, 공주예요."

"아, 그렇구나. 정말 예쁜 공주님이네?"

"왕자님하고 결혼할 거예요."

"그렇지. 그렇고말고."

"할아버지 빨리 오세요. 어서 보고 싶어요. 숨바꼭질하고 놀아요."

"알았다. 잠깐 한나 할머니께 인사드려."

나는 한나의 얼굴을 비춰준다.

"하린, 안녕? 만나서 반가워."

한나가 또박또박 천천히 한국말로 말한다.

"엄마, 한나 할머니 한국말 하셨어!"

하린은 수줍은 듯 얼른 민희에게 달려가 안기며 말한다. 화면에 민희 얼굴이 나타난다.

"안녕하세요? 처음 뵙겠습니다. 민희라고 해요. 한국에 오신단 말씀 듣고 너무 기뻤어요. 하루빨리 뵙고 싶어요."

내가 독일말로 통역을 해주자 한나가 천천히 한국말로 대답한다.

"저도 빨리 한국 가고 싶어요. 만나 봬서 아주 좋아요."

"한국말 너무 잘하시네요? 발음도 정확하시고. 정말 빨리 오셨으면 좋겠어요."

민희의 말이 끝나자 화면에 차례로 님들의 얼굴이 나타난다. 평화와 햇살이 손가락으로 브이를 표시하며 반갑게 인사를 하자, 그 사이로 윤서가 얼굴을 들이밀며 외친다.

"나그네 할아버지, 한나 할머니 안녕하세요? 저 윤서예요. 한국에 빨리 오세요. 기다릴게요."

"오, 윤서구나. 그동안 많이 컸구나. 그래. 알겠다."

"잠깐 윤서야 이리 좀 비켜봐. 엄마도 인사 좀 드리자. 안녕하세요. 나그네 님? 그리고 한나 님? 저 봄비예요. 잘 부탁해요."

봄비가 환히 웃으며 인사를 한다.

그때 "잠깐 제가 좀 도와드릴게요."라고 말하는 오아시스의 목소리가 들리면서 화면이 좀 흔들리는가 싶더니 거실에 앉아 있는 님들

346

의 모습이 하나씩 화면에 나타난다. 소파에 앉아 있는 새벽의 어깨에 윤서와 하린이가 한꺼번에 매달려 응석을 부리고 있는 모습, 민희와 봄비가 마주 보며 웃고 있는 모습이 나타난다. 수선화가 바위의 팔짱을 끼고 다정하게 앉아 있는 모습도 보인다. 잠시 후 카메라가 빙그르르 돌더니 오아시스와 바람의 얼굴이 클로즈업되어 나타나며 바람의 목소리가 들린다.

"나그네 님, 한나 님, 안녕하세요? 한국에 어서 오셨으면 좋겠어요."

그러자 다시 평화와 햇살의 얼굴이 화면에 나타나며 평화가 큰 소리로 외친다.

"나그네 님, 저희 기쁜 소식이 있어요. 저 새 회사에 취직했어요. 그리고 내년 3월에는 햇살 님과 결혼합니다. 나그네 님 주례 좀 부탁드려요."

"그래요? 축하드려요. 정말 잘되었네요. 주례 당연히 해드려야죠."

한나에게 통역을 해주었더니 한나가 놀라며 진심으로 축하를 건넨다. 우리는 한참이나 돌아가며 님들과 대화를 나눈다. 새벽은 뉴런 하우스 2호점의 공사 진척 과정에 대해 자세히 설명해주고, 한나와 나의 귀국 결정에 대해 다시 한 번 감사를 표한다.

······

며칠간의 평온한 시간이 흘렀다. 그 사이 베를린의 연구소에서 연락이 왔다. 함께 일하던 동료들이 연구소를 인수하겠다고 해서 이제 우리 짐만 정리하면 되는 상황이다. 우리가 살던 집도 2월 중으로 아

무 때나 이사를 나가면 된다고 해서 언제든 베를린을 떠날 수 있게
되었다.

"한나, 우리 언제쯤 베를린으로 돌아갈까?"

"여기서 한 3주만 더 있으면 좋겠어. 베를린으로 가면 너무 추울
것 같아."

"그래 좋아. 그곳으로 가면 여기 햇빛이 그립겠지. 그럼 한국은 언
제쯤 갈까?"

"베를린 가서 짐 정리하고, 친구들과 작별도 하고 한 달 정도는 필
요하지 않을까?"

"그래, 그 정도면 좋을 것 같아."

한나와 나는 찬란한 빛의 섬 카프리에서 6주의 긴 휴가를 보내고
베를린으로 다시 돌아왔다. 공항 출구에서 캐리어를 끌고 밖으로 나
오니 오후 4시도 안 되었는데 비가 추적추적 내리는 거리엔 어둠이
덮였고, 습기 먹은 냉기가 뼛속을 파고든다. 택시에 올라타고 외롭게
도열하고 선 가로등들을 사열하며 어둠 속을 달려 집으로 돌아온다.

현관문을 열고 들어서니 집은 그대로인데 어쩐지 모든 것이 변해
버린 것 같다. 우리 마음이 떠난 걸 사물들도 알아차린 것일까? 그들
도 상처받기 싫어 등을 돌린 걸까? 17년간 정들었던 집인데, 집안 물
건들이 낯설다. 가구들이 우리를 보자 흠칫 놀라며 뒷걸음질 치는 것
같고, 벽도 황급히 한 발씩 양옆으로 물러서는 것 같다.

"한나, 오랜만에 집에 왔는데 모든 게 썰렁하고 생경해. 넌 어때?"

"네 말 듣고 보니 좀 그러네."

"우리가 없는 동안 가구들이 무척 외로웠을 것 같은데?"

"밤에는 더 그랬을 것 같아. 불도 꺼져 있었을 테니 말이야."

우리는 모든 방마다 불을 환히 밝혀놓고 보일러 온도도 올린다. 한나가 마트에 가서 장을 봐와서 저녁 준비를 하는 동안 나는 진공청소기를 돌려 방마다 쌓인 먼지를 깨끗이 제거한다. 소파와 테이블, 책걸상, 침대, 옷장, 식탁, 의자 하나하나 가구들을 정성껏 젖은 수건으로 닦아주며 말을 건넨다.

"그동안 잘 있었니? 너무 오랫동안 너희들 혼자 내버려둬서 미안해."

나는 사물들에게 위로를 하며, 손으로 만져주기도 한다. 벽에도 손바닥을 갖다 대며 말한다.

"이제 너희들과도 곧 이별이야. 섭섭하네. 잘 있어. 새 주인이 오면 잘 지내기 바라."

사물들이 다시 내게 마음을 열고 속내를 보여준다.

'영민 씨, 우리도 슬퍼요. 이렇게 작별인사를 해줘서 고마워요. 한국에 가서 부디 잘 사시길 바라요.'

"영민, 이제 식사 준비 다 됐어."

"오, 그래? 그럼 손 씻고 올게."

우리는 식탁에 촛불을 켜놓고 마주 앉아 저녁을 먹는다. 짧은 시간에 감자 샐러드와 연어 구이를 뚝딱 만들어낸 한나의 음식 솜씨에 경탄하며 칭찬을 한다. 두껍게 썬 통밀빵에 버터를 듬뿍 발라 치즈를 올린 것과 올리브유를 두른 프라이팬에 노릇노릇하게 구워낸 소시지도 먹음직스럽다. 우리는 무사히 집에 돌아온 것을 기념하며 와인 잔을 들어 건배를 한다.

"한나, 너 한국 가는 것 무섭지 않니?"

내가 와인을 마시며 묻는다.

"너와 함께 가는데 뭐가 무섭니. 넌 무서워?"

그녀의 눈에는 두려움이 없어 보인다.

"너 때문에 그러지. 나야 고국으로 가는데."

"나는 괜찮은데?"

"문화와 풍습이 다른 낯선 외국 땅에서 모르는 사람들과 함께 생활할 텐데 정말 괜찮겠어?"

"내게 어떤 물리적 공간은 큰 의미가 없어. 누구와 함께 있느냐가 더 중요해. 너와 함께 살면서 새로운 사람들을 만날 생각을 하니 기대가 되고 흥분돼."

"그렇구나. 그런데, 기대가 된다고 하니까 살짝 걱정이 되네?"

"왜?"

"실망할까 봐 그래. 너나 나나 좀 이상주의자잖아? 네가 거기서 우리의 바움하우스를 지을 꿈에 들떠 있는 것이 보기 좋으면서도 약간 염려가 돼. 뉴런하우스는 꿈이 아니라 현실이잖아? 살다 보면 다툼도 생길 수 있고, 재미없고 따분한 날들도 있을 거란 말이지……."

"무슨 말인지 알겠어. 나도 그런 생각을 해봤는데, 네가 말한 것처럼 쉽지 않을 수도 있어. 그래도 괜찮아. 나는 우리가 반드시 이상적 공동체를 만들어내야 한다는 생각은 하지 않아. 어떻게 그런 것이 가능하겠어? 하지만 살다 보면 아름다운 순간도 오지 않을까? 마치 선물처럼 말이야.

나는 거기서 특별한 계획이나 기대 없이 하루하루를 의미 있게 살려고 해."

"계획 없이,란 말이 마음에 들어. 무언가에 얽매이지 않고 자유롭게 사는 느낌이 들어."

"그렇게 살면 실망도 없지 않을까?"

"동감이야. 하지만 그런 삶을 선택할 이유와 용기는 필요하다고 생각해."

"무슨 뜻인지 좀 설명해줄래?"

그녀가 나를 쳐다보며 묻는다.

"그런 삶을 살려는 이유가 있어야 할 것 같고, 남들이 가지 않는 길을 가는 용기가 필요할 것 같아."

"정말 중요한 부분인 것 같아. 나는 네가 없는 이곳 베를린에서는 더 살아야 할 이유가 없어. 마치 한스 삼촌이 죽은 다음 마리아 고모와 내가 더 이상 아이펠에서 살 이유가 없었던 것처럼 말이야. 용기는 사랑하는 사람과 함께할 때 생겨난다고 믿어. 혼자일 때는 이 세상을 살아갈 이유도 용기도 없어진다고 생각해."

나는 문득 민희가 남자 친구에게 아이 하나 낳아주고 가라고 했다던 말이 생각나며 눈시울이 붉어진다.

"네 말 들으니 눈물이 나려 하네. 네 말이 맞아. 사랑하는 사람이야말로 살아야 할 진정한 이유와 용기를 함께 준다고 생각해. 뉴런하우스 2호점의 님들도 우리에게 살아야 할 또 하나의 이유와 용기를 주지 않을까? 우리가 서로 진정성을 갖고서 대한다면 말이야."

"완전 동의해!"

나의 말에 한나가 고개를 끄덕인다. 나는 한나 옆자리로 가서 그녀에게 뜨거운 키스를 한다.

······

"영민, 우리 오늘 뉴런하우스 님들 줄 선물 사러 갈까?"

모처럼 갠 하늘을 보며 한나가 밝은 표정을 지으며 말한다.

"그래 좋아. 언제 다시 비가 올지 모르니 얼른 나가자."

우리는 두꺼운 외투를 챙겨 입고, 함께 집을 나선다. 버스를 타고 가며 창밖에 보이는 풍경들을 하나씩 눈에 담는다. 우리는 백화점에 들러서 이것저것 선물을 고른다.

"한나, 기분이 무척 좋아 보이네?"

"음, 님들에게 줄 선물을 생각하니 가슴이 설레."

"나도 그래. 선물을 받을 님들의 표정을 생각하면 가슴이 뛰는 것 같아."

"그렇지? 선물은 받는 사람과 주는 사람 모두를 행복하게 만드는 것 같아."

우리는 종일 발품을 팔아 선물들을 산다.

"오늘 하루로는 아무래도 부족한 것 같아. 내일 또 다른 곳으로 가 보자."

한나는 지치지도 않는지 내일 쇼핑할 목록을 떠올리며 말한다.

"그래, 그러자."

우리는 선물 보따리를 들고 백화점을 나와 근처에 있는 카페에 들러 잠시 차를 마시면서 대화를 나눈다.

"어른들 선물은 그런대로 괜찮은데 아이들 선물 고르는 것이 제일 힘든 것 같아."

한나가 웃으며 말한다.

"그건 아마 네가 아이들을 사랑하는 마음이 무척 커서 그런 게 아닐까?"

"그런 것 같아. 아이들이 기뻐하는 모습을 떠올리면 난 왠지 눈물이 나."

"네가 어렸을 때 받았던 선물 중에 가장 기억에 남는 게 뭐니?"

"……."

나의 질문에 한나가 갑자기 울컥하는 것 같다. 난 혹시 실수를 한 걸까 걱정이 된다.

"미안해, 한나. 내가 괜한 질문을 했나 봐?"

"아냐. 그렇지 않아. 물어줘서 고마워. 갑자기 한스 삼촌 생각이 나서 그랬어."

"어떤 생각이 났어?"

"한스 삼촌이 바움하우스를 다 짓고 난 다음 문에다 예쁜 손 글씨로 '한나의 집'이라고 쓴 팻말을 걸어줬어."

"특별한 선물을 받았네?"

"그랬어. 그런데 이번엔 새벽 님과 네가 우리 모두에게 멋진 바움하우스를 선물로 주는 것 같아."

"한나, 정말 멋있는 표현이야. 우리 모두가 함께 만드는 선물이 되겠지. 그런데 네게 해줄 말이 하나 있어."

"뭔데?"

"넌 내 인생에 가장 큰 선물이었어."

나의 말에 한나는 어린아이처럼 환히 웃는다.

우리는 서로 정답게 쳐다보며 함께 카페를 걸어 나온다.

부록

마음 들여다보기
작품 해설

1. 뉴런하우스_실존적 공허

겉으로 봐서는 아무런 문제가 없으며, 오히려 사회적으로 잘 적응하고 모든 걸 다 갖춘 삶을 살아가는 것처럼 보이지만, 내적으로는 공허감과 무의미, 외로움과 우울, 무력감에 빠져드는 현상이다. 오늘날 많은 현대인들이 보이는 증상으로서 참 자기로부터 소외됨으로써 생겨난다. 도시의 군중 속에 묻혀 피상적 삶을 살다가 결국 자기를 잃어버리고 정신적으로 뿌리가 뽑힌 상태가 되는 것이다. 일이나 섹스, 게임, 흡연, 폭식, 폭력, 약물, 알코올에 의지하여 공허감을 없애보려하지만, 근원적인 문제가 해결되지는 않는다.

추상적이고 기술 과학적인 사고에 함몰돼 자신을 포함하여 인간과 자연을 도구화시켜버림으로써 연결성을 상실하고 무의미와 존재 상실을 겪는다. 장기간 지속되면 정신적 에너지가 고갈되어 허무감과 공허감에 사로잡혀 수동적 나태를 보이게 된다. 생생한 삶을 살지 못하고, 현실이 안개처럼 뿌옇고 몽롱해지며, 삶이 무미건조해지면서 우울증으로 번진다. 일과 생활에 쫓길 때는 잘 못 느끼다가 사업이 실패하거나, 남편의 퇴직, 이혼, 자녀의 독립, 가족이나 친구의 죽음 등 큰 사건을 계기로 갑작스럽게 나타나며, 원인을 알 수 없어 심한 고통과 혼란에 빠진다.

뚜렷한 이유가 없는 막연한 불안처럼 경험되므로, 타인으로부터 증상을 쉽게 공감받을 수 없다. 또한 현대인들은 정도의 차이만 있을 뿐 대부분 다 겪고 있는 현상이므로 별로 문제가 되지 않는 것처럼 보인다. 하지만 무척 심각한 문제이며, 발병하면 치료가 쉽지 않다.

원인을 거슬러 올라가면 개인의 삶이 공동체로부터 소외된 채 목적 없이 표류함으로써 발생한다. 따라서 무너진 공동체를 복원하고, 그 속에서 타인들과의 유기적인 연결성을 경험하면 근원적으로 치유가 될 수 있다.

2. 첫 만남_미해결 감정

아이들이 자라는 데는 많은 것들이 필요하지만 그중에서도 가장 중요한 것이 부모의 관심과 사랑이다. 아이들은 부모의 보살핌이 없으면 물리적으로 살아남을 수 없으며, 겨우 생명을 유지한다 하더라도 결코 건강하게 자랄 수가 없다. 어릴 때 부모의 관심과 사랑을 제대로 못 받으면 그것은 미해결 감정으로 남아 평생을 두고 여러 가지 심리적 문제를 일으킨다. 성인들이 보이는 부적응 행동들은 대부분 어린 시절의 해결되지 못한 감정들로 인한 것들이다.

과장과 허세가 심한 사람은 어릴 때 다른 형제들에 비해 부모의 관심을 덜 받아 마음이 허한 사람일 수 있으며, 쉽게 화를 내는 사람은 권위적이거나 폭력적인 부모로부터 자주 상처를 받은 사람일 수 있다. 과도하게 헌신적인 사람은 부모에게 인정받기 위해 늘 자신을 희생해야만 했던 사람일 수 있으며, 자기욕구를 잘 표현하지 않는 사람은 방치되었거나 학대받았던 사람일 수 있다. 심하게 무뚝뚝한 사람은 자기감정을 드러내다 비난받거나 무시당한 사람일 수 있으며, 아무 이유 없이 자주 눈물을 흘리는 행동은 어릴 때 부모나 형제들로부터 이해받지 못한 억울한 감정이 남아서일 수 있다.

이 같이 이해하기 힘들고 때론 이상하게 느껴지는 행동들은 감정 조절이 잘 안 되어서가 아니라, 어린 시절의 중요한 감정이 해결되지 않아서 나타나는 것들이다. 미해결 감정들이 있으면 우리 마음은 그것이 해결될 때까지 끊임없이 (무의식적으로) 에너지를 투입하기 때문에 생생한 현재의 삶을 살 수가 없다. 이런 사람들은 일을 많이 하지 않아도 쉽게 지치고 에너지가 고갈되며, 때로는 힘든지도 모르고 과로하다가 큰 병을 얻기도 한다. 심리치료자는 내담자가 의식하지 못하는 이러한 미해결 감정들을 찾아내, 안전한 분위기 속에서 대화를 나누면서 이해와 수용을 받도록 이끌어주며 치유를 도울 수 있다.

3. 고향열차_고향의 상실

우리에게 고향은 어떤 의미일까? 도시에서 자란 사람들에게 고향은 확실히 시골에서 자란 사람들에 비해 특별한 느낌이 덜한 것은 사실인 듯하다. 특히 요즘 세대에게는 고향이란 개념 자체가 상당히 낯설고 막연한 느낌으로 변해가고 있다. 하지만 그렇다고 해서 고향이 갖는 원초적 의미가 사라지는 것은 아니다. 고향에 대한 애틋한 감정을 느끼는 사람에게든, 느끼지 못하는 사람에게든 고향은 필요하다. 부모에 대한 애정을 느끼는 사람이나 느끼지 못하는 사람이나 모두 부모의 애정을 필요로 하는 것과 같은 이치다.

고향은 우리의 존재가 생겨난 뿌리이며 요람이다. 우리가 고향을 그리워하며 고향을 찾는 것은 동물들이 보여주는 귀소본능과 같은 것이다. 만일 고향에 돌아갈 수 없게 되면 우리 정신(영혼)은 병이 들고 만다. 고향의 본질은 우리 존재를 사랑으로 키워주고 품어주었던 운명 공동체에 대한 그리움이다. 고향의 요소로는 고향이 있었던 장소, 유년기라는 시간, 그리고 공동체, 즉 함께 시간을 보냈던 사람들을 들 수 있다. 우리가 그리워하는 (그리고 필요로 하는) 고향의 핵심은 그중에서도 공동체다. 우리의 존재를 품어주고 키워줬던 것이 바로 공동체였기 때문이다.

독일의 실존철학자 하이데거는 현대를 '고향상실'의 시대라고 말했다. 돌아갈 고향이 없어짐으로써 우리 영혼이 희망을 잃고 어둠 속에서 방황하고 있다고 그는 말했다. 고향은 우리의 지친 영혼이 휴식을 취하며 다시 기운을 차리는 존재의 안식처다. 가족 공동체가 파괴

되어 돌아갈 고향을 잃어버린 현대인들은 둥지를 잃은 새가 하늘을 떠도는 것처럼 외로움과 불안, 절망 속에서 살아가고 있다. 오늘날 우리 모두에게 진정으로 필요한 것은 물질적 성공과 권력이 아니라, 함께 대화를 나누면서 서로 아껴주고 보듬어주며 사는 마음의 고향인 공동체다.

4. 껍질_방어

아이들은 상처를 받으면 외부의 침입으로부터 자기를 보호하기 위해 방어막을 구축한다. 어른들의 간섭이나 비난, 폭력을 막아줄 갑옷을 입거나 가면을 쓰기도 하고, 아예 벽을 쌓아 아무도 못 들어오게 만들기도 한다. 벽을 쌓는 의도는 다시 상처받지 않으려는 것이다. 그런데 벽은 외부의 공격을 막아주지만, 동시에 그 안에 있는 사람을 고립시키기도 한다. 사람은 살면서 누구나 타인의 도움을 필요로 한다. 그러나 벽속에 자신을 가두어버리면 일시적으로는 안전할지 모르지만 외부와 단절됨으로써 결국에는 심각한 심리적 문제를 일으키고 만다.

아이가 어린 시절 양육자로부터 상처를 받으면 내면에서 불신이 자라며 세상을 위험한 것으로 인식하게 된다. 상처가 심할수록, 자주 받았을수록 아이는 더욱 두꺼운 벽을 만든다. 어른이 되어도, 환경이 우호적으로 바뀌어도, 한번 만들어진 벽은 좀처럼 사라지지 않는다.

아이의 내면에서는 말한다.

"세상은 위험한 곳이야." "조금만 방심하면 내게 상처 줄 거야."

"아무도 믿어서는 안 돼!" "얕보이면 안 돼!" "강해야만 살아남을 수 있어." "경쟁해서 이겨야만 해!"

벽은 세상에 대해서만이 아니라, 자기 자신에 대해서도 부정적으로 말한다.

"넌 지금의 모습으로는 사랑받을 수 없어." "다른 사람에게 맞춰야만 해!" "넌 왜 그것밖에 안 되니?" "넌 틀렸어!" "아무도 널 좋아하지 않을 거야."

벽이 이렇게 말하는 목적도 자기 자신을 보호하기 위한 것이다. 하지만 이런 내면의 목소리는 자신을 점점 약하게, 세상은 점점 위험하게 보도록 만들고 벽을 더욱 두껍게 쌓게 한다.

하지만 벽은 인체의 세포막처럼 외부의 해로운 영향은 막되, 필요한 영양분은 통과할 수 있게 반투과적이어야 한다. 벽은 단절이 아니라 소통과 접촉을 가능하게 해줄 때 의미가 있다.

자신이 벽을 쌓고 있는 줄도 모르고 사는 사람들이 참 많다. 외롭다고 호소하는 사람, 모두가 자기를 싫어한다고 생각하는 사람, 아무도 믿을 수 없다고 의심하는 사람, 세상이 무서운 곳이라고 말하는 사람, 차라리 혼자 사는 것이 편하다고 믿는 사람…… 모두 스스로 벽을 쌓고 있지 않은지 돌아볼 필요가 있다.

5. 트라우마_오해

살면서 누구나 가장 받고 싶은 것은 이해고, 가장 받기 싫은 것은 오해일 것이다. 이해는 상처를 치유하지만, 오해는 상처를 입히기 때문이다. 우리는 살면서 이해받는 경험은 너무 적고, 오해받는 경험은 너무나 많다. 오해는 대부분 과거에 받은 상처로 인해 생겨난다. 예컨대 부모로부터 거부당한 경험이 있는 사람은 다른 사람도 자기를 거부할 거라 예단하여, 상대를 피하거나 자기가 먼저 상대방을 거부해버리는 경향이 있다.

오해는 나의 진심을 왜곡당하는, 내가 있는 그대로 받아들여지지 않는 억울한 경험이다. 오해를 받으면 신뢰가 깨어져 세상이 더 이상 안전하게 느껴지지 않는다. 그것이 상처다. 상처를 받으면 화가 나고 복수하고 싶어진다. 아니면 세상이 무서워져 숨어 살게 된다. 어느 경우든 상처는 아픔과 단절을 초래한다.

오해는 반드시 악의에 의해서만 생겨나지는 않는다. 상대방의 행동이나 욕구 혹은 의도 등을 (확인하지 않은 채) 자기 기준에 의해 판단해버림으로써도 생겨날 수 있다. 그런 경우에도 오해를 받은 사람은 마찬가지로 (때로는 더 심하게) 상처를 입을 수 있다.

누군가(부모나 애인)가 당신이 싫다고 말하는데도 그 말을 무시하고 계속 무언가를 해주려고 한다. 그것이 상처가 된다고 말해도 "이게 다 너를 위한 거다." "나는 선의로 하는 행동이다."라며 막무가내로 밀어붙인다면 당신은 절망을 느낄 것이다.

이해하지 못하면 오해하게 되고, 오해는 상처를 입히므로 타인을 잘 이해하는 것은 중요하다. 뿐만 아니라 타인을 이해하는 기술은 나 자신에게도 많은 도움이 된다. 상대를 이해하는 데 필요한 마음자세나 기술이 나를 이해하는 데도 동일하게 사용될 것이기 때문이다.

인생에서 큰 비극은 남이 나를 오해하는 것보다 내가 나를 오해해서 생기는 경우가 더 많다. 많은 심리적 문제가 내가 나를 오해함으로써 생겨난다. 대표적인 예로 "나는 쓸모없는 인간이야." "나는 이기적인 인간이야." "나는 좋은 사람이 아니야." "나는 어딘가 잘못됐어." 같은 말들이 아픈 오해다. 이 같은 자기 부정들이 내면을 지배하게 되면 끊임없이 마음의 상처를 입힌다.

나를 있는 그대로 소중하게 여기지 않고, 귀한 존재로 보지 않는 내면의 소음들은, 보통은 어린 시절 부모로부터 받은 오해에서 자라난다. 하지만 늦게라도 내가 나를 바로 이해함으로써 악순환의 고리를 끊을 수 있다.

6. 창문 닦기_방어와 자기이해

자기를 바로 이해하기는 참으로 어렵다. 하지만 살면서 해야 할 가장 중요한 과정 중 하나다. 왜냐하면 나를 바로 이해해야 스스로를 잘 보살필 수 있고, 부족한 부분을 채워나갈 수 있기 때문이다. 자기를 바로 이해하지 못하는 사람은 자식이나 타인도 바로 이해하기 어렵다. 자신을 보는 눈과 타인을 보는 눈이 동일하기 때문이다.

올바른 자기이해란 자신이 느끼는 감정을 왜곡하지 않고, 있는 그대로 아는 것부터 시작하여 자신의 사고방식, 행동방식, 대인관계 방식, 가치관, 신앙관 등을 객관적인 시각에서 보는 것이다. 하지만 자기 자신을 바로 보지 못하는 사람들이 많다. 자기를 바로 보지 못하는 가장 주된 원인은 방어 때문이다. 방어는 성장 과정에서 자연스럽게 욕구를 해결하지 못했을 때 생겨난다. 예컨대 슬픔이나 분노 같은 감정이 받아들여지지 않거나 제지당했던 사람은, 이런 감정을 인식하면 고통스러울 것 같아서 이를 억누르거나 부정해버리는 식이다.

방어는 건강한 사람에게도 일어나는 일이며 순기능도 있다. 하지만 자기도 모르게 습관적이고 지속적으로 방어를 하다 보면 필요할 때도 자신을 보살필 수가 없게 된다. 방어는 현실에 대해 눈감는 행동이기 때문이다. 과거의 경험을 바탕으로 (현실은 보지 않고) 현실을 지나치게 위험하게 보고, 자신의 대응능력은 지나치게 낮게 평가함으로써, 현실에 맞지 않는 반응을 반복적으로 하는 것이다.

그런데 현실은 매순간 끊임없이 변화한다. 이런 변화하는 현실은 우리에게 기회가 되고 축복이 되기도 한다. 하지만 방어로 인해 눈을 감아버린다면 매순간 새롭게 주어지는 선물을 외면하는 것이다. 다행히 우리는 자신의 방어 행동을 알아차릴 수 있다. 방어 행동을 알아차리면 방어를 멈추고 자기를 바로 볼 수 있으며, 필요한 행동을 취할 수 있다. 따라서 나의 사고방식이나 행동방식, 대인관계방식, 가치관, 신앙관 등이 과거의 트라우마를 방어하는 방식으로 작동하고 있지 않은지 점검해 보는 것이 올바른 자기이해의 출발이 된다.

7. 빈 의자_폭력

모든 심리적 문제의 기원은 폭력이다. 폭력은 우리의 영혼에 가해지는 치명타다. 폭력을 당한 영혼은 존재가 뿌리째 흔들리는 경험을 한다. 지축이 흔들리며 정체성이 무너지는 혼란을 겪는다. 더 이상 자신의 존엄성을 지킬 수 없다고 느끼면 죽고 싶은 마음까지도 들 수 있다. 가해자에게 복수하고 싶을 때도 있다. 하지만 가해자가 자기보다 강할 때는 무력감을 느끼며 절망으로 빠져든다. 나약한 자신을 수치스럽게 여기고, 사람들 앞에 나서는 것을 두려워하게 되며, 자신감을 상실한다. 나중에는 자신이 누군지도 모르는 혼란의 늪에 빠져들 수도 있다.

폭력은 다양한 형태로 존재한다. 신체적 폭력, 언어적 폭력, 비언어적 폭력이 있다. 개인 또는 집단이 한 개인이나 집단에게 폭력을 가할 수 있으며, 국가나 단체가 특정 부류의 사람들에게 차별을 가하는 것도 폭력이다. 적극적으로 가해 행위를 하는 폭력도 있지만, 필요한 것을 주지 않는 소극적 폭력도 있다. 악의를 갖고 하는 폭력도 있지만 선의를 앞세운 폭력도 있다. 자녀의 의지에 반해 자기 마음대로 옷을 사 입히는 엄마, 자신의 정치적 견해에 동조하라고 강요하는 아버지가 그 예다.

폭력의 형태는 수도 없이 많지만, 본질은 하나다. 타인의 의지에 반해 행동하는 것이다. 폭력이 행사될 때 당하는 상대방의 존재는 사라지고, 가해자의 의지가 그 중심에 선다.

빈 의자에 폭력의 가해자를 불러와서 그를 대면할 수 있다. 치료자나 집단원들의 지지를 받으며 가해자에게 못했던 말을 하면서 미해결 감정을 해결할 수 있다. 상처받은 영혼이 가해자에게 자신의 입장을 당당하게 말함으로써 수치심과 두려움에서 벗어나 자기를 다시 세울 수 있다.

빈 의자 대화는 비폭력적으로 진행되며 그 과정에서 용서와 화해가 이뤄질 수도 있다. 종종 상처를 입 밖으로 표현하는 것만으로도 치유가 일어나기도 한다. 폭력의 피해자에게는 아무 잘못이 없고, 그의 상처는 마땅히 위로받아야 한다. 빈 의자 작업을 통해 치료자나 집단원들로부터 자신의 아픔과 눈물을 이해받고 수용받으면서 치유가 일어난다.

8. 상전과 하인_ 내면의 갈등

우리의 마음속에는 항상 두 개의 상반된 목소리가 있어 어떤 의사결정을 할 때 서로 의논하여 (때로는 싸우거나 논쟁하여) 행동을 정한다. 게슈탈트 심리치료에서는 이 목소리들을 각각 '상전top dog'과 '하인under dog'이라고 부른다. 상전은 개인이 자신의 부모나 사회의 행동규범을 내면화시킨 것이며, 하인은 타고난 자신의 욕구를 가리킨다. 대체로 상전은 하인의 행동을 억압하거나 통제하려는 경향이 있는데, 상전의 목소리가 지나치게 강하면 심리적 문제가 발생한다.

우리가 일상적으로 겪는 심리적 갈등은 대부분 상전과 하인의 대립으로 설명할 수 있다. 상전은 자라난 가정의 분위기나 사회적 환경에 따라 저마다 다르게 형성되며, 또한 개인이 겪은 트라우마에 의해서도 생겨날 수 있다.

가혹한 상전의 목소리는 열악한 어린 시절 환경이나 트라우마에 의해 생겨나는데, 한때는 현실에 적응하는 데 도움이 되었을 수 있으나 지금에 와서는 심리적 문제를 일으킨다. 달라진 현실을 감안하지 않고 계속 과거에만 머물고 있기 때문이다. 예컨대 부모로부터 자신의 의견이나 욕구를 수용받지 못하던 사람은 "내 의견이나 욕구는 중요하지 않아. 다른 사람에게 맞춰야 해!"라는 상전의 목소리가 생긴다. 또 실수를 용납하지 않는 부모 밑에서 자란 사람에게는 "완벽하지 않으면 무가치한 인간이야."라는 가혹한 상전의 목소리가 생겨난다.

상전의 목소리는 자기 자신뿐만 아니라 다른 사람들을 평가하는 데도 적용되므로 종종 대인 갈등을 일으킨다. 상전의 목소리는 무의식적이며, 시간을 초월해서 작동한다. 대부분의 심리적 갈등은 지나치게 강한 상전의 목소리로 인해 발생한다.

사람들은 자신 속에 상전과 하인의 목소리가 있다는 것을 잘 모르곤 한다. 심리치료 중에는 이 목소리들을 자각시켜주고 그 목소리가 어디서 왔는지를 밝혀낸다. 지나치게 강한 상전의 목소리를 완화시켜주고, 제 목소리를 내지 못하고 있는 하인의 목소리는 북돋아 키워준다.

9. 너에게 말하기_만남의 순간

우리는 많은 사람들을 만나지만 진정한 만남은 드물다. 우리가 정말 원하는 건 진정한 만남일 텐데, 그것이 그토록 어려운 까닭은 무엇인가? 물론 시간과 공간의 제약으로 모든 사람들과 깊이 있게 만나기는 불가능할 것이다. 문제는 가까운 사람들, 항상 만나는 사람들과의 사이에 진정한 만남이 없다는 데 있다. 표피적 만남은 우리에게 그 만남의 의미가 무엇인지 자문하게 만든다. 함께 다니는 친구, 연인, 함께 사는 부부나 가족 사이에서 이런 의문이 든다면 그것은 분명히 진정한 만남을 경험하지 못하기 때문일 것이다.

진정한 만남이 없는 관계에서 우리는 떠들썩한 흥분이나 북적거림, 그럴싸한 말의 잔치, 재치 있는 유머, 훈훈한 덕담과 도움이 되는 정보의 공유는 있겠으나 진정한 관심과 이해, 깊은 연결성을 경험할 수는 없다. 오히려 모두가 즐겁게 웃고 떠들며 어울리는 가운데 단절감과 외로움을 경험할 수 있다. 마음과 마음이 통하고, 영혼과 영혼이 연결된 깊은 교감이 결여된 표피적 만남에서 우리는 영혼의 휴식과 다시 태어남을 경험할 수 없다.

만남은 나와 너의 존재가 연결되는 경험이다. 껍질을 벗어버리고 있는 그대로의 '나와 너'가 서로를 있는 그대로 온전히 수용하면서 반가움과 기쁨으로 만나는 경험이다. 온갖 편견과 평가를 내려놓고, 오롯이 존재 자체를 만나는 것이다.

진정한 만남을 원하지만 그것을 경험하지 못하는 이유는 두려움 때문이다. 어린 아이 시절에 받은 상처들 때문이다. 자기를 온전히 보여주었지만 어른들이 받아주지 않고 '등 돌린 사건'들 때문이다. 다시 상처받지 않기 위해 아이들은 껍질을 쓰고 그 속에 자신을 가두어버린다.

다시 어린 아이로 돌아가지 않으면 안 된다. 다시 상처를 받더라도 결코 포기해서는 안 된다. 진정한 만남의 순간에 치유와 구원이 발생하기 때문이다. '너에게 말하기'는 껍질을 벗어버리고 알몸으로 만나는 대화다. 차가운 머리가 아니라 뜨거운 가슴으로 만나는 대화다.

10. 파도타기_가족의 의미

가족은 생명의 산실이고 요람이며, 험한 풍랑을 헤쳐 안전하게 목적지까지 태워다주는 배다. 가족이 없으면 생명이 태어날 수 없으며, 태어난 생명을 키워낼 수도 없다. 가족이 없으면 험한 세파를 견디어 살아남기가 어렵다. 가족은 사랑의 공동체다. 조건 없는 사랑으로 보듬어주고 살펴주는 영원한 안식처다.

아이에게 부모는 절대적인 존재다. 사랑스럽게 미소지어주는 부모의 눈빛을 보고 아이는 자신이 소중한 존재라는 걸 깨닫는다. 넘어져서 울 때, 일으켜 세워주고 위로해주는 부모의 목소리를 들으며 아이는 세상에 자기 혼자가 아니란 걸 느낀다. 친구와 다툰 이야기를 들은 어머니의 "속상했겠다."라는 말 한마디에 맺혔던 응어리가 스르르 풀리며 다시 털고 일어서는 곳도 가족이다.

하지만 부모가 건강하지 않아 아이에게 든든한 울타리가 되어주지 못하는 경우도 많다. 아이 앞에서 부부싸움을 하는 부모, 자기 것을 먼저 챙기는 부모, 아이에게 자기 고민을 하소연하는 부모, 자기 미해결 감정을 투사하는 부모, 무책임한 부모, 비겁한 부모, 아이에게 의지하는 부모, 권위적이거나 폭력적인 부모, 과잉보호하는 부모 등 목록은 끝이 없다. 그렇게 부모가 제 역할을 못할 때, 아이들은 자신을 희생해서라도 가족을 지키려고 애쓴다. 가족은 포기할 수 없는 존재의 기반이기 때문이다.

아이들은 자신의 존재를 억압하고, 부정하면서까지 가족을 구하기 위해 필사적 노력을 한다. 어떤 아이들은 참다못해 가출을 하며, 어떤 아이들은 절망에 빠져 자살을 하기도 한다. 하지만 어느 경우든 아이들은 깊은 내면에서 결코 가족을 포기하지 않는다. 가족은 자신의 존재와 분리할 수 없는 공동체이기 때문이다.

우리가 가족으로부터 분리될 수 없는 존재이듯이 가족 또한 사회라는 더 큰 공동체 없이는 존립할 수 없다. 병든 사회는 가족들을 제대로 보살펴줄 수 없다. 사회가 병들면 수많은 사람들이 희생과 아픔을 감수하며 사회를 살리려고 한다. 가족과 마찬가지로 사회는 우리 존재의 울타리이기 때문이다.

11. 꿈 작업_꿈의 의미

꿈은 우리 마음의 엑스레이 사진이다. 우리의 무의식에 있는 내용들까지 다 보여주는 적나라한 보고서다. 우리가 어떤 욕구를 가졌는지,

어떤 감정을 느끼는지, 어떤 생각을 하는지 모두 꿈속에 담겨 있다. 최근의 상황뿐만 아니라 아주 어린 시절까지 중요했던 경험들은 모두 보여준다. 해결되지 않은 사건이나 좌절된 욕구는 꿈의 중요한 모티브가 된다. 특히 반복되는 꿈은 우리 삶의 중요한 주제를 암시한다. 꿈은 암호문과 같아서 때로는 어떤 의미인지 좀처럼 이해되지 않는다. 어떤 꿈은 우리에게 일어날 일을 미리 예견해서 보여주기도 한다.

꿈은 뛰어난 예술작품이다. 우리의 상상력을 초월하는 아주 아름다운 혹은 너무나 끔찍한 장면을 연출해내기도 한다. 때로는 온몸을 전율케 하는 공포를, 때로는 잃어버렸던 유년기의 지순한 정서를, 때로는 폐허와 같은 쓸쓸한 풍경을, 때로는 야생화가 만발한 아름다운 초원을 보여준다. 어떤 꿈은 한없이 지루하거나 생동감이 없고, 어떤 꿈은 무겁고 질펀거리며, 어떤 꿈은 잔치집처럼 떠들썩하고 흥겹다. 어두운 골목길에서 치한을 만나거나 천길 낭떠러지에 대롱대롱 매달리는 악몽이 있는가 하면, 돌아가신 부모님이 나타나서 환히 웃어주시는 꿈도 있다.

꿈은 저 깊은 곳으로부터 내 존재가 내게 보내오는 영상편지다. 꿈은 항상 실존적 메시지를 담고 있다. '나는 길을 잃었어요.' '그때로 돌아가고 싶어요.' '밖으로 나가고 싶어요.' '중요한 것을 잃어버렸어요.' '아직 갈 길이 멀었어요.' '이 부분도 살펴봐주세요.' 등의 말이다.

우리는 이런 메시지들을 무시할 수도 있고, 듣기 싫어 귀를 틀어막을 수도 있다. 하지만 꿈은 우리가 알아들을 때까지 계속 메시지를 보내온다. 꿈이 들려주는 메시지에 귀 기울일 때, 꿈은 우리에게 많은 것을 알려준다. 꿈 작업은 꿈과 대화를 하면서 꿈이 전하는 메시지를 듣는 방법이다. 꿈의 각 요소들은 모두 우리의 분신들이다. 그것들이 되어봄으로써 그것이 전하고자 하는 메시지를 깨달을 수 있다.

12. 사건들_ 자해

폭력은 타인에게뿐 아니라 자기 자신에게도 행해질 수 있다. 자해는 자신에게 가하는 폭력이다. 자해의 기원은 타인에게 당한 폭력으로부터 시작된다. 폭력을 당하면 피해자는 가해자에게 분노를 느끼고, 복수를 하고 싶어진다. 하지만 상대방이 너무 강하거나 혹은 반대로 너무 약하면 피해자는 그에게 분노를 표출하기가 어렵다. 그렇게 되면 대개 분노는 자기 자신에게로 향한다. 즉 분노감정을 자기 비난이나 자책, 또는 신체에 자해하는 방식으로 해결한다. 가장 극단적인 경우가 자살이다.

자해하는 과정에서 타인을 공격할 때와 마찬가지로 묘한 쾌감을 느끼는 경우도 있다. 칼로 자신의 손목을 긋고 뿜어져 나오는 피를 보며 '살아 있는 느낌'을 받았다고 보고하는 사람도 있다. 만성적으로 자기학대를 하다 보면 자기 자신을 잘 못 느끼는 상태에 이르는 데, 그때 나타나는 이상심리다.

어떤 안 좋은 일이 생겼을 때 그 원인을 자신에게서 찾는 반성과 자책도 자해의 가벼운 형태 중 하나다. 이는 아주 어린 아이들도 본능적으로 하는 행동으로서 어느 정도까지는 자연스럽고, 자기성장에 도움이 되기도 한다. 하지만 자기 잘못이 아닌 경우에도 습관적으로 자책을 하며 죄책감에 빠지는 것은 정신건강에 해롭다.

심한 죄책감과 자해행동은 대부분 성장과정에서 부당하게 비난을 받거나 심한 학대를 받은 사람들에게서 나타난다. 지속적으로 신체적, 언어적, 비언어적 폭력을 경험한 사람, 애정을 거부당한 사람, 차별이나 격리, 소외를 경험한 사람들이 그 예다. 이런 사람들은 정서적으로 매우 불안정하며, 자기 자신을 잘 보호하지 못하여 우울증을 앓는다. 지적 능력과 상관없이 자기 정당성을 유지하기 어려워하고, 자기주장을 잘 못한다. 이들은 친한 친구가 없이 혼자 고립되어 있는 경우가 많다. 자해를 멈추기 위해서는 심리치료와 더불어 주변의 따뜻한 관심과 지지, 사랑이 필요하다.

13. 꽃밭에서_ 예술과 심리치료

예술은 우리 영혼의 자기표현이다. 슬픔과 아픔, 기쁨과 환희, 즐거움과 고통, 분노와 우울, 외로움과 절망, 불안과 공포, 수치심과 죄책감을 그림이나 조각으로 표현할 수도 있고, 노래나 악기 연주로 표현할수도 있다. 몸동작이나 춤으로, 연극이나 영화로, 시나 소설, 수필 등문학작품으로도 표현할 수 있다. 예술은 우리의 정서를 여러 다양한매체로 표현할 수 있게 해줌으로써 치유를 가져다준다. 정서는 밖으로 표현됨으로써 마음속에 미해결 감정으로 남지 않고 치유될 수 있다. 이렇게 표현된 정서를 공감해주고 지지해주는 관중(또는 청중)이있으면 더욱 깊이 있는 치유가 일어난다.

심리치료에서의 예술 활동은 일반 예술 활동과는 달리 예술가와 관중이 서로 분리가 되지 않는다. 모두가 예술가이면서 또한 관중이 된다. 예술가와 관중은 서로 대화를 나누면서, 서로의 작품을 깊이 있게 만난다. 때로는 예술가와 관중이 직접 작품의 한 부분이 되어봄으로써 작품이 스스로 말하게 할 수도 있다. 그래서 작품과 예술가와 관중이 서로 분리되지 않고, 상호 위치 바꿈을 하면서 깊은 소통을 이루어낸다. 이 과정을 통해 서로 잘 몰랐던 사람들 간에 (그리고 자기 자신과도) 깊은 접촉과 만남이 이루어지면서 모두가 새롭게 태어나는 존재 부활의 경험을 한다.

예술은 존재의 표현이며 존재 간의 대화이자 존재들의 축제다. 그림을 잘 그리거나 노래를 잘 부르거나 악기 연주를 잘 하거나 글을 잘 써야만 예술가가 되는 것은 아니다. 예술은 기교나 기술이 아니기 때문이다. 예술은 영혼의 자기표현이다. 우리 모두가 태어날 때부터 예술가다. 우리 속의 잠자는 예술가를 깨워서 그림으로, 조각으로, 음악으로, 동작으로, 춤으로, 연극으로, 글쓰기로 자기를 표현하도록 격려해야 한다. 이 과정에서 영혼은 기지개를 켜고 하늘을 마음껏 날아다니게 된다. 자신과 타인을 만나며 축제를 벌이게 된다.

14. 그리움_ 눈물의 의미

눈물은 그리운 마음이다. 상처받은 마음이 자신의 이야기에 고개 끄덕여주고, 공감해주고, 안아줄 대상이 그리워 몸 밖까지 마중 나온 것이다. 어머니가 어디까지 오셨나? 가장 빨리 볼 수 있는 곳, 눈의 가장자리까지 나왔다가 그만 데구르르 굴러 떨어지는 마음이다. 고개 넘어 장사하러 갔던 엄마가 밤중에 돌아오시는 걸 보고 달려가 와락 안기는 아이의 눈물, 억울한 일을 당해 사람들에게 하소연하는 사람의 눈물, 새끼 잃은 소가 슬피 우는 눈물은 모두 보는 사람으로 하여금 함께 눈물을 흘리게 만든다. 공감의 눈물은 상처받은 사람의 마음을 치유해준다.

눈물은 그리움과 반가움, 억울하고 속상한 마음을 사람들에게 알리는 몸짓이다. 안아주고 달래주며, 눈물 닦아줄 사람을 찾는 부르짖음이고, 몸부림이다. 큰 소리로 울수록, 오랫동안 울수록, 많은 사람들이 보는 앞에서 울수록, 슬픈 마음은 더 잘 전달되고, 더 깊은 치유를 가져다준다. 옛날에는 부모가 돌아가시면 무덤 옆에 움막을 짓고 3년을 애도했다. 오늘날은 장례식장에서 우는 사람이 드물다. 심리치료에 와서도 울지 않는 사람이 많다. 남자들이 더욱 그렇다.

요즘 사람들은 왜 울지 않는 것일까? 눈물을 흘리는 것은 약한 모습이며, 창피한 일이라 생각하기 때문이다. 그래서 힘들고 외로워도, 상처받아 아파도, 꾹꾹 참고 혼자 삭인다. 굳이 약한 모습을 보여 동정받을 필요가 없다고 생각한다. 하지만 사람의 감정은 혼자 해결할 수 있는 것이 아니다. 감정은 인간관계에 문제가 발생할 때 생겨나는데, 이는 인간관계 속에서만 해소될 수 있다. 슬픈 감정은 드러냄으로써 서로의 관계를 가깝게 해주며, 외로움은 표현함으로써 단절되었던 관계를 연결시켜준다. 눈물은 우리의 속마음을 타인에게 보여주는 행위다. 눈물을 보이는 것은 약한 모습을 드러내는 것이 아니라,

상대방에 대한 나의 신뢰를 보여주는 용기 있는 행동이다.

15. 선물_ 사물과의 관계

매일 자고 나면 새로운 기술이 개발되었다는 뉴스가 일상이 되어버린 현대인들에게 사물들은 그저 이용 대상일 뿐, 사물의 존재에 대한 물음은 낯설기만 하다. 사물에게 존재가 있다는 생각이 생경하게 들리는 만큼 사물과 인간의 관계에 대한 이야기는 더욱 멀게 느껴진다. 인간마저 도구로 전락해버린 오늘날 존재상실의 시대에 이는 전혀 놀랄 일이 아니다.

하지만 사물들은 우리와 무관하게 우리 외부에 그저 덩그러니 놓여 있는 것이 아니다. 하늘과 땅, 숲과 계곡, 강과 들녘은 눈에 보이지 않지만 항상 우리와 함께 숨 쉬며 운명을 같이 하고 있다. 서로 의지하고 보살피며 친밀한 관계로서 존재하고 있다. 그것들은 우리에게 자신들의 존재를 온전히 드러내 보여주지 않지만, 우리 인식의 범위를 넘어서는 신비의 영역에 신과 함께 거주하고 있다.

인간이 만든 도구들도 존재가 있다. 아빠가 사준 빨간 구두, 이모가 사준 머리핀, 남자친구가 선물해준 귀걸이는 그저 생명이 없는 물건이 아니다. 거기에는 만든 사람, 선물해준 사람의 마음이 들어 있으며, 그 사람들과의 추억이 깃들어 있다. 그런 것들을 삭제해버린다면 삶은 얼마나 공허한가? 지금은 다시 볼 수 없는 고향집 툇마루, 재봉틀, 우물을 추억하며 그 사물들의 존재에 감사하며 눈물짓는 사람의

심정을 우리는 공감할 수 있지 않은가? 부러진 바늘을 애도하며 조침
문을 쓴 옛 사람의 사물을 아끼고, 보살피고, 지극히 공경하는 마음을
돌아보며, 사물들과 인간이 함께 서로 아끼고 보살피며 공존하는 공
동체를 꿈꿔본다.

현대 실존철학의 안경으로 작품 읽기

강학순 (안양대학교, 철학교수)

게슈탈트Gestalt 심리치료 분야에서 최고의 권위를 지닌 학자이며 심리치료 현장에서 수많은 개인 및 집단치료를 해온 심리학 교수가 이번에 현장성을 바탕으로 한 흥미로운 심리치료 소설을 출간한다. 이는 경이로운 사건이 아닐 수 없다. 작가의 자화상인 나그네 김영민의 실존적 고뇌와 방황은 우리 시대의 근원적 문제에 연결되어 있다. 이 작품은 개인의 실존적 경험과 생생한 임상치료의 사례들이 담겨 있는 팩션faction이며, 실제 일어난 사실이나 실존인물의 이야기에 작가의 눈부신 상상력이 가미되어 창작되었다. 이 작품에서는 한국과 독일을 오가는 '나그네homo viator'로서 김영민의 도저到底한 진실과 사랑에의 갈구를 역동적으로 보여주고 있다. 무엇보다 여기에는 작가의 지칠 줄 모르는 탐구정신과 사람에 대한 '순진무구한 사랑' 그리고 유년기로부터 길어 올린 신산辛酸한 삶의 체험과 번쩍이는 문학적 상상력이 반영되어 있다. 이 소설의 배경에는 현대 실존철학 중에서 부버의 '관계의 철학'과 하이데거의 '귀향의 철학'이 짙게 스며 있다. 이 해설을 통해 독자들이 철학과 심리학을 전공한 작가가 창작한 유니크한 소설의 본령에 도달할 수 있도록 길안내를 하고자 한다.

관계의 철학: 나는 너로 인해 나가 된다

유태인 랍비 철학자 부버M. Buber는 주저인 『나와 너Ich und Du』에서 인간의 관계를 '나-그것I-it' 관계와 '나-너I-thou' 관계로 구분한다. 전자는 상대방을 비인격적 사물로 대하는 도구적 관계이고, 후자는 상대방을 인격으로 대하는 '만남의 관계'이다. 1인칭인 '나'가 3인칭인 그와 인격적 관계를 맺을 때, 비로소 '너'라는 2인칭이 탄생한다. 중요한 사실은 '나'가 있어 '우리의 존재'가 생기는 것이 아니고, 오히려 '우리'가 있어 비로소 진정한 '나'와 '너'의 존재가 탄생한다는 것이다. 이처럼 독립적인 주체인 나와 너에 앞서 "태초에 관계가 있었다." 는 사실에 부버는 주목한다. '나 자체'란 없으며, 오직 근원어 '나와 너'가 먼저 존재한다. 그는 "나는 너로 인해 나가 되며, 나가 되면서 너라고 말한다."고 말한다. 우리는 나와 너의 만남을 통해 각자의 존재 의미와 가치를 발견하고, 서로에게 말을 걸고 소통할 수 있게 된다. 나는 독립변수가 아니다. '나-너'의 관계가 먼저 있고, 그 속에서 '나와 너'가 종속변수로 탄생한다고 그는 말한다.

이 소설의 나그네 김영민은 동시대 우리 자신의 얼굴이요 초상肖

像이다. 우리는 모두 진정한 나도 너도 잃어버렸다. 왜냐하면 우리는 근원적인 '나와 너'의 관계를 상실하고 망각하고 있기 때문이다. 우리는 서로를 이해하지 못하고, 아무런 관계도 맺지 못하고 타인으로 쓸쓸히 단지 거기에 '던져져' 있다. 어떤 것의 소중함은 오직 그것과 맺고 있는 관계에 의해 생겨난다. 사람 사이의 관계맺음이 모든 존재이해의 근본조건이다. 시도 때도 없이 마음 깊은 곳에서 마그마처럼 분출되는 '너'에 대한 그리움이 그를 사로잡아 걷잡을 수 없는 마음의 병이 된다.

이 소설은 나그네 김영민의 이런 근원적 관계상실에서 비롯된 형이상학적 향수병을 실마리로 하여 '나와 너'의 만남이 없는 '실존적 공허'에 빠진 작가 자신과 동시대인들을 향한 반성과 회심을 촉구하는 내면적 몸부림과 절규인 동시에 그것을 치유할 수 있는 희망의 메시지를 담고 있다.

오늘날 자본주의 체제는 소유에 대한 집착과 권력적 지배를 통해 모든 존재를 사물화하고 수단화한다. 인간과 사물의 관계에서만이 아니라, 인간관계까지도 '나-그것'의 관계로 전락시킨다. 이것이 현대 문명의 부조리이며 비극임을 실존철학은 이야기한다. 존재는 타인들과 단절된 고독에서가 아니라, 타인들과의 관계를 통해서만 자신을 드러낸다. 나의 존재를 인정해줄 너, 너의 존재를 인정해줄 나, '우리'라고 부를 수 있는 상호관계의 공동체 안에서만 존재는 의미와 가치를 드러낸다. 삶의 의미는 우리가 맺는 '서로 진정성을 갖고 말하는 관계', 즉 '너에게 말하기'를 통해 생겨난다. 부버에 의하면 '내가 존재한다는 것Ich sein'과 '내가 말한다는 것Ich sprechen'은 동일한 것이다. 사람은 '진정한 말하기'를 통해 비로소 인간다운 인간이 될 수 있다. 인간은 참되게 소통하는 관계 안에서 비로소 존재 의미와 가치를 실현한다.

부버의 '관계와 공존의 철학'은 마르셀G. Marcel에게서 더욱 구체화된다. 그의 『여행하는 인간』에 따르면 "인간이 인간이기 위해서는 가족적이어야 한다."고 한다. 가족이란 순수한 의미로서 '우리'라고 부를 수 있는 공동체이다. 그는 가족을 '시원적 우리' 또는 '원형적 우리'라고 부른다. 이 사랑의 공동체 안에서 가족 구성원들의 존재가 드러나며, 그것을 통해서 사람은 비로소 사람다워진다. 내가 있어야 가족이 있는 것이 아니라, 가족이 있어서 내가 있다. 가족은 존재의 화신이자 신비이며, 긍지의 산실이다. 우리는 지식이나 업적을 통해서가 아니라, 우리를 무조건적으로 수용하는 가족의 사랑 속에서 존재 의미와 가치를 느끼게 된다. 우리가 상실하고 있는 가족의 근본정서는 '너의 있음'을 그 자체로 기뻐하면서 너의 고통을 나의 고통으로 인식하는 진실한 대화적 공감sympathy이다.

현대인들은 대부분 작품의 인물들처럼 마음을 나누고 대화할 '너'를 잃고, 만남이 단절된 소외상태에 있다. 우리 모두는 사막 같은 도시에 살면서 길을 잃은 채 서성이고 있다. 이제 잠시 쉬어갈 주막도, 돌아갈 고향도 없는 처량한 방랑자 신세가 되었다. 스쳐 지나가며 만나는 남들은 많지만, 너와의 진정한 만남은 드물다. 모두 가면무도회라는 인생극장에서 몸과 마음이 한없이 피로하고 지쳐 있으며, 어디를 가나 고독사와 자살 소식을 듣는 것은 결코 우연이 아니다.

이러한 갈급한 상황 속에서 진정한 만남과 대화가 이루어지는 공동체는 하나의 시대적 요청이 되어버렸다. 소설의 중심 무대인 뉴런 하우스는 '나-너 관계'가 살아 있는 이상적 공간으로서 아스팔트와 마천루의 숲속에서 길 잃은 지친 영혼들을 위한 놀라운 치유의 모델 하우스다. 그곳은 굳게 걸어 닫았던 마음 문의 빗장을 열고 서로의 존재를 발견하고, 놀람과 기쁨으로 서로 손잡고 안아주며, 함께 노래하며 춤추는 새로운 세상을 살아내는 사람들이 날마다 존재의 향연을 펼치는 사랑의 공동체이다.

저자는 뉴런하우스 공동체를 묘사하여 "뉴런과 뉴런들이 시냅스를 매개로 하나의 긴 대롱처럼 서로 연결되어 함께 숨쉬고, 함께 울고, 함께 웃는. … 한 개의 뉴런에서 생겨난 파동은 시냅스에서 불꽃을 일으켜 다음 뉴런으로 전달된다. 마치 봉화불이 마을과 마을을 건너 연속적으로 이어가듯이, 한 뉴런에서 일어난 파동은 다른 뉴런에서도 정확한 공명을 일으킨다. 껍질과 벽이 허물어지며 세포와 세포들은 서로 하나의 공동체로 연결되어 함께 숨 쉬고 교감한다."고 말하고 있다.

또한 그는 공동체 구성원들 사이의 친밀한 관계를 다음과 같이 더 없이 아름다운 문장으로 그리고 있다.

"서로 사랑을 나누는 연인들처럼 모두 얼굴이 달아올라 있다. 서로 쳐다보는 눈길에 애정과 친밀감이 흐르고 있고, 옆 사람과 다정하게 손을 잡고 서로 미소를 교환하는 님들도 보인다. … 지금 님들 사이에 흐르는 사랑의 에너지를 느낀다. 사랑은 마르틴 부버가 말했듯이, 어느 대상에 부착되는 감정과는 다르다. 사랑은 나와 너의 만남을 가로막는 장애물들(껍질)이 제거될 때, 나와 너 사이에 일어나는 사건이며 은총이다."

고향상실과 귀향의 철학: 귀향은 참 사람으로 돌아가는 길이다

현대인에게 출생지는 있어도 고향은 없다. 그들에게는 찾아갈 고향도, 돌아갈 고향도 없다. 현대는 고향이 왜 필요한지도 모르는 채 살아가는 고향상실의 시대이다. 물리적 공간뿐 아니라, 마음이 머무는 둥지로서의 고향도 잃어버렸다. 실존철학의 거장 하이데거M. Heidegger는 우리 시대를 '고향상실Heimatlosigkeit'의 시대라고 명명했다. 우리는 모두 고향을 떠나 나그네로서 외로움과 희망 없는 어두움의 심연에서 방황하고 있다고 말했다. 그는 '무실존'으로 살아가는 우리를 '퇴락 존재'로 규정하고서 '귀향의 철학'을 통해 참된 존재의 세계로 귀향하길 촉구했다.

그는 우리가 '존재망각'과 '존재상실'의 상황에 처해 있으며, 일상에 빠져 하루하루를 그저 남들이 생각하는 대로, 말하는 대로 따라하면서, 자신의 정체성을 상실하고 그저 '아무개'로 살아간다고 말했다. 사르트르J. P. Sartre는 우리는 없어도 그만인 '잉여의 존재'라고 비판하였다. 실존한다는 것은 '지금 여기here & now'에서 존재감을 지니고서 이웃과 함께 거주하는 것이고, 마음의 고향에 거주한다는 의미이다.

하이데거는 고향을 '존재자체의 근저'로 봤으며, '근원에 가까운 곳'이라고도 했다. 그래서 귀향이란 우리 존재의 근원 가까이로 귀환하는 것이고, '존재의 진리'가 은폐되지 않고 드러나는 곳으로 돌아가는 것이다. 그는 현대인을 엄습하고 있는 '불안Angst'이라고 하는 근본 기분을 철저히 분석함으로써 자신의 존재 물음을 전개하고 있다. 모름지기 철학이란 본질적 의미에서 고향에 머물고자 하는 충동이며 향수이다. 철학은 세계를 고향으로 느끼고 그것과 합일하려는 형이상학적 근본충동 외에 다른 것이 아니다.

하이데거에게 고향이란 모든 존재가 자신의 존재를 드러내는 근원적인 세계로서 하늘과 대지, 죽을 운명인 인간과 신이 어우러진 사방의 세계이며, 그리고 모든 사물들이 각자의 고유성과 본래성을 드러내며 친밀하게 어우러진 연대감으로 성스러운 '근원적 자연physis'의 세계이다. 그곳에서 인간과 세계와의 관계는 '주체와 대상'으로 이루어진 기계적이고, 계산적인 관계가 아니라, 인간이 '존재의 파수꾼'으로서 서로의 존재를 보호하면서 친밀한 이웃으로 함께 사는 관계이다. 여기서 이웃은 서로 말을 걸고 응답하는 인격적 관계의 표상이다. 잘 알려진 "언어는 존재의 집이다."라는 하이데거의 명제는 우리의 존재가 깃들 장소는 바로 말함이고, 대화임을 밝히고 있는 것이다. '너에게 말하기'를 통해 비로소 우리는 사람다운 존재로 거듭나는 것이다.

나그네 김영민은 독일에서 유학하여 박사가 되고, 교수가 되고 심리치료자로 활동하던 인생 후반에 고향에 대한 사무치는 그리움이 해결되지 않아 마음의 병이 된다. "바람이 불면 땅바닥에 쓰러질 듯이 드러눕는 가을 들녘의 누런 억새들이 자꾸 눈앞에 어른거려 미치겠어. 한국의 산하가 정말 그리워."라고 울부짖는다. 그는 첫사랑 조희정과 헤어진 후, 먼 타국 땅 독일에서 수십 년 동안 외롭게 살면서 고향상실과 실연의 아픔이라는 이중고통을 감내하면서도 항상 마음속에서 고향에 대한 그리움의 끈을 놓지 않는다. 그가 조희정으로부터 들은 '강남달'이란 노래는 헤어진 님에 대한 그리움을 담은 노래인데, 여기서 님은 사랑하는 연인, 어머님, 고향, 고향의 사람들, 조국, 자연, 사물들로 무한히 확장될 수 있는 개념이다. 그의 향수병이 절정에 다다랐을 때 이한빈 대표와의 우연한 만남이 그와 작중인물들에게 (그리고 현대인들에게) 구원의 손길로 바뀐 것은 단순한 우연일까?

이 소설은 개인의 그리움과 향수를 언급하지만 동시대인의 마음의 병이 된 근원적 그리움, 향수, 동경에 대해 이야기하고 있다. 인간은 현재의 찰나에만 매몰되는 존재가 아니라 기억과 회상을 통해 과거에 대한 그리움을 불러오고, 기대와 꿈을 통해 미래에 대한 동경을 현재화시키는 역사적 존재이지 않은가! 그러한 그리움의 근원적 대상은 무엇인가? 그것은 작가가 강남달의 은유를 통해 가리키고 있는 '님'으로 볼 수 있다. 존재의 근원인 '님'이다. 우리가 온 고향이며, 돌아갈 고향이며, 존재의 향연이 펼쳐지는 마당이다.

고향이란 우리가 타향에서 나그네로 살면서 기쁨에 가득 찬 삶을 살았다면 그 환희를 전하고 함께 기뻐할 장소이며, 실패와 좌절의 삶을 살았다면 아픔과 한을 털어놓고 위로받고 치유 받을 장소이다. 그리고 마침내 우리 모두가 돌아갈 하늘나라의 본향이다. 그래서 하이데거의 표현대로, "고향은 하나의 힘이며, 신비이다. 귀향은 걷잡을 수 없는 환희를 방랑자에게 퍼붓는 축제이기도 하다." 고향은 인간이 거기로 되돌아가 머물러야 할 곳이다. 결국 귀향이란 자신의 근원에로의 복귀이고, 또한 자기동일성에로의 환원인 것이다.

상처받고 치유되는 뉴런들의 이야기: 너에게 말하기

이 소설은 등장인물 모두가 주인공들로서 남녀 모두 네 명씩 여덟 명의 입주자들과 전문심리치료자이다. 이들은 우리가 가까이서 만나는 소박하고 평범한 사람들이지만, 진정한 의미에서 돌아갈 집home과 고향Heimat을 잃어버린 사람들이다. 서로 '남'으로 만난 뉴런하우스에서 이들이 서로에게 '님'으로 다시 태어나는 부활 사건이 일어난다. "수선화가 구성원들을 가리켜 '님들'이란 단어를 쓴 건 참으로 뜻밖이다. 3회 모임 때 평화가 처음으로 구성원들을 지칭하여 '님들'이란 용어를 사용했는데, 언어에 무척이나 민감한 방송작가인 그녀가 평화가 썼던 용어를 채택한 것은 창모 구성원들에 대한 자신의 애정을 공개적으로 고백한 의미 있는 사건이다."

부버와 하이데거에 따르면, 나의 '존재'와 나의 '말함'은 동일한 것이다. 뉴런하우스에서 행해진 '창문 닦기 대화모임'은 우리 존재를 대상화시키고, 소외시키는 비인간적 태도를 지양하고, 진정으로 말하는 '너에게 말하기'를 연습하고, 체화함으로써 서로가 서로의 존재를 밝은 빛 가운데로 이끌어주는 존재의 향연을 가능하게 해주었다. 살면서 늘 밀쳐지고, 평가당하고, 소외되었던 아픈 상처들을 서로 만져주고, 보듬어주면서 함께 사랑의 공동체를 만들어가는 과정을 작가는 우리에게 눈부시게 아름다운 장면들로 보여주었다.

어디를 가나 넘쳐나는 사람들, 하지만 낯선 '남'들 속에서 경쟁 대상은 있어도, 정이 통하는 '님'은 없다. 마음을 나눌 수 있는 가족, 친구, 이웃이 사라졌다. 수많은 사람과 만나면서도 아무도 만나지 못하는 사막, 모두 그저 아무개로 살아가는 벌판, 고향상실의 시대에서 갑자기 뉴런하우스를 만났고, '너에게 말하기'를 통해 서로의 마음을 열고 진정한 나와 너로 거듭나는 존재부활의 사건을 목격하면서 놀람과 반가움으로 외친다. 여기가 사람이 사는 집이구나! 우리가 잃어버린 고향을 여기서 다시 만났구나!

뉴런하우스

1판 1쇄 발행 2018년 3월 22일
1판 5쇄 발행 2023년 3월 30일

지은이 김정규

발행인 양원석
펴낸 곳 ㈜알에이치코리아
주소 서울시 금천구 가산디지털2로 53, 20층 (가산동, 한라시그마밸리)
편집문의 02-6443-8842   **구입문의** 02-6443-8838
홈페이지 http://rhk.co.kr
등록 2004년 1월 15일 제2-3726호

ISBN 978-89-255-6348-0 (03180)